Barbara Fornefeld · Das schwerstbehinderte Kind und seine Erziehung

Barbara Fornefeld

Das schwerstbehinderte Kind und seine Erziehung

Beiträge zu einer Theorie der Erziehung

2., überarbeitete Auflage

Programm »Edition Schindele«
im Universitätsverlag C.Winter Heidelberg

Prof. Dr. Barbara Fornefeld
Universität zu Köln
Heilpädagogische Fakultät
Lehrstuhl Geistigbehindertenpädagogik
Frangenheimstr. 4
50931 Köln

Die Deutsche Bibliothek – CIP Einheitsaufnahme

Fornefeld, Barbara:
Das schwerstbehinderte Kind und seine Erziehung :
Beiträge zu einer Theorie der Erziehung / Barbara Fornefeld.
– 2., überarb. Aufl. – Heidelberg : Programm „Ed. Schindele"
im Univ.-Verl. Winter, 1998
Zugl.: Köln, Univ., Habil.-Schr., 1994
ISBN 3-8253-8233-8

Umschlagdesign: Drißner-Design und DTP, Meßstetten
Druck: Strauss Offsetdruck GmbH, Mörlenbach

Inhalt

Vor - Wort

> *„Die Entfaltung der Idee deckt nur dann Wahrheiten auf, wenn sie irgendeiner spürbaren Äußerung der menschlichen Beziehungen entspricht, und jede Veränderung in der Erkenntnis des Menschen bezieht sich auf eine neue Existenzweise, die in ihm liegt. Wenn der Mensch das Wesen ist, das sich nicht damit zufrieden gibt, wie ein Ding mit sich selbst übereinzustimmen, sondern das sich selbst sieht, eine Vorstellung, ein Bild von sich hat, treffende oder phantastische Symbole für sich selbst findet, so ist es wohl klar, daß umgekehrt jede Veränderung in der Vorstellung vom Menschen eine Veränderung des Menschen selbst wiedergibt".*
>
> *(MERLEAU-PONTY 1984, 115f.)*

Einleitung

> *„Ohne die Könnenschaft der Erziehung wird* kein *Mensch. Ist sie unreflektiert, bleibt Erziehung an einem 'Vor-bild' hängen. Dabei ist zu bedenken, daß gerade zur Aufhebung von Verwahrlosung oder Devianz ('clochardisation de l'ame humaine') die Vorbilder eine höchst wichtige Erziehungsfunktion besitzen, die man heutzutage oft mit 'Therapie' bezeichnet.*
> *Jedoch - um die Therapie eines Kranken handelt es sich hier nicht."*
>
> *(LANGEVELD 1986, 82)*

Für LANGEVELD werden Menschen „nicht 'einfach' geboren und 'wachsen dann weiter'" (ebd. 79), sondern sie bedürfen zum Werden und Wachsen, zu ihrer Selbstentfaltung als Mensch der „Könnerschaft der Erziehung"; einer Erziehung, die sich der Vorbilder ihres erzieherischen Denkens und Handelns bewußt ist, die also nicht unreflektiert bleibt.

Was sind die Vorbilder heutiger Erziehung? Zum einen sind es die kulturellen, sozialen oder politisch-ökonomischen Normen, die prägend auf die praktische wie theoretische Erziehung bzw. Pädagogik wirken. Sie stehen aber in engem Kontext zu einem grundsätzlicheren, weil diesen Normen vorausgehenden Vorbild, einem Bild anthropologischer Art, das sich gleichsam als Zentralfrage der Pädagogik wie folgt beschreiben läßt: Wie ist der Mensch vor der Erziehung und wie soll er durch Erziehung werden? Oder anders, nach welchem Bild vom Menschen erziehen wir Menschen?

Fragen, die von besonderer Bedeutung sind, wenn wir Menschen erziehen wollen, die aufgrund der Schwere ihrer Behinderungen dem vertrauten Bild des Menschen nicht entsprechen, deren Andersheit uns irritiert oder befremdet, die die Einlösung von Erziehungs- und Bildungserwartungen bzw. -normen fragwürdig werden lassen und die eine vertiefte ethisch-anthropologische Auseinandersetzung fordern. Dieser Aufforderung will die vorliegende Arbeit nachkommen, indem sie erste Antworten auf grundlegende philosophische Fragen der Erziehung Schwerstbehinderter zu geben versucht. Dabei bildet die Auseinandersetzung mit den Vorbildern heutiger Schwerstbehindertenpädagogik den Ansatzpunkt. Es wird zu fragen sein, ob auch für sie die Unreflektiertheit und das Hängenbleiben an einem „*Vor*-Bild", also an einem unzureichenden Bild vom Menschen und seinem Erziehungsbedürfnis gilt, was LANGEVELD der Allgemeinen Pädagogik vorwirft.

Diese Frage mag Sonderpädagogen angesichts der enormen Fortschritte und Veränderungen, die die noch junge, kaum 20 Jahre alte Schwerstbehindertenpädagogik für diese Menschen erreicht hat, verwundern. Schließlich hat sie für diese, nach jahrhundertelanger Aberkennung ihrer menschlichen Würde und ihrer menschlichen Rechte, nach Mißachtung und Vernachlässigung, endlich die Durchsetzung ihres Bildungsanspruches und ihre Aufnahme in Erziehungseinrichtungen bewirkt. Mit großem Engagement haben Ärzte und Therapeuten sowie Geistig- und Körperbehindertenpädagogen, als Begründer der Schwerstbehindertenpädagogik, eine Fülle von Förder- und Therapieansätzen entwickelt, die zeigen, daß die Schwerstbehindertenpädagogik längst nicht mehr am Anfang steht. Das Hinterfragen der Vorbilder dieser Entwicklung, die Kritik an ihnen, will, und das sei vorab ausdrücklich betont, *nicht* ihre Verdienste um schwerstbehinderte Menschen schmälern, sondern im Aufweisen theoretischer Leerstellen und Unzulänglichkeiten konstruktive Anregungen zum Weiterdenken, zur anthropologisch-pädagogischen, zur *erziehungsphilosophischen Fundierung der Schwerstbehindertenpädagogik* geben. Denn von einer erziehungsphilosophischen sowie erziehungswissenschaftlichen Verankerung ist sie trotz des bisher Erreichten, der Fortschritte für Schwerstbehinderte noch weit entfernt, nicht zuletzt auch, weil sich ihr Aufgabenfeld durch die rapide Zunahme immer mehr und immer schwerer beeinträchtigter Menschen fortwährend erweitert. In diesem damit zwangsläufig immer unsicherer werdenden, weil objektiv schwer erfaß- und bestimmbaren Feld, wird die Frage nach den Orientierungsgrößen, nach den fundierenden Normen, nach dem Verständnis vom Menschen in seiner Erziehungsbedürftigkeit, also die Frage nach den Vorbildern praktischer wie theoretischer Erziehung Schwerstbehinderter, unaufschiebbar.

Eine Frage, die sich die Schwerstbehindertenpädagogik bislang nicht gestellt hat, weil ihr Interesse vordringlich der Realisation von Förderung, d.h. der Entwicklung praxisnaher Ansätze galt und die Notwendigkeit vertiefter metatheoretischer Reflexionen kaum gesehen wurde. So scheint es bisher nicht weiter problematisch, daß die mittlerweile in reichlichem Umfang entstandenen schwerstbehindertenspezifischen Konzepte nicht pädagogisch begründet, sondern vorwiegend medizinisch (physiologisch) und psychologisch geprägt sind. Physiologische und psychologische Erklärungsmodelle bzw. Physio- und Psycho*therapien* nehmen in der Schwerstbehindertenpädagogik eine Vorbildfunktion u.a. auch für schulische Erziehung ein[1]. LANGEVELDs Kritik des Hängenbleibens an einem „Vor-bild Therapie“ scheint also auch für die Schwerstbehindertenpädagogik zu gelten. „Jedoch - um die Therapie eines Kranken handelt es sich hier nicht“ (LANGEVELD ebd.). Weder ist der Schwerstbehinderte ein Kranker noch Therapie traditionelle Aufgabe von Pädagogik. In ihrer einseitigen Orientierung am Therapeutischen, d.h. am Stimulieren und Kompensieren kindlicher Defizite unterschiedlichster Art, übersieht die Schwerstbehindertenpädagogik das ‘eigentlich Pädagogische’, das, was Pädagogik zur Pädagogik macht. Hat sie es bisher noch nicht gefunden oder bereits wieder aufgegeben, noch bevor sie sich als erziehungswissenschaftliche Teildisziplin hat etablieren können? Ist sie dann überhaupt eine *Pädagogik*?

[1] Ihr wird im Rahmen dieser Arbeit besondere Aufmerksamkeit geschenkt.

Fragen, die sich die Schwerstbehindertenpädagogik in ihrem Bestreben, sich von traditionellem pädagogischen Denken abzugrenzen, bis heute nicht gestellt hat, vermutlich, weil hier schulische Erziehung im klassischen Sinne nicht realisierbar ist. Schließlich erfüllen schwerstbehinderte Kinder gültige Erziehungsnormen und -erwartungen nicht, und vertraute Erziehungsmethoden versagen bei ihnen, was den Ersatz der Erziehung durch die Therapie bzw. durch therapieähnliche Behandlungsmethoden oder Förderansätze zu rechtfertigen scheint. Innerhalb der Schwerstbehindertenpädagogik ist damit eine Praxis zur Selbstverständlichkeit geworden, die bei genauer Betrachtung in mehrfacher Hinsicht problematisch ist. Zweifelsohne haben schwerstbehinderte Kinder aufgrund ihrer multiplen und gravierenden psychophysischen Beeinträchtigungen einen erhöhten, meist lebenslangen Therapiebedarf; um die Abschaffung von Therapie geht es auch gar nicht. Meine Bedenken richten sich nicht gegen Therapien an sich, sondern gegen deren unkritische Übernahme durch Pädagogen in die Pädagogik, weil sich hierdurch unbemerkt medizinische und psychologische Erklärungsmodelle und Deutungsmuster auf der Grundlage eines naturwissenschaftlich bestimmten, eines mechanistisch-dualistischen und logizistischen Menschenbildes in die Pädagogik schleichen, die nicht mit der pädagogischen Denktradition korrespondieren und zur Aushöhlung des 'eigentlich Pädagogischen' führen. Erziehung wird nicht mehr in ihrer existentiellen Bedeutung für Schüler *und* Lehrer erkannt, die ethische Dimension von Erziehung geht verloren. Wenn SonderschullehrerInnen und ErzieherInnen in der Übernahme verhaltenstherapeutisch oder gestaltpsychologisch orientierter Ansätze zunehmend *therapeutisch* und nicht mehr *pädagogisch* handeln, sie *Erziehung* nur noch als *Förderung* definieren und *Unterricht* durch *Therapie* ersetzen, droht das schwerstbehinderte Kind zum Objekt seiner Förderung zu werden und Erziehung zur Abrichtung zu verkommen. Die Schwerstbehindertenpädagogik selbst wird damit unbemerkt zum unbedeutenden Anhängsel ihrer Bestimmungswissenschaften Medizin, Psychologie und Soziologie.

In einer Zeit rapide steigender Schülerzahlen, aber knapper werdender Ressourcen und zunehmenden utilitaristischen Denkens verbirgt sich in dieser Entwicklung eine besondere Gefahr für die Schwerstbehindertenpädagogik; eine Gefahr, die ihr noch nicht bewußt zu sein scheint. Wenn es der Schwerstbehindertenpädagogik nicht gelingt, sich als *Pädagogik* zu behaupten und neben der Therapie auch Erziehung und Unterricht mit schwerstbehinderten Kindern zu realisieren, riskiert sie unter zunehmendem sozialökonomischen Druck die Zurücknahme des Erziehungs- und Bildungsanspruches dieser Kinder, den Ausschluß von schulischer Erziehung und die Abschiebung in Elternhäuser, Pflegeheime oder gar psychiatrische Anstalten, weil Pflege und Therapie bzw. Pflege- und Therapiepersonal letztendlich kostengünstiger sind; eine folgenschwere ethische Entscheidung, für die sich die Schwerstbehindertenpädagogik zur Verantwortung ziehen lassen muß.

Angesichts dieser Entwicklung ist die Beantwortung dringender anthropologisch-pädagogischer Fragen sowie die vertiefte metatheoretische Auseinandersetzung für die Schwerstbehindertenpädagogik unaufschiebbar. Nach der ersten praktisch-pädagogischen Phase der Konzeptentwicklung und nachdem auf der Ebene des Zu- und Umgangs mit schwerstbehinderten Schülern vieles schon zur Selbstverständlichkeit geworden ist, wird es jetzt Zeit, sich auf die „Könnerschaft der Erziehung" (LANGEVELD) zu besinnen.

Homo educans et educabilis
Der zu erziehende und zur Erziehung fähige Mensch

muß wieder stärker in das Bewußtsein der (Schwerstbehinderten)Pädagogen[2] und der (Schwerstbehinderten)Pädagogik rücken, die unmerklich die 'Erziehung' durch die 'Förderung', die 'Bildung' durch die 'Sozialisation' ersetzt hat. Wie konnte es dazu kommen, und was verbirgt sich hinter der terminologischen Veränderung? Ist sie Ausdruck einer Trendwende in der (Schwerstbehinderten)Pädagogik? Des weiteren ist zu fragen, was sich hinter der unbewußten Therapiegläubigkeit von Pädagogen verbirgt, dem „Erziehungsmangel" (LANGEVELD), der Verweigerung von Bildung. Ursachen für 'Therapiegläubigkeit' und 'Erziehungsmangel' ausschließlich oder vordringlich in der Schwere der Behinderung dieser Schüler zu suchen verkürzt das Problem einseitig und führt letztendlich zur Schuldzuweisung in Richtung des Kindes.

'Erziehungsmangel' ist mehr, nicht nur Symptom einer Krisensituation der Sonder- und mit ihr auch der Schwerstbehindertenpädagogik (vgl. BEGEMANN 1992), sondern er ist auch Ausdruck einer vernachlässigten *pädagogischen* Theoriebildung insgesamt, die, da nun Grenzen erreicht sind, eine Besinnung und Neuorientierung verlangen. Im Besinnen auf den (schwerstbehinderten) Menschen und sein Erziehungsbedürfnis, also im anthropologisch-pädagogischen Fragen, versucht diese Arbeit Anregungen für die Neuorientierung zu geben.

Die Notwendigkeit dieser Neuorientierung aus der sonderpädagogischen Disziplin allein ableiten zu wollen greift aber zu kurz, läßt das Problem in seiner Vieldimensionalität nicht erscheinen und birgt die Gefahr der weiteren 'Be-sonderung' von Schwerstbehinderten, indem beispielsweise nicht erkannt wird, daß ihre vermeintlich *spezifischen* Erziehungsbedürfnisse im Grund Bedürfnisse allgemeinmenschlicher Art sind, d.h. jeder Mensch unabhängig von Behinderung existentiell auf Erziehung angewiesen ist. Setzungen, Sicht- und Handlungsweisen, Tendenzen also, wie sie sich in der Schwerstbehindertenpädagogik derzeit abzuzeichnen beginnen, müssen in einem größeren erziehungswissenschaftlichen Kontext reflektiert werden. Dann wird es mög-

[2] Die Schreibweise soll (hier und im Verlauf der gesamten Arbeit) andeuten, daß sich die Forderungen nicht auf die Schwerstbehindertenpädgogik beschränken, sondern das gesamte Feld der Pädagogik meinen.

lich, sie in anderen pädagogischen Bereichen wiederzufinden und sie als 'Zeit-Zeichen' zu erkennen; Zeitströmungen, die bei genauer Betrachtung aber überaus bedenklich sind und die Besinnung bzw. Neuorientierung verlangen.

DIENELT glaubt, bei seiner konstruktiven Analyse aktueller Trends innerhalb der erziehungswissenschaftlichen Forschung die Notwendigkeit einer Neuorientierung zu erkennen, die er in Anlehnung an CAPRA als 'Wende' der Pädagogik bezeichnet (vgl. 1989, 1). Die Tendenz zu unzureichender Theoriebildung, wie zuvor für die Schwerstbehindertenpädagogik reklamiert wurde, stellt DIENELT in der Allgemeinen Pädagogik fest: „So ist gegenwärtig eine Tendenz zu überstürzter und vereinfachender pädagogischer Theoriebildung erkennbar, die eine überlegte Rezeption und Verarbeitung fruchtbarer auch außerpädagogischer Denkanstöße in Frage stellen könnte" (ebd.). Er kritisiert weiter, daß „Vokabeln wie Ganzheitlichkeit, Abkehr vom naturwissenschaftlichen Paradigma, systemisches statt mechanisches Denken usw." (ebd.) in den Nachbarwissenschaften immer mehr Raum einnehmen, aber von der Pädagogik kaum beachtet würden. „Randständige Richtungen wie beispielsweise die Gestaltpädagogik, personenbezogene Konzepte, die Antipädagogik oder humanistische Ansätze fristen ein marginales Dasein, ohne die 'große' Theoriebildung entscheidend beeinflussen zu können. Zu streng scheinen naturwissenschaftliches Paradigma, geisteswissenschaftliche Tradition und lineares Denken in der ... Pädagogik zu wirken, als daß ihre Theorieentwicklung in dieser Zeit des Umdenkens neue Strömungen konstruktiv verarbeiten könnte" (ebd.).

Die hier beschriebenen Faktoren beeinflussen derzeit auch die sonderpädagogische Theoriebildung, die durch ihre besondere Affinität zur Medizin, Psychologie und Soziologie dem naturwissenschaftlichen Paradigma in besonderer Weise verpflichtet zu sein scheint. Dies hemmt genauso wie bei den „Wendezeit-Theoretikern" (DIENELT) den 'großen' Wurf des Paradigmawechsels.

Denkanstöße und damit Möglichkeiten der Überwindung dieses Problems sehe ich in den philosophischen und pädagogischen Dimensionen der Phänomenologie gegeben.

Bei aller berechtigten Kritik an der Unzulänglichkeit erziehungswissenschaftlicher Theoriebildung ist aber auch auf eine beachtenswerte Trendwende hinzuweisen, und zwar auf das Bemühen, die Erziehungswissenschaft mit einem 'ganzheitlichen Menschenbild' in Verbindung zu bringen. DIENELT spricht von einem Trend gegenwärtigen pädagogischen Denkens, der durch eine 'holistische' Konzeption, wie sie auch von den Nachbarwissenschaften angestrebt wird, bestimmt ist (vgl. 1989, 4). Hierum bemüht sich in jüngster Zeit auch die Schwerstbehindertenpädagogik; inwieweit es ihr gelingt, ein 'holistisches' Bild sowie Konzept der Erziehung schwerstbehinderter Menschen zu entwerfen, wird im Rahmen dieser Arbeit zu fragen sein. Dabei ist noch einmal im Sinne DIENELTs zu bedenken: „Was das Menschenbild betrifft, stehen wir ganz allgemein vor der Frage, wie weit wir es in der heutigen Forschung zum Thema 'Mensch' mit philosophisch genügend reflektierten Begriffen der Psychologie, Soziologie, der Medizin, aber auch der Naturwissenschaft zu tun haben. In dieser Hinsicht liegt ein weites Feld wissenschaftlicher Aufarbeitung vor uns, die man nicht von einer individuellen, persönlichen und intuitiven Einstellungsveränderung allein aus besorgen kann" (ebd. 2).

Es ist ein Feld, das im Rahmen dieser Arbeit allein nicht 'bestellt' werden kann und auch nicht 'bestellt' werden soll, weil in der Engführung der Auseinandersetzung, in der erkenntnisleitenden Frage nach dem *Grundverständnis vom schwerstbehinderten Menschen und seiner Erziehung*, zunächst *Begründungen* für den geforderten Paradigmawechsel zu konzentrieren und *Perspektiven* eines solchen aufzuzeigen sind. Das ist Intention der vorliegenden Arbeit, die in der reflektierenden Rückschau und in der Standortbestimmung heutiger Schwerstbehindertenpädagogik (Kapitel 1) Perspektiven einer Neuorientierung entdecken und Anregungen für die Paradigmarevision geben will, d.h. genauer: Es steht also nicht die wissenschaftliche Analyse, der akademische Vergleich von Ansätzen zur Erziehung Schwerstbehinderter im Vordergrund, sondern im Aufsuchen von Entwicklungstendenzen und -zusammenhängen (Kapitel 2), in der anthropologisch-phänomenologischen, der erziehungsphilosophischen Reflexion (Kapitel 3) sollen Anregungen für die schwerstbehindertenpädagogische Theoriebildung gegeben werden, die ungünstigen Zeitströmungen standhalten kann. Dies gelingt ihr nur, wenn sie den Blickwinkel bisheriger schwerstbehindertenpädagogischer Betrachtungsweise ändert, d.h., wenn sie nicht länger von der Besonderheit schwerstbehinderter Kinder, ihrer besonderen Lebenswelt und ihrem besonderen Förderbedarf ausgeht und ihr 'Auch-Mensch-Sein' betont, sondern wenn sie nach Gemeinsamkeiten im Weltbezug von Menschen jenseits von Behinderung fragt, wenn sie Schwerstbehinderung nicht als 'Unordnung', sondern in Anlehnung an die Philosophie MERLEAU-PONTYS als *eine* Ordnung unter unzähligen anderen menschlichen Ordnungen erkennt und die Unergründlichkeit menschlichen Seins sowie die begrenzte Planbarkeit von Erziehung, also die *Unbestimmtheit* gerade als *Möglichkeit* schwerstbehindertenpädagogischer Theoriebildung erkennt, einer Theorie, die nicht finalistisch-utopistisch, sondern ethisch bestimmt ist.

1. Schwerstbehinderte Menschen im Lichte von Geistig- und Körperbehindertenpädagogik

1.1 Zur Entwicklung der Schwerstbehindertenpädagogik

Als jüngste sonderpädagogische Teildisziplin bewegt sich die Schwerstbehindertenpädagogik zwischen Geistig-, Körperbehinderten- und Sinnesgeschädigtenpädagogik, aus denen sie hervorgegangen ist, wobei sie ihre pädagogischen Wurzeln vorwiegend in den beiden Erstgenannten sieht. Daneben erfährt sie eine nachbarwissenschaftlich vornehmlich medizinische und psychologische Akzentuierung, sicherlich nicht zuletzt dadurch, daß gerade die Medizin mit ihren enormen Fortschritten in der Pränatal- und Intensivmedizin zu einem deutlichen Anwachsen der Zahl derer, die selbst mit maximalen Behinderungen die kritischen vor- und nachgeburtlichen oder komatösen Phasen überleben, geführt hat. Sie hat also in den letzten Jahren nicht nur zugenommen, weil den Schwerstbehinderten heute mehr Aufmerksamkeit geschenkt werden kann, wie man leicht provokant feststellen mag. OSKAMP geht bezogen auf die Gruppe der Schwerstkörperbehinderten davon aus, daß ihre Zahl und unter ihnen in besonderer Weise Kinder mit schwersten Formen cerebraler Bewegungsstörungen (vgl. 1986) in den letzten Jahren erheblich zugenommen hat, so daß der Anteil an schwerstbehinderten Schülern in Körperbehindertenschulen heute 20 - 60% beträgt.

Weitere endo- und exogene Noxen, denkt man nur an den sorglosen Umgang mit Pestiziden, an Reaktorunglücke wie Tschernobyl (1986) oder die noch nicht absehbaren ökologischen Folgen des Golfkrieges (1991), lassen noch ein weiteres Anwachsen der Zahl der Schwerstbehinderten auch mit zum Teil völlig neuen Behinderungsformen erwarten.

Die Existenz von schwerstkörper- oder -geistigbehinderten Menschen läßt sich bis in die Antike zurückverfolgen. Die Art der Zuwendung - ob sie nun Pflege und Versorgung erhielten oder 'ausgemerzt' wurden - war im Verlauf der Jahrhunderte bestimmt vom jeweiligen menschenachtenden oder -verachtenden Zeitgeist, von sozial-ökonomischen und gesellschaftspolitischen Bedingungen, von staatlichen Machtstrukturen, von Staats- und Gesellschaftsideologien, die wiederum stark von theologischen Ethiken geprägt waren. Die Motive der Hinwendung reichten von gottesähnlicher Verehrung der Behinderten im Altertum, über exorzistische Vernichtung im mythischen Mittelalter, über pseudo-karitative Mildtätigkeit mit dem Ziel der Erlangung jenseitiger Güter für den Almosengeber, bis hin zu systematischer Pflege aus christlicher Nächstenliebe in den aufkeimenden Anstalten des 19. Jahrhunderts (vgl. SCHRÖDER 1982, v. PAWEL 1984).

Schwerstgeistigbehinderte wurden bis ins 20. Jahrhundert hinein als „Nullität", als „automatische Existenz", als „eine Art von Pflanzenleben"

(PINEL 1801 nach MÜHL 1991, 127) aufgefaßt; menschliche Eigenschaften wollte man in ihnen kaum erkennen, von Bildungsfähigkeit konnte keine Rede sein.

Schwer cerebral bewegungsbeeinträchtigte Menschen galten wegen ihres geringen Ausdrucksvermögens und häufig in Verkennung ihrer intellektuellen Fähigkeiten als schwer schwachsinnig und wurden mit denselben abwertenden Attributen belegt. Sie bildeten gemeinsam mit den Schwachsinnigen in ihrer „Häßlichkeit und Monströsität“ (vgl. MÜHL 1991, 127) einen Gegenpol zum autonomen, vernunftbegabten Menschen, dem Ideal aufklärerischen Denkens und dem damit verbundenen Bildungsoptimismus. Bildung wurde nur dem zuteil, der aufgrund seiner 'geistigen' Fähigkeiten erwarten ließ, daß er zu einem autonomen Staatsbürger erzogen werden konnte. Vor diesem erziehungsphilosophischen Hintergrund mußten Schwerstbehinderte zwangsläufig als *bildungsunfähig* gelten. Stellvertretend sei hier die Auffassung DERMANOWS (1798-1866) genannt. Er betrachtete die kretinische Entwicklung „als eine zwangsläufige und genuine ..., die nicht zu beeinflussen sei. Erziehung sei daher gegen ihre Natur gerichtet und von vornherein zum Mißerfolg verurteilt: Bildung und Erziehung hätten daher keinen Platz im Leben dieser Wesen“ (nach MÜHL 1991, 127).

Als 'geistig tot' wurden Schwachsinnige in die Nähe tierischen Lebens gerückt. „An Schwerst- und Mehrfachbehinderten entzündeten sich, vor allem unter dem Einfluß sozialdarwinistischen Gedankengutes, Fragen nach ihrem persönlichen und sozialen Lebenswert. Unter volkswirtschaftlichen Gesichtspunkten wurden Schwerstbehinderte als Belastung für die Volksgemeinschaft eingeschätzt“ (MERKENS 1988, 55). Was während des Dritten Reiches durch die national-sozialistische Ideologisierung zur 'Vernichtung lebensunwerten Lebens', von der besonders auch geistig- und körperbehinderte Menschen betroffen waren, führte, deutete sich um die Jahrhundertwende in den selektierenden Gedanken GERHARDTs an, wenn er die Trennung der schwer Schwachsinnigen von den erziehungsfähigen fordert und sagt: „Man rette zunächst die geistig Todkranken, und dann versuche man die Toten zu erwecken“ (GERHARDT 1904 nach MÜHL 1991, 127).

Schon früh ist eine Hierarchie der Behinderungsformen zu beobachten. Obwohl auch sinnesgeschädigte, also blinde oder gehörlose Menschen sozial kaum integriert waren, genossen sie aufgrund ihrer kompensatorischen Fähigkeiten und weil ihre Nützlichkeit und Brauchbarkeit schon früh von der Taubstummenpädagogik des 18. Jahrhunderts unter Beweis gestellt werden konnte, höhere öffentliche Anerkennung als schwachsinnige (geistig -behinderte) oder krüppelhafte (körperbehinderte) Menschen. Letztere „blieben von den Erfolgsmeldungen ausgeschlossen“ (MERKENS 1988, 55), auch weil sich die frühe Heilpädagogik (Taubstummen- und Blindenpädgogik) ihrer nicht annahm. Sinnesgeschädigte galten als *bildungsfähig*, ihnen sprach man ihr *Menschsein* nicht ab.

Der Bildungspessimismus angesichts schwerster Behinderung[1] findet seinen pädagogischen Ursprung in den fehlenden didaktischen und methodischen Kenntnissen und in der Orientierung an fragwürdigen Bildungsidealen. Er führte dazu, daß es in der Schwachsinnigen- wie in der Krüppelfürsorge bezüglich der Schwerstbehinderten neben einzelnen Erziehungsversuchen von Anstaltsgründern wie GUGGENBÜHL (1816-1863) oder GEORGENS (1823-1886) und DEINHARDT (1821-1886) bei der Pflege und Versorgung blieb. Bei ihren Erziehungsversuchen orientierten sich diese ersten Geistigbehindertenpädagogen an der 'physiologischen Methode' SÉGUINs, die MÜHL in der aktuellen Schwerstbehindertenpädagogik bei AYRES und FRÖHLICH wiederzuerkennen glaubt (vgl. 1991, 128). Die 'physiologische Methode' diente den Philanthropen, die i.d.R. auch Ärzte waren, dazu, den Allgemeinzustand der Behinderten zu verbessern, ihre Bildungsfähigkeit und damit ihr Menschsein unter Beweis zu stellen, womit sie letztlich die öffentliche Anerkennung des Lebensrechtes ihrer Schützlinge anstrebten.

Die orthopädischen Kliniken und Industrieschulen für krüppelhafte Kinder, die im weitesten Sinne als Vorläufer der heutigen Körperbehindertenschule bzw. -pädagogik zu verstehen sind und die von Anfang an unter erheblichem öffentlichen Legitimationsdruck standen, schlossen von vornherein schwer bewegungsbeeinträchtigte Menschen aus, weil sie weder Aussicht auf Heilung erwarten ließen, noch zu nützlichen, d.h. Steuern zahlenden Arbeitern erzogen werden konnten. Schwerstkörperbehinderte galten als bildungsunfähig und wurden zur Pflege und Betreuung Anstalten überantwortet.

Sogar die erste Krüppel-Selbsthilfeorganisation, der Otto-Perl-Bund, distanzierte sich Anfang des Jahrhunderts von den Schwerstkörperbehinderten, möglicherweise, weil der Druck sozial-biologistischen und utilitaristischen Denkens zu stark war und die Gefahr gesehen wurde, hierdurch die eigene soziale Akzeptanz zu verwirken. Insgesamt entsteht der Eindruck, daß sich im Bereich der Erziehung und Förderung Körperbehinderter die Anerkennung der schwächsten Glieder bis heute schwerer gestaltet als im Geistigbehindertenbereich, was sich aktuell an den größeren Integrationsschwierigkeiten, trotz besserer personeller Ausstattung, zeigt, d.h., die gemeinsame Förderung von schwerst und weniger beeinträchtigten Schülern wird in Schulen für Geistigbehinderte häufiger als in Schulen für Körperbehinderte realisiert. Zurück zu den Anfängen der Schwerstbehindertenpädagogik nach 1945.

Im Vorfeld einer planmäßigen Erziehung, die Mitte der 70er Jahre begann, sind Einzelinitiativen zu nennen, durch die beide Fachrichtungen überhaupt erst auf die Belange schwerstbehinderter Kinder und Jugendlicher aufmerksam wurden. Ende der 50er Jahre forderten Elternverbände, wie etwa die

[1] Der auch heute nicht gänzlich überwunden ist.

gerade gegründete 'Lebenshilfe für geistig Behinderte e.V.'[2] eine wohnortnahe Unterbringung und Versorgung ihrer schwerstbehinderten Kinder. „Die Intention war, die behinderten Menschen und unter ihnen wiederum die Schwerstbehinderten in der Nähe der Familie zu versorgen und sie nicht in Anstalten abgeben zu müssen“ (MÜHL 1991, 131).

Zur selben Zeit gelang es KUNERT, einzelne motorisch schwerstgeschädigte, dysarthrische oder anarthrische Kinder mit cerebralen Bewegungsstörungen in die Volksschule für Körperbehinderte in Köln einzugliedern (vgl. HEDDERICH 1990, 1f.). Ähnliche Versuche engagierter Eltern und Pädagogen, schwerstbehinderte Kinder in bestehende Sonderschulen zu integrieren, gab es sowohl im Körper- wie im Geistigbehindertenbereich immer wieder. Aber von einem verbrieften *Recht* auf schulische Erziehung war man noch weit entfernt, vornehmlich auch, weil sich die Sonderpädagogik und die Sonderpädagogen dieser Zeit primär mit dem Wiederaufbau und der Etablierung ihrer Institutionen befaßten, wozu neben der Novellierung entsprechender Schul- und Verwaltungsvorschriften die Entwicklung von Erziehungs- und Förderkonzeptionen für ihre jeweilige leicht bis mittelgradig beeinträchtigte Schülerschaft gehörte. Dabei orientierte sich die Geistigbehindertenpädagogik an angloamerikanischen und skandinavischen Vorbildern, die Körperbehindertenpädagogik an den Entwicklungen im Regelschulbereich. Indem sie deren Curricula für die Körperbehindertenschule als verbindlich erklärte, schloß sie anfänglich schwächere Schüler aus. Mittlerweile werden hier, durch die tiefgreifende Veränderung der Schülerschaft an Körperbehindertenschulen (vgl. HAUPT 1982, KUNERT 1986a), auch die Richtlinien der Lern- und Geistigbehindertenschule und seit 1985 in Nordrhein-Westfalen ebenso die Schwerstbehindertenrichtlinien relevant.

In der Aufbauphase hingegen fanden in beiden Disziplinen die Schwerstbehinderten sowohl in administrativer wie in konzeptioneller Hinsicht keine Beachtung. „Schwerstbehinderte Kinder und Jugendliche waren“, wie PRASCHAK ausführt, „von der allgemeinen Schulpflicht entbunden und blieben, ohne rechtlichen Anspruch auf eine geregelte pädagogische Förderung - sofern diese nicht von den Angehörigen geleistet wurde - in Heimen und Anstalten untergebracht, in Lebensverhältnissen, die sich nicht selten den kulturellen Wertmaßstäben entzogen. In den Einrichtungen wurden sie häufig in sogenannten Pflegegruppen zusammengefaßt, in denen sie sich kaum als Menschen begegnen konnten, die die Sinnerfüllung ihres Lebens allein auf die Maßnahmen beschränkte, die dafür als geeignet erachtet wurden“ (1990, 8).

Schulische Bildung wurde den Schwerstbehinderten ungeachtet der geänderten politischen und rechtlichen Verhältnisse in Deutschland weiterhin auf der Grundlage des Reichsschulpflichtgesetzes von 1938 vorenthalten, ob-

[2] Nachfolgend der Einfachheit halber nur 'Lebenshilfe' genannt.

gleich bereits 1948 von den Vereinten Nationen die „Universal Declaration of Human Rights" verabschiedet worden war, die die Gleichheit aller Menschen (Artikel 1 u. 2) und das Recht auf Bildung (Artikel 26/1 und 2) betont, und trotz Artikel 1 des 1949 in Kraft getretenen Grundgesetzes der Bundesrepublik, der die Würde des Menschen postuliert und die staatliche Gewalt in die Verantwortung nimmt. Doch diese richtet in der frühen Nachkriegszeit ihr Augenmerk noch nicht auf die dringenden sozialen und bildungspolitischen Probleme einer schwerstbehinderten Minderheit.

Im Reichsschulpflichtgesetz von 1938 „wurde als bildungsunfähig bezeichnet und von der Schulpflicht befreit, wer die Kulturtechniken nicht erlernen kann" (BEGEMANN 1978, 14), wer in der Schule nicht Lesen, Schreiben und Rechnen erlernt. Insofern ersetzt der Begriff der Bildungsfähigkeit den „treffenderen Begriff der Schulfähigkeit" (ebd.). „In diesem Sinne meint Schulfähigkeit dann, die Befähigung eines Schülers, die Ziele einer Schule unter den dort herrschenden Bedingungen erreichen zu können" (ebd. 15). Da sich für BEGEMANN Bildung nicht allein auf Schulbildung reduzieren läßt, sondern alle Lernvorgänge einschließt, seien *alle Menschen lernfähig und damit als bildungsfähig* anzusehen. Auf den Begriff der *Bildungsunfähigkeit* könne darum verzichtet werden (vgl. ebd.). Realisiert werden könne der Bildungsanspruch Schulunfähiger, indem entweder die Schule ihre Ziele und Bedingungen ändert oder außerhalb von Schule Bildungsmöglichkeiten eingerichtet werden (vgl. ebd.); beides wurde bis heute verwirklicht, wenngleich nicht ohne Schwierigkeiten.

Die Sonderpädagogik der späten 60er und 70er Jahre geriet angesichts der Schwerstbehinderten, die auch durch den Ausbau der pädagogischen Früh- und Vorschulerziehung immer stärker in die Schulen drängten und alle bisherigen Bildungsnormen unterschritten, in eine diffizile Situation: zum einen wurde der Anspruch auf schulische Bildung und Erziehung weiterhin von der Anwendbarkeit bestehender Bildungsnormen und -konzepte abgeleitet, zum anderen setzte die schulbezogene Konzeptbildung Schulbildungsfähigkeit bei den zu Erziehenden voraus. Allgemeinverbindliche Forderungen wie etwa die der 'LEBENSHILFE', die 1976 eine Tagung der Arbeit mit geistig Schwerstbehinderten widmete, waren zu wenig. Hier hieß es: „In jedem Falle ist von einer Bildungsfähigkeit auszugehen. Sie (die Schwerstbehinderten, Anm. B.F.) sind in der Regel im Rahmen bestehender Einrichtungen für geistig Behinderte zu fördern, wobei ihr besonderer Erziehungsbedarf zu berücksichtigen ist" (1976, 133). Aber weder waren die Schulen institutionell (personell-räumlich) noch konzeptionell auf die Aufahme vorbereitet, noch war der „besondere Erziehungsbedarf" (vgl. LEBENSHILFE) Schwerstbehinderter bekannt.

Wenig wirkungsvoll blieben wegen ihres postulierenden Charakters auch die Forderungen aus dem Körperbehindertenbereich: „Die Körperbehindertenpädagogik kann nicht auf den Bereich der Schule oder gar der Schule für

Körperbehinderte begrenzt gesehen werden. Allein durch die Hineinnahme der schwer mehrfachbehinderten Kinder überschreitet sie ihre bisherigen Grenzen“ (v. PAWEL 1977, 75).

Eine mehrperspektivische Vorgehensweise wurde also für beide Fachrichtungen notwendig: Neben der statistischen Regionalerfassung schulpflichtiger Schwerstbehinderter (vgl. DITTMANN/KLÖPFER 1979) und ihrer Behinderungsformen war es gerade für die Konzept-Entwicklung wichtig, sie durch wissenschaftliche Untersuchungen zum Bildungs- und Erziehungsvermögen und durch anthropologische Studien zur Erfassung der Lebenswelt Schwerstbehinderter zu begleiten, so verstärkt ab Ende der 70er Jahre. Dort, wo einzelne Schwerstbehinderte in Sonderschulen aufgenommen worden waren, wurden bereits vorher auf praktisch-pädagogischer Ebene Förderansätze erprobt.

Zur Durchsetzung des Bildungsanspruches war zudem die Revision der bestehenden Sonderschulaufnahmebestimmungen erforderlich. In den verschiedenen alten Bundesländern (aufgrund der Länderhoheit sowie der west- und ostdeutschen Unterschiede ist kein einheitliches Bild für die gesamte Bundesrepublik zu zeichnen) wurden im Rahmen der Etablierung des Sonderschulwesens Verordnungen über Anforderungen zur Aufnahme in die beiden Sonderschultypen erlassen, die eine ‘untere Grenze’ festschrieben und zur Folge hatten, daß schulpflichtige Schwerstbehinderte vom Schulbesuch ausgeschlossen werden konnten. Es waren Sonderschulaufnahmebestimmungen, die zwar wie in Nordrhein-Westfalen 1978 unter Anerkennung der grundsätzlichen Bildungsfähigkeit Schwerstbehinderter geändert, die aber in praxi von Bundesland zu Bundesland und von Schule zu Schule anders gehandhabt wurden. Von „einem lückenlosen Recht auf Beschulung kann keine Rede sein“ (LACHWITZ 1991, 320).

Die schulrechtlichen Vorschriften der Bundesländer zeigten, so meint LACHWITZ, daß es möglich sei, ein schwerstbehindertes Kind von der Schulpflicht zu befreien bzw. die Schulpflicht ‘ruhen zu lassen’ und damit institutionelle Erziehung vorzuenthalten, obwohl es lediglich im Schulpflichtgesetz des Saarlandes eindeutige Bestimmungen hierfür gäbe: „Nicht förderungsfähig im Sinne dieser Vorschrift sind alle Kinder, Jungendlichen und Heranwachsenden, die nicht über die Sprache Verbindung aufnehmen können und von denen anzunehmen ist, daß sie durch schulische, sonderpädagogische Betreuung nicht zu sinnvoller Tätigkeit und ausreichender sozialer Anpassung geführt werden können“ (Paragraph 13 Schulpflichtgesetz des Saarlandes vom 22.05.1985 nach LACHWITZ ebd.). Die hier beschriebenen Mindestanforderungen für die Förderungsfähigkeit Schwerstbehinderter sind unter ethisch-anthropologischen Gesichtspunkten äußerst bedenklich. Man stelle sich nur vor, wie viele Menschen nicht in der Lage sind, „über Sprache Verbindung“ aufzunehmen, und welche Norm wird der Erlangung „sinnvoller Tätigkeit“ zugrunde gelegt? Diese Kriterien erinnern, wie LACHWITZ betont, an die Terminologie des Rehabilitationsrechtes der ehemaligen DDR:

„schulbildungsunfähige Kinder und Jugendliche“ bzw. „bildungs- und förderungsfähige pflegebedürftige Kinder und Jugendliche“ (vgl. ebd. 321) über deren Leben, vorwiegend in konfessionellen Einrichtungen, bisher wenig Berichtmaterial zur Verfügung steht.

Die aufgeführten Kriterien kollidieren mit dem Beschluß der Kultusministerkonferenz vom 09.02.1979, in dem es heißt: „Grundsätzlich ist *jeder* geistig Behinderte unabhängig von Art und Schwere seiner Behinderung in pädagogische Maßnahmen einzubeziehen.“

In allen Bundesländern der BRD kann eine Befreiung von der Schulpflicht bzw. ein Ruhen der Schulpflicht ausgesprochen werden. Pflegeheime für Schwerstbehinderte oder Psychiatrien sind Orte, an denen heute, unbeachtet von der Öffentlichkeit, immer noch eine Vielzahl schwerstbehinderter Kinder und Jugendlicher ohne pädagogische Zuwendung leben.[3] In den meisten norddeutschen Ländern ist noch keine Änderung des Sonderschulaufnahmeverfahrens vollzogen worden, wohl eher aus ökonomischen als aus pädagogisch-ethischen Gründen, so beispielsweise in Niedersachsen, wo Schwerstbehinderte wegen der Unterschreitung der Aufnahmekriterien alternativ in Tagesbildungsstätten betreut werden.

Wegweisend für die im Rahmen der Konzept-Entwicklung notwendig gewordene anthropologische Auseinandersetzung zum Erziehungsbedürfnis Schwerstbehinderter waren die Ausführungen BEGEMANNs (1977). Ausgehend von den „leiblichen Bedingungen menschlicher Existenz“, von der „Leib-Seele-Einheit des Menschen“ nennt er folgende anthropologisch-pädagogische Grundbedingungen, die gegeben sein müssen, damit die Erziehungsbedürftigkeit und -fähigkeit Schwerstbehinderter belegt und der Erziehungsbegriff an sich weiter gefaßt werden kann. „Der Begriff der Erziehung muß so formuliert und interpretiert werden, daß er nicht nur Prozesse des Gelingens und Mißlingens in der Persongenese umfaßt und ausdrücklich nur geistige Verhaltensweisen des Menschen hervorhebt, sondern auch die ‘sozio-psychosomatische Einheit’ des Menschen einbezieht und in der Zielstellung so offen bleibt, daß menschliches Verhalten nicht an ein Bildungsniveau gebunden erscheint, sondern allen erreichbar ist“ (ebd. 89). Der Erziehungsbegriff müsse basale leibliche Bedingungen wie die des soziokulturellen Lebensraumes einbeziehen (vgl. ebd. 80). „Zwei Bedingungen für Erziehung können dann schlicht so heißen: Jedes von Menschen geborene Lebewesen wird von einer Menschengemeinschaft als Seinesgleichen ohne Vorbehalte angenommen und erhält die notwendige Hilfe, um in dieser Lebensgemeinschaft einen gleichwertigen Platz einzunehmen“ (ebd.).

[3] Der Bedarf an Heimplätzen wächst stetig, und das Suchen nach einer geeigneten Unterbringung wird für viele Eltern schwerstbehinderter Kinder zur Odyssee durch die ganze BRD. Fälle, in denen Kinder an verschlossenen Heimtüren allein zurückgelassen werden, sind nicht selten.

Die Realisation dieses ethisch hohen Anspruches ist nicht allein durch Verordnungen, durch verbrieftes Recht auf schulische Erziehung zu erreichen, sondern setzt gerade bei den Pädagogen, aber nicht nur bei ihnen, die Verinnerlichung, das meint, *das Leben dieses Grundsatzes* voraus. Dies gestaltet sich im praktischen Umgang miteinander schwierig, u.a. weil das Gleichgewicht, das Annehmen als Seinesgleichen durch das 'Mehr des Schwerstbehinderten an sozialer Abhängigkeit' (HAHN 1981) einseitig zuungunsten des Schwerstbehinderten verschoben ist.

Bezogen auf die Konzeptbildung ist festzuhalten, daß es zwar im Bereich der Geistigbehindertenpädagogik seit den 60er Jahren Schul- und Unterrichtskonzepte für lernschwache Schüler gab, diese aber noch nicht weit genug griffen. Man sah keine Möglichkeiten, „auch die schwerstbehinderten Schulpflichtigen einzubeziehen, nicht zuletzt sicherlich auch deshalb, weil man keine tragfähigen Ansätze für deren Förderung vorweisen konnte" (MÜHL 1991, 132). Die Entwicklung von Förderansätzen und Konzeptionen wurde schwierig, weil man zunächst versuchte, Bestehendes, d.h. lerntheoretische, verhaltens- und physiotherapeutische Ansätze auf die Personengruppe zu übertragen. In dieser Orientierung an Vertrautem wurde das 'Nicht-können', das 'Unvermögen' Schwerstbehinderter augenfälliger als ihre Lernmöglichkeiten. Die vielfältigen Negativkataloge (vgl. RUOFF 1979) aus dieser Zeit, die die Erziehungsversuche im Sinne von Grenzerleben (vgl. PFEFFER 1987) beschreiben, sind ein Beleg hierfür; ein Erleben, das trotz aller Fortschritte im pädagogischen Umgang mit Schwerstbehinderten bis heute nicht ganz ausgeräumt werden konnte, was darauf zurückzuführen ist, daß die Erziehung Schwerstbehinderter nicht primär ein Problem konzeptioneller Machbarkeit, sondern vordringlich ein zutiefst menschliches ist, d.h. ein Problem des „humanen Annehmens" (HOFMANN 1979) und der Realisation von *Be*ziehung und dann erst eines der Realisation von *Er*ziehung, was an der starken Betonung des Dialogischen in den aktuellen Förderansätzen und Konzeptionen deutlich wird.

Die Geschichte der Schwerstbehindertenpädagogik, die Mitte der 70er Jahre mit den ersten systematischen Erziehungsversuchen dieser Schülergruppe beginnt, ist eng mit der Person Andreas FRÖHLICHs verbunden. Nachdem er 1978 in einer empirischen Studie auf die Situation Schwerstkörperbehinderter aufmerksam gemacht und die Notwendigkeit ihrer schulischen Förderung belegt hatte, unternahm er später unter wissenschaftlicher Leitung von BEGEMANN einen ersten Schulversuch in Landstuhl/Pfalz, wobei sein Konzept der 'Basalen Stimulation' als erster schulbezogener Förderansatz entstand. Im Anschluß an den Schulversuch entwickelte er es unter Einbeziehung verschiedener physiologischer, psychologischer und pädagogischer Dimensionen zu einem integrativen Entwicklungs- und Förderkonzept weiter, das durch seine Praxisnähe und durch FRÖHLICHs Vortrags- und Publikationsfreudigkeit in beiden Fachrichtungen weite Verbreitung und Anerkennung fand. Da FRÖHLICH, wie PRASCHAK anmerkt, „keine umfassende wissenschaftliche Auseinandersetzung mit den Grundlagen seines Stimulationskonzeptes führte, sondern eher als Praktiker den unausweichlichen Beweis erbrachte, daß die bislang vorherrschende Annahme einer Bildungsunfähigkeit Schwerstbehinderter gänzlich unhaltbar war, muß seinem Modellversuch eine bahnbrechende Wirkung für die weitere Förderung schwerstbehinderter Kinder und Jugendlicher zugesprochen werden“ (1990, 9).

Die ‘Basale Stimulation’ FRÖHLICHs war, wie betont, eine der ersten spezifischen Konzeptentwicklungen für Schwerstbehinderte. Ihr waren im Rahmen der Körperbehindertenpädagogik neben der medikamentösen Therapie funktionelle Trainings- und physiotherapeutische Behandlungsmethoden (BOBATH, VOJTA) vorausgegangen. In Orientierung an behavioristischen Lerntheorien und den Verfahren der Verhaltenstherapie dominierten in der Geistigbehindertenpädagogik anfänglich Konzepte zur Verhaltensmodifikation in Form von ‘lebenspraktischem Training’ (vgl. KANE/KANE 1976, ADAM 1978, RICHTER 1980).

1976 stellte FEUSER mit seiner ‘Basispädagogik’ ein stark theoriegeleitetes Konzept zur Erziehung Schwerstbehinderter vor, das sich im Spannungsfeld von materialistischer Behindertenpädagogik (JANTZEN) und Entwicklungspsychologie (LEONTJEW, PIAGET, SPITZ) bewegt und das er heute unter systemtheoretischen Gesichtspunkten (JANTSCH, MATURANA/VARELA) zu einer ‘integrativen Pädagogik’ erweiterte. Die FEUSER’sche Theorie bildet für PRASCHAK, der seinen Praxisbezug im Gegensatz zu FEUSER im Körperbehindertenbereich hat, die wesentliche Grundlage für seine ‘sensumotorische Kooperation mit Schwerstbehinderten’ (1990), indem er darüber hinaus die genetisch-strukturalistische Erkenntnistheorie PIAGETs mit der biologischen Systemtheorie verbindet.

BREITINGER und FISCHER entwickelten Anfang der 80er Jahre innerhalb der Geistigbehindertenpädagogik ihr stark anthropologisches Konzept der ‘basalen Aktivierung’, das von dem pädagogischen Grundsatz das ‘Leben zu lernen’ ausgeht.

Dem Landstuhler Forschungsprojekt FRÖHLICHs folgten Modellversuche im Geistigbehindertenbereich in Köln unter Leitung von DREHER (1986)[4], in Würzburg unter PFEFFER (1988), in München unter SPECK/STRASSMEIER/HOMANN (1990) und im Saarland unter KLEIN (1990) sowie im Körperbehindertenbereich ausgehend von der FORSCHUNGSGEMEINSCHAFT ‘DAS KÖRPERBEHINDERTE KIND’ in Zusammenarbeit mit der Universität zu Köln (1988). Intention dieser Modellversuche war neben der Situationsanalyse vor allem die Entwicklung von Förderansätzen. Charakteristisch ist für die aufgeführten Forschungsprojekte, daß in ihnen, trotz ihrer unterschiedlichen Fragestellungen, die Kommunikation von zentraler Bedeutung war, was zeigt,

[4] Die Jahresangaben beziehen sich auf die Fertigstellung des Abschlußberichtes.

daß die Erziehungssituation mit Schwerstbehinderten vor allem durch die kommunikativen Schwierigkeiten von Schüler und Lehrer geprägt scheint, dies zu Überlastungen des Personals und zur Gefahr des Ausgrenzens der Behinderten führt (vgl. STRASSMEIER/SPECK/HOMANN 1990). Die Tendenzen innerhalb der Konzeptentwicklung der letzten 12 Jahre sind ein weiterer Beleg für dieses Faktum. Während die ersten Förderkonzepte wie die 'Basale Stimulation' (FRÖHLICH), die 'Basispädagogik' (FEUSER) und die 'Basale Aktivierung' (BREITINGER/FISCHER) stark an wahrnehmungs- und entwicklungsbezogenen Phänomenen interessiert waren, den Körper primär unter physiologischen Gesichtspunkten betrachteten, entstanden in den letzten 10 Jahren Konzepte mit primär dialogischem Charakter. Vor allem im Bereich der Vollzeiteinrichtungen wurden therapeutisch-pädagogische Ansätze entwickelt, die in gestaltpsychologischer Orientierung, also unter Betonung der Leib-Seele-Geist-Einheit, die „Dimension des Körperlichen" (DREHER 1991, 63) in das Zentrum ihrer Überlegungen rücken (vgl. MALL 1984/1990, FIKAR 1987, KERN/KLOSTERMANN 1988, BESEMS/VAN VUGT 1988, FIKAR/FIKAR 1991). Sie fassen den Körper als „Basis der Kontaktaufnahme, des Zugangs zur Welt bzw. dessen Vermeidung" (DREHER 1991, 63) auf. Da sie an der gestörten Interaktion zwischen Schwerstbehindertem und Erzieher ansetzen und primär Methodencharakter haben, erfreuen sie sich in der Praxis größter Beliebtheit.

„Die theoretischen Grundansichten, wie sie der basalen Stimulation, der Basispädagogik und den körperorientierten Therapieansätzen zugrundeliegen, sind in der deutschen Geistigbehindertenpädagogik durch sogenannte leiborientierte Ansätze ergänzt bzw. erweitert worden (PFEFFER 1988, FORNEFELD 1989, STINKES 1991). Auch diese Pädagogen nehmen ihren Ausgang von der gestörten Erziehungs- und Beziehungssituation mit schwerstbehinderten Menschen, es sind Praktiker, die in die Lebenssituation hinein und aus der Lebenssituation heraus fragen" (DREHER 1991, 63).

Auf der Ebene der Bewegungstherapie sind neben der 'klassischen' Krankengymnastik nach Methode BOBATH und VOJTA die psychomotorische Förderung (vgl. KUNTZ 1991) und das ergotherapeutische Funktionstraining (vgl. HOFFMANN 1991) zu nennen. Neu in die Diskussion gebracht wird die Behandlung nach PETÖ ('konduktive Pädagogik'), die in Ungarn von dem Arzt András PETÖ (1893-1967) zur Behandlung cerebral bewegungsgestörter Kinder entwickelt wurde und in vielen englischsprachigen Ländern verbreitet ist (vgl. STRASSMEIER 1991, 263). Sie versteht sich vordringlich nicht als medizinische oder physiologische Therapie, sondern als ganzheitliche Erziehung, die das bewegungsbeeinträchtigte Kind zu mehr Selbständigkeit und Selbstbewußtsein führen will, deren theoretisches Konstrukt der Behandlung aber, wie STRASSMEIER kritisiert, wenig klar ist und deren Einsatzmöglichkeiten, vor allem bei schwerstbehinderten Kleinkindern, umstritten sind.

Die 'Förderpflege', bereits 1977 von dem Ehepaar TROGISCH in der ehemaligen DDR entwickelt, bleibt heute nicht mehr auf den Heim- und Pflegebereich beschränkt, sondern hat Einzug in andere Institutionen der Schwerstbehindertenförderung wie auch in Erziehungskonzepte genommen, so z.B. in das integrative Entwicklungskonzept FRÖHLICHs.

Die Musiktherapie VOGELs basiert auf der pränatalen Psychologie, wird „als Stimulans, zur Beruhigung, zum Aggressionsabbau und zur Entspannung" (VOGEL 1991, 200) eingesetzt und in einem von ihm konzipierten 'Pränatalraum' realisiert, d.h., „ein Ansatz, nach dem der schwerstbehinderte Mensch in einer mit Wasserbett und Stoffkuppel ausgestatteten Höhle auf dem Hintergrund gefilterter Musik in die vorgeburtliche Phase rückversetzt werden und zu wohltuender Pränatalerfahrung gelangen soll" (THEUNISSEN 1991, 300).

Die Kunsttherapie LICHTENBERGs (1979) will mit künstlerisch-ästhetischen Mitteln die Sinnlichkeit schwerstbehinderter, vornehmlich Heimbewohner anregen. Ähnliches intendiert auch das in den Niederlanden entwickelte 'Snoezelen', das dem Schwerstbehinderten eine Erlebniswelt (vgl. LAMERS 1990) vermitteln will und der Freizeitgestaltung dient, in der Bundesrepublik aber als neue Therapieform vermarktet wird. Der Begriff des Snoezelens kann mit Dösen, Schlummern und Schnuppern umschrieben werden. Es handelt sich hierbei um eine „künstliche Traumwelt, die primär Sinneserfahrungen ermöglichen soll. Ob es sich hierbei um die 'Welt der Schwerstbehinderten' handelt, wie es Ad Verheul, der Initiator dieses Ansatzes behauptet, sei einmal dahingestellt" (THEUNISSEN 1991, 301).

Mit THEUNISSEN ist bei vielen dieser neuen Therapien, von denen geradezu eine Sogwirkung ausgeht, zu bedenken: „Es genügt nicht, mit einem schwerstbehinderten Menschen bloß körperorientiert zu arbeiten, ihm eine 'schöne' (wohltuende) Stunde anzubieten und es dabei zu belassen. Die Alltagswelt darf nicht aus dem Blick geraten" (ebd. 300).

Um den schwerstbehinderten Menschen zur Selbstentfaltung und -verwirklichung zu befähigen, reicht es nicht aus, ihn nur zu akzeptieren und ihn stimulierend anzuregen, sondern er bedarf der *Erziehung*. Er muß sich seiner eigenen Fähigkeit bewußt werden, leibhaft lernen, sein Leben zu meistern.

In den vergangenen 10 Jahren sind eine Fülle verschiedenster Therapien und Förderkonzepte in den unterschiedlichen Lebensräumen Schwerstbehinderter (Familien, Frühfördereinrichtungen, Schulen, Heimen, Werkstätten, Psychiatrien) entstanden, was eine gewisse Plakativität in den Ausführungen mit sich bringt. Dabei existieren theorieferne und praxisnahe Ansätze neben praxisfernen und theorienahen Konzeptionen, d.h., im Niveau ihrer theoretischen Reflexion, in der Begründung der Konzeptbildung unterscheiden sie sich gravierend und machen den Vergleich miteinander schwierig. Häufig werden ähnliche Intentionen (z.B. bei den körperorientierten Ansätzen) mit unterschiedlichen Methoden zu erreichen versucht.

Die Vielfältigkeit der schwerstbehindertenpädagogischen Landschaft ist Ausdruck des Suchprozesses, in dem sich diese Disziplin immer noch befindet. Antworten finden sich bisher vorwiegend im Methoden- und weniger im Metabereich, auf der Ebene der schwerstbehindertenpädagogischen Theoriebildung.

Versucht man systematisierend die Förderkonzepte den beiden Fachrichtungen (Geistig- und Körperbehindertenpädagogik zuzuordnen, gerät man schnell an Grenzen, weil sie je nach Popularität in beiden Schulformen Anwendung finden. Der Unterschied liegt wohl eher auf erkenntnistheoretischer Ebene. Augenfällig ist, daß die anthropologischen Erörterungen und die gestaltpsychologischen Ansätze im Geistigbehindertenbereich dominieren, die leiborientierten Konzeptionen bisher ausschließlich hier entstanden sind, während im Körperbehindertenbereich die motorischen und sensorischen Therapien und Förderkonzepte beheimatet zu sein scheinen. Mit dieser Feststellung ist aber, und das muß ausdrücklich betont werden, eher eine Tendenz als eine Regel beschrieben, denn es gibt in beiden Fachrichtungen Ausnahmen, d.h. parallele Entwicklungen, so z.B. im anthropologischen Fragen der Körperbehindertenpädagogen THALHAMMER und SCHMEICHEL oder im geistigbehindertenpädagogischen, wahrnehmungs- und aneignungsorientierten Konzept FEUSERs, das in PRASCHAK ein Pendant in der Nachbardisziplin hat. Für die Konzeptentwicklung, für die Theoriebildung ist demzufolge wohl eher der erkenntnistheoretische Hintergrund des jeweiligen Autors/ Wissenschaftlers entscheidend, als seine Zugehörigkeit zu einem Fach.

Liegt die Ursache für die eher tendenziellen Unterschiede in beiden Fachrichtungen in deren unterschiedlichem Verständnis vom schwerstbehinderten Menschen, im Menschenbild also? Eine Frage, der im weiteren nachzugehen ist.

Doch zuvor soll am Ende der historischen Betrachtung, der Bestandsaufnahme, auf ein zentrales Problem heutiger Schwerstbehindertenpädagogik aufmerksam gemacht werden, das die Notwendigkeit der geforderten anthropologischen Auseinandersetzung belegt. Es ist ein Problem, das sich im praktisch-pädagogischen Feld, genauer, im *rezeptiven Umgang mit schwerstbehinderten Menschen* zeigt; beispielsweise, wenn der Lehrer seinen Schüler gegen dessen Willen durch Festhalten zur 'Basalen Kommunikation' (nach MALL), zur Konfrontation mit sich, mit seiner Sprache und seiner Körperlichkeit zwingt, nur weil 'Kommunikative Förderung' auf dem Stundenplan steht. Rezeptiv verhält sich ein Lehrer auch, wenn er ein Kind monatelang in derselben Weise 'basal stimuliert', dabei aber nicht in einen 'somatischen Dialog' (FRÖHLICH) mit ihm tritt. Ebenso fragwürdig ist die Praxis vieler Erzieher, die in Verkennung pädagogischer Zugangsmöglichkeiten während der Pflege und des Fütterns ihre schwerstbehinderten Schüler für derartige Versorgungshandlungen Zivildienstleistenden oder Pflegepersonen überantworten.

Umgangsweisen dieser Art dokumentieren die Haltung des Pädagogen seinen Schülern gegenüber. Sie zeugen entweder von Geringschätzung, von

Nicht-Annehmen-Können, von mangelnder pädagogisch-didaktischer Kreativität oder aber von Unsicherheit und Hilflosigkeit angesichts der Fremdheit und Andersheit dieser Kinder.

Das rezeptiv-mechanistische Verhalten ist also Ausdruck eines komplexen Problems, dessen Ursache nicht allein beim Lehrer oder in der Schwere der Behinderung der Schüler zu suchen ist, sondern seinen Ursprung auch in der eben angedeuteten ungenügenden theoretischen bzw. metatheoretischen Reflexion der verwendeten Ansätze selbst hat; oder, um es noch einmal mit den Worten DIENELTs zu sagen, in der „gegenwärtigen Tendenz zu überstürzter und vereinfachender pädagogischer Theoriebildung" (1989, 1), die im Schwerstbehindertenbereich durch die Orientierung an medizinischen und psychologischen Vorbildern zu einer bedenklichen Akzentverschiebung in Richtung *therapeutischem* Vorgehen führt, nicht zuletzt auch, weil diese Schüler tatsächlich einen höheren Therapie- und Pflegebedarf haben, der aber heute den *Erziehungs*bedarf und damit das eigentlich *Pädagogische* zu verdrängen scheint.

Weitgehend theorieabstinente Fördermethoden und eher additiv-summativ konzipierte Ansätze, die Theoreme oder Theorieteile verschiedener Wissenschaftsbereiche unkritisch miteinander vereinigen[5], lassen neben der wissenschafts- oder erkenntnistheoretischen vor allem die gründliche anthropologische Auseinandersetzung mit den Implikationen ihres Entwurfes vermissen, was zu einem unklaren oder gar fragwürdigen Menschenbild führt. SCHÖNBERGER merkt kritisch an: „Viele Vertreter von Konzepten und Methoden legen ihr Menschenbild nicht offen: es ist dann, genauso wie ihre Theorie, nicht *explizit*, sondern *implizit*. Man muß es also aus etwas anderem *erschließen*, *das* diese Arbeitsformen hervorgebracht haben" (1991, 11). Das Menschenbild erschließt sich für ihn durch die verwendeten Begriffe, Praktiken und Materialien und erweist sich bei vielen dieser Konzepte und Methoden als äußerst fragwürdig. Das Offenlegen des Menschenbildes ist aber wichtig, weil es Einfluß auf die Handlung und Haltung des Pädagogen hat; d.h., es prägt seine Entscheidungen, seine Reflexion und Selbstreflexion sowie seinen konkreten Umgang mit dem Schüler, also das pädagogische Denken und Handeln, seine *Erziehung*.

Menschenbild

Bezüglich des Erziehungsverständnisses von Pädagogen stellte DREHER bereits 1979 die heute noch zutreffende Hypothese auf, „daß der Erzieher, der sich mit schwer geistigbehinderten Menschen beschäftigt, es schwer hat, zu einer tragfähigen Definition von Erziehung zu finden, da er durch zwei nicht auf gleicher Grundlage ansetzenden Wissenschaften - der Medizin und der Pädagogik - in ein dichotomes Denken und Handeln gezwungen wird. Konkreter gesagt: Auf der einen Seite wird er u.a. mit einem naturwissenschaftlich begründeten, neurophysiologischen Ansatz der Pädiatrie konfrontiert, auf

[5] Ich beziehe meine Kritik hier nicht auf Förderkonzeptionen (FEUSER, PRASCHAK, PFEFFER u.a.).

der anderen Seite folgt er einem geistes- oder sozial- und verhaltenswissenschaftlich orientierten Ansatz der Pädagogik“ (1979, 198). Mittlerweile nimmt eine dritte Größe, und zwar die der Psychologie mit Entwicklungs-, Sozial- und Humanistischer Psychologie Einfluß auf die Entwicklung einer „tragfähigen Definition von Erziehung“. Die Vielschichtigkeit der wissenschaftlichen Determinierung heutiger Ansätze führt bei den Pädagogen eher zu Verwirrung denn zu Klarheit und läßt die Schwerstbehindertenpädagogik als schillernde Landschaft vielfältigster Therapie- und Fördermethoden erscheinen. Gründe für diese Entwicklung und für ein verändertes Verständnis von Erziehung werden im zweiten Kapitel aufzuzeigen versucht.

Die Schwierigkeit, eine „tragfähige Definition von Erziehung“ (DREHER) zu entwickeln, führte bei vielen Pädagogen zur Abkehr von der Theorie, zu einer gewissen Theoriemüdigkeit. „*Methoden* sind in. *Konzepte* sind out. *Praxis* ist in. *Theorie* ist out“, stellt SCHÖNBERGER zu Beginn seines „Plädoyer(s) für den behutsamen Griff in den Warenkorb pädagogischer und therapeutischer Methoden“ (1991, 5) fest und weist damit auf eine bedenkliche Theorie- und Erziehungsabstinenz hin, die sich im sonderpädagogischen Feld breit macht.

In dieser unkritischen Übernahme von Fördermethoden oder -ansätzen seitens der Erzieher, die heute vielfach kaum noch an pädagogisch-anthropologischen Implikationen, an Erziehungswerten, sondern nur noch an Handlungsanweisungen, an ‘Rezepten’ interessiert sind, sehe ich eine weitere Ursache für das therapeutisierte pädagogische Handeln. Dieser Eindruck wird durch das Ergebnis einer informellen Befragung von Lehrern und Erziehern an Geistig- und Körperbehindertenschulen bestärkt, die die Förder*methoden* und *therapeutischen* Ansätze den fundierteren pädagogischen Konzeptionen (FEUSER, BREITINGER/FISCHER, PRASCHAK, PFEFFER) vorziehen. Vorgegebene, festumschriebene Methoden- bzw. Handlungsanweisungen ersparen dem Lehrer die mühsame didaktisch-methodische Analyse, das eigene kritische Hinterfragen und Positionbeziehen. Bedenklich ist dieses Vorgehen, weil das Kind hierbei zum *Objekt* des Handelns von Pädagogen wird. Es wird im therapeutisch-rezeptiven Umgang nicht als *Subjekt* erkannt und bleibt von einer aktiven Hineinnahme, von einer sich selbstverwirklichenden Beteiligung an seinem *Erziehungs*prozeß weit entfernt.

Im wesentlichen lassen sich zwei Zugangsweisen zum schwerstbehinderten Kind in der Praxis unterscheiden:

1. Das Stimulieren, Hantieren und Manipulieren auf der Grundlage stimulationspädagogischer oder -therapeutischer sowie verhaltens- und physiotherapeutischer Konzepte, und

2. die stark gefühlsmäßige, emphathische Hinwendung zum Kind in Orientierung an gestaltpsychologischen und -therapeutischen Vorgaben (wie

etwa im Baby-Talk, Körperarbeit, Basaler Kommunikation oder Pränataltherapie).

Aber, so ist provokativ zu fragen, wer gibt uns eigentlich das Recht, das Kind ungefragt wie ein Körper-Ding, wie ein Reiz-Reaktion-Wesen zu behandeln? Es beispielsweise in einer falsch verstandenen sogenannten '*Snoezelen-Therapie*' einer künstlichen Reiz-Welt zu überlassen, der es sich kaum entziehen kann?

Wer gibt uns das Recht, das Kind in der Pränataltherapie ungefragt seinen vorgeburtlichen Erfahrungen auszuliefern, wo es doch kaum die Möglichkeit hat, seine Erlebnisse und Erfahrungen zu artikulieren, damit sie psychiatrisch oder psychologisch mit ihm aufgearbeitet werden können?

Was geschieht mit dem Kind, wenn die Lehrerin es ungefragt auf ihre Brust legt, um mit ihm im engen mütterlichen Kontakt einen Atemdialog auszuführen?

Legitimiert werden diese Aktionen, die in allen Beispielen eine Bemächtigung des Lehrers oder Therapeuten, ein Verfügen über das Kind, ein Handeln an ihm sind, mit theoretischen Setzungen, die physiologisch oder psychologisch, selten aber *pädagogisch* begründet sind. Unberücksichtigt bleiben in dieser Form von Förderung und Therapie die Achtung vor dem dem Erzieher ausgelieferten Anderen, bleiben die zu wahrenden Grenzen ethisch-anthropologischer wie intimer Art.

Mit dieser Kritik will ich nun nicht unterstellen, daß sich alle Pädagogen und Therapeuten rezeptiv und inhuman verhalten und alle Methoden oder Konzepte zu einer derartigen Entwicklung führen. In der Überzeichnung wird aber eine Problematik, eine Tendenz zur Entpädagogisierung, deutlich, die als 'Wende' in der Schwerstbehindertenpädagogik bezeichnet werden kann und eine 'Neuorientierung' begründet.

Die bisherigen Förderansätze unterschiedlichster Prägung, denen es primär um Anpassung, Kompensierung und Aktivierung isolierter Fähigkeiten mit dem Ziel der Normalisierung und Integration und weniger um Bildung und Erziehung geht, gaukeln dem Pädagogen in einem zweifelsohne schwierigen Arbeits- und Aufgabenfeld und bei Schülern, die alle bisherigen Erziehungserwartungen unterschreiten, eine gewisse Machbarkeit vor, die aber eher zu blindem Aktionismus als zu reflektierter Erziehung führt. Verstärkt wird diese Tendenz durch eine allgemein zu verzeichnende Therapiegläubigkeit und -dominanz. Indem der Pädagoge diagnostiziert, kategorisiert, stimuliert, entwickelt, therapiert, *be*turnt, *be*atmet usw. wird die Erziehungssituation zu einer therapeutisierten und klinifizierten und der hierdurch instrumentalisierte Schüler letztlich nicht viel wacher, weltoffener, nicht 'weniger behindert'. Er bleibt Objekt der Förderung, vom Tun des Pädagogen abhängig und weit von einem sich selbst verwirklichenden Subjekt, wie es die Leitidee der Richtlinien 'Selbstverwirklichung in sozialer Integration' (vgl. KULTUSMINISTER NW 1985, 5) vorschreibt, entfernt.

Und was geschieht mit dem Pädagogen, dem Lehrer oder Erzieher selbst? Er wird durch die Therapiesierung und Psychologisierung der Sonderpädagogik und durch die Therapeutisierung der Erziehungssituation, des Unterrichtes seiner eigentlich pädagogischen Aufgaben entbunden. Indem er zum Therapeuten oder Co-Therapeuten wird, geht die Selbstbestimmung *als Pädagoge* verloren. Das derzeit vieldiskutierte 'Ausgebranntsein' von Erziehern im Schwerstbehindertenbereich (vgl. HAHN 1985, STRASSMEIER/SPECK/HOMANN 1990, BUCHKA 1992) ist auch Ausdruck dieses fehlgeleiteten Aktionismus, der zur Identifikationskrise und zum Sinn-Verlust führt. Die Haltung dem schwerstbehinderten Kind gegenüber, das, wenn auch meist unbewußt, für den persönlichen Konflikt verantwortlich gemacht wird (vgl. FORNEFELD 1990), verschiebt sich weiter in Richtung Handeln *am* und nicht *mit* ihm, ein Circulus vitiosus entsteht. Werte und Normen der Sonderpädagogik werden hierdurch zur Disposition gestellt.

Es besteht aber kein Grund zur Resignation, für Endzeitstimmung oder übermäßige Kritik an einer sonderpädagogischen Fehl-Entwicklung (vgl. BEGEMANN 1992). Die Schwerstbehinderten- und mit ihr die Sonderpädagogik sind nicht am Ende, sondern sie befinden sich lediglich in einer Phase der Umorientierung, an einem Wendepunkt also, und damit am Anfang einer hoffnungsvollen Neu-Entwicklung; ich betone ausdrücklich: *Neu*-Entwicklung. Wenn ich die Rückbesinnung auf das eigentlich Pädagogische, auf Erziehung und Bildung fordere, dann heißt das nicht, zurückgehen auf ein antiquiertes Verständnis von Pädagogik, sondern es geht um eine Aktualisierung pädagogischer Grundwerte vor dem Hintergrund eines sich ändernden Menschen- und Weltbildes.

Bevor wir uns diesem zuwenden können, ist zunächst zu klären, wer denn überhaupt gemeint ist, wenn wir vom 'Schwerstbehinderten' sprechen.

1.2 Zum Verständnis vom schwerstbehinderten Schüler

Die 16jährige Andrea *ist blind und kann trotz einer Hemiplegie kurze Strecken, an der Hand geführt, gehen. Aufgrund ihrer schweren Epilepsie ist sie häufig nicht ansprechbar und schläft viel. Mit Ausnahme gelegentlicher Unmutsäußerungen artikuliert sich Andrea nicht.*
Sie besucht eine Mittelstufenklasse der Schule für Geistigbehinderte und hat nur wenig Kontakt zu ihren Mitschülern. Während des Klassenunterrichtes, dem sie nicht folgen kann, beschäftigt sie sich, und das nun schon seit Jahren, mit immer denselben Tastbrettern, Stoffpupppen und Greiflingen oder wiegt sich, im gleichen Rhythmus schaukelnd, hin und her.

Sven *ist ebenfalls 16 Jahre alt. Er wurde mit einem Hydrocephalus sowie einer Diplegie geboren und ist auf den Rollstuhl angewiesen. Aufgrund seines aufgeschlossenen Wesens hat er, obwohl auch er nicht spricht, einen guten Kontakt zu seinen Mitschülern.*
Er besucht die Geistigbehindertenabteilung einer Schule für Körperbehinderte. Sein ganzes Interesse gilt dem Essen, bei dem er kaum der Hilfe bedarf, und dem Kochunterricht, dem einzigen Unterrichtsgeschehen, das er verfolgt. Auf andere Inhalte läßt er sich nicht ein, beißt sich stattdessen in die Hand oder beschäftigt sich in stereotyper Weise mit seiner Steckpyramide und anderen Materialien aus dem Montessori-Programm.

Wenn wir fragen, wer als 'schwerstbehindert' gilt und was die sogenannte 'Schwerstbehinderung' ausmacht, werden wir auf Menschen wie Andrea oder Sven verwiesen. Kinder, die mit vergleichbaren Lernschwierigkeiten unterschiedlichen Lernorten zur Erziehung zugewiesen werden, aber dort nur schwer zu erziehen sind, weil ihre Behinderung und ihr Verhalten erwartetem schulischen Lernen und Lehren in besonderer Weise entgegen zu wirken scheinen.

'Schwerstbehindert' werden auch Kinder wie der 11jährige Christoph *genannt, der in der Anstalt Stetten lebt und von dem eine Anstalts-Broschüre berichtet, daß er infolge eines Sauerstoffmangels während der Geburt eine gravierende Cerebralschädigung erlitt, die zu schwerer spastischer Tetraplegie und schwerer geistiger Behinderung führte. Christoph ist fast blind. „Der oberflächliche Beobachter mag denken, Christoph sitze nur teilnahmslos in seinem Rollstuhl. Doch dieser Eindruck täuscht. Christoph hat hörende Ohren, und mit diesen scheint er seine Welt zu differenzieren ... Sein Gehör ist der Weg, auf dem die Welt in sein Inneres findet" (Bildblatt Nr. 111 - Februar 1992, Anstalt Stetten, Kernen im Remstal).*

Die aufgeführten Beispiele verdeutlichen, daß die Gruppe schwerstbehinderter Menschen alles andere als homogen ist, daß sich Kinder wie Andrea, Sven und Christoph in einer je eigenen und anderen Lebens- und Erziehungswirklichkeit befinden und dennoch alle mit demselben Attribut, nämlich 'schwerstbehindert zu sein', belegt werden.

Um zu klären, wer gemeint ist, wenn vom 'Schwerstbehinderten' gesprochen wird, ist die terminologische Reflexion notwendig; eine Reflexion, die von der administrativen über die interdisziplinäre bis hin zur ethisch-anthropologischen Ebene reicht und reichen muß, weil „(u)nsere Worte unvollkommen" sind, „wenn wir diese Menschen so umschreiben, daß wir sie nicht verletzen" (OSKAMP 1982, 9). Verletzend wirken für OSKAMP Begriffe wie 'Idiot', 'Bildungsunfähiger' oder 'Pflegefall', weil mit diesem Etikett das Aussetzen jeglicher über den Lebenserhalt hinausweisender Hilfe angekündigt wird (vgl. ebd.). Zu bezweifeln ist, ob der aktuellere Begriff 'Schwerstbehinderter' geeigneter ist, dieser Tendenz vorzubeugen.

Wie die Arbeiten von HAHN (1976), SCHRÖDER (1979a), PFEFFER (1982) oder FORNEFELD (1989) hinlänglich zeigen, ist der Schwerstbehinderte nicht per definitionem zu erfassen, obwohl dies fortwährend in den vielfältigen medizinischen, psychologischen, pädagogischen, personalen, soziologischen, rechtlichen und ethischen Definitionen (vgl. BACH 1991, 3 f.) versucht wird. Dies mißlingt, weil die Definition 'Schwerstbehinderter' eine unzulängliche Verobjektivierung des Menschen darstellt und allein ungeeignet ist, den schwerstbehinderten Anderen in seiner Fremdheit (vgl. WALDENFELS 1990) zu erkennen.

Unter dem Primat positivistischen Denkens in den Humanwissenschaften wurde es auch in der (Sonder-)Pädagogik unumgänglich, den dem wissenschaftlichen Diskurs zugrundeliegenden Personenkreis zu definieren, oder wörtlich übersetzt 'auszugrenzen' bzw. 'abzugrenzen'. Meist wird dabei übersehen, daß der definierte Mensch im Definieren zum Ojekt des Denkens und damit gleichsam vergegenständlicht wird. Der Mensch als Subjekt in seiner Unverfügbarkeit verschwindet hinter der Fassade rationalistischer Wertnormierung, bei der der Schwerstbehinderte nur als extreme Minusvariante menschlichen Seins erscheinen kann.

Die Sonderpädagogik bzw. -pädagogen klassifizieren behinderte Menschen ihren Beeinträchtigungen / Störungen entsprechend nach Gruppen, um ihnen hierdurch *die* Erziehung zuteil werden zu lassen, die sie aufgrund der angenommenen besonderen und gruppenspezifischen Bedürfnisse, oder terminologisch aktueller, aufgrund ihrer 'special educational needs' verlangen. Aber sind sie sich der anthropologisch bedenklichen Implikationen ihrer definitorischen Setzungen bewußt?

Pädagogische Definitionen sind zwar nicht der Ort des Hinterfragens anthropologischer Grundannahmen; doch sie repräsentieren das spezifische Menschenbild des Definierenden, das für Erziehung in intentionaler wie methodischer Hinsicht bestimmend ist. Die objektiven Gütekriterien gerecht werdenden Klassifikationsversuche stehen immer in Gefahr, zum Selbstzweck zu werden, indem sie letztendlich nur dazu dienen, die vermeintliche Wissenschaftlichkeit des Autors zu legitimieren. Die Behinderten-Bezugsgruppe selbst wird in der Definition immer nur unzureichend erscheinen, weil der Mensch stets eine „offene Frage" im Sinne PLESSNERS bleiben wird.

Die Kritik am objektivistischen Zugriff auf den Menschen bedarf aber unter methodologischen und wissenschafts-dialogischen Gesichtspunkten einer Relativierung. Um sich über das Phänomen der Erziehung, wie etwa der der Schwerstbehinderten, in seiner Vieldimensionalität und Komplexität auf der Metaebene austauschen zu können, ist die Rationalisierung und Abstrahierung vom Einzelfall Voraussetzung. Ein- und Abgrenzungen dienen vordringlich auch als Verständigungs- und Kommunikationsgrundlage. Sie schaffen die gemeinsame Sprache, die für die wissenschaftliche und interdisziplinäre Diskussion, für die Innovation notwendig ist.

Klassifikationsversuche sind anthropologisch haltbar, wenn sie im Bewußtsein ihrer eigenen Begrenztheit und Unzulänglichkeit erfolgen, bei Bedarf revidiert werden, damit der einzelne zu erziehende Mensch in ihnen wiedergefunden werden kann. Das Phänomen der Erziehung Schwerstbehinderter erschließt sich uns in seiner Komplexität nur, wenn wir es in der fokussierten wissenschaftlichen Reflexion, im objektiv-erklärenden *und* im verstehend-interpretierenden Zugriff zu erfassen versuchen; beides soll nachfolgend geschehen.

Administrative Aspekte

Der Runderlaß des KULTUSMINISTERS vom 12.07.1978, der in Nordrhein-Westfalen die Aufnahme Schwerstbehinderter in Sonderschulen regelt, faßt Schwerstbehinderung als Mehrfachbehinderung, als Verbindung von zwei oder mehr Behinderungen, wie Blindheit, Erziehungsschwierigkeit/Verhaltensstörung, Gehörlosigkeit, geistige Behinderung, Körperbehinderung und Krankheit, auf, wobei die Erscheinungsformen einer geistigen Behinderung, einer Körperbehinderung oder einer Verhaltensstörung gravierend sind (vgl. ebd.). Der Runderlaß differenziert zwischen Schwerstgeistig- und -körperbehinderten folgendermaßen:

Schwerstgeistigbehinderte erfüllen nicht die Voraussetzungen für die Aufnahme in die Schule für Geistigbehinderte, „sofern dieser Umstand nicht oder nicht vorwiegend auf einen noch bestehenden und voraussichtlich aufholbaren Entwicklungsrückstand zurückzuführen ist [1]. In der Regel

- zeigen sie einen geistig-seelischen Entwicklungsstand, der noch keinen Gegenstandsbezug erkennen läßt und nicht über die Stufe eines bloß dranghaften Hantierens hinauszugehen scheint; ein sinnvoller Umgang

[1] Auf die Problematik der Aufnahmevoraussetzungen werde ich im Folgekapitel noch genauer eingehen.

mit Materialien ist noch nicht zu beobachten und das Kind kann auch bei angemessener Tätigkeit nicht über mehrere Minuten verweilen;

- besitzen sie noch nicht die Fähigkeit, einfache verbale oder gestische Mitteilungen zu verstehen;
- können sie soziale Verhaltensweisen noch nicht erlernen;
- weisen sie einen Gesundheitszustand auf, bei dem die Beteiligung an schulischen Veranstaltungen herkömmlicher Art eine Überforderung darstellen würde.

Bei diesen Schülern findet sich vielfach eine abweichende körperliche Allgemeinentwicklung neben verschiedenartigen Beeinträchtigungen des Gesamtzustandes, wie etwa chronischen Krankheiten und deren Folgeerscheinungen.

Sie bedürfen weitgehend individueller Erziehungsbemühungen fundamentaler Art und sind in erheblichem Umfange pflege- und aufsichtsbedürftig" (ebd.).

Demgegenüber als *schwerstkörperbehindert* werden im Runderlaß Kinder bezeichnet, „die sich nicht selbst - auch nicht mit Hilfsmitteln - fortbewegen können und

- keine für die schulische Bildung einsetzbare Funktionsfähigkeit der Arme besitzen bzw.
- so schwer sprachbehindert sind, daß ihre Sprache für Außenstehende nicht verständlich ist bzw.
- deren Gesamtzustand durch chronische Krankheiten und deren Folgen erheblich beeinträchtigt ist" (ebd.).

Sind aus dem hier definierten Bereich der Schwerstkörperbehinderten diejenigen ausgeschlossen, die neben den schweren körperlichen Beeinträchtigungen (i.d.R. schwere cerebrale Bewegungsstörungen) auch eine schwere geistige Behinderung aufweisen, so wie Christoph? Oder sind diese Schüler der erstgenannten Gruppe zuzuordnen?

Administrative Verordnungen, die wie hier die Aufnahme in Sonderschulformen regeln, müssen den Anspruch der Allgemeingültigkeit erfüllen, werden aber damit zwangsläufig so uneindeutig, daß Schüler wie Andrea, Sven und Christoph, je nach Gewichtung ihrer Behinderung, die sich ja gerade durch eine Kumulation von kognitiven, motorischen und emotional-sozialen Beeinträchtigungen auszeichnet, sowohl der Gruppe der Schwerst*geistig*- als auch der der Schwerst*körperbehinderten* zugeordnet werden könnten. Das heißt, maßgeblich für die Zuordnung ist die Beeinträchtigung, die man als primäre Behinderung festsetzt.

Diese Offenheit in der Interpretation von Behinderung bei mehrfachgeschädigten Kindern hat eine gewisse Willkür bei der Zuweisung in die entsprechenden Sonderschulformen zur Folge, was seit Anfang der 80er Jahre zwischen den beiden Fachrichtungen zu einer heftigen Diskussion um den geeigneteren Lernort führte.

Uneinigkeit besteht nicht hinsichtlich des Bildungs- und Erziehungsanspruches Schwerstbehinderter; bestimmend für den vorwiegend praktisch-pädagogischen Disput sind ausschließlich institutionell-ökonomische Interessen. Sie entstanden unter dem Druck sinkender Schülerzahlen, neuerdings verstärkt durch die Sorge um das Fernbleiben der in die Regelschule integrierbaren (besten) Schüler, und werden nun durch unzureichende konzeptionelle Begründungen zu legitimieren versucht. So wird beispielsweise seitens der Körperbehindertenpädagogik neben der besseren, weil rollstuhlgerechteren Bauweise der Schulen vor allem das größere Spektrum therapeutischer Hilfsmaßnahmen als Begründung für die Zuweisung Schwerstbehinderter in die Körperbehindertenschule ins Feld geführt. Dem hält die Geistigbehindertenpädagogik die Wohnortnähe ihrer Institutionen und ihre größere Kompetenz in der didaktischen Umsetzung konkreter Lebenssituationen für Schwerstbehinderte entgegen. Hierzu zwei Beispiele:

Aus der Perspektive der Körperbehindertenpädagogik gibt KUNERT, die die Gesamtgruppe der schwer cerebral bewegungsgestörten Kinder vor Augen hat, zu bedenken: „Da die Schulen für Geistigbehinderte in der Regel nicht oder in ungenügender Anzahl über Krankengymnastinnen, Beschäftigungstherapeuten und Sprachheillehrer verfügen, ist der dauerhafte Therapiebedarf dort in der Regel *nicht* gedeckt, so daß sich zwangsläufig die Notwendigkeit der Ersteinschulung in eine Körperbehindertenschule ergibt, in der die Krankengymnastik eine bedeutsame und sonderpädagogisch integrierte Basisfunktion hat. Erst aus der täglichen Zusammenarbeit zwischen der Krankengymnastin und dem Körperbehindertenpädagogen, der durch seine Ausbildung über Kenntnisse der Bewegungserleichterung verfügt, ergibt sich die Chance einer Bewegungsverbesserung zumindest mit dem Ziel einer Verbesserung der manuellen Gebrauchsbewegungen. Denn Bewegungen, die in der Krankengymnastik angebahnt werden, müssen erfahrungsgemäß gerade beim schwerstbehinderten Kind im Unterrichts- und Spielgeschehen vom Pädagogen übernommen und in Anwendung gebracht werden, nicht nur weil dadurch Bewegungen unter neurophysiologischem Aspekt eingeschliffen werden, sondern auch, weil das Kind durch erweiterte Aktionsfähigkeit im Alltag den Sinn der krankengymnastischen Behandlung erlebt“ (1986 b, 170 f.).

Die Legitimation der *pädagogischen* Förderung, der schulischen Erziehung, abzuleiten aus der notwendigen Verzahnung von Krankengymnastik und Körperbehindertenpädagogik, bei der die letztere der ersten untergeordnet zu sein scheint, greift zu kurz, da nicht pädagogisch-konzeptionell argumentiert wird. Die sensomotorische Dimension von Erziehung körperbehinderter Kinder, die in der Geistigbehindertenpädagogik zweifelsohne zu wenig berücksichtigt wird, verschwindet in KUNERTs Ausführungen hinter einer vordringlich medizinisch-neurophysiologischen Deutung, die zwangsläufig eher zu therapeutischer Behandlung als zu Erziehung führt. Die Betonung des erhöhten Therapiebedarfs angesichts schwerster motorischer Beeinträchtigungen erspart nicht die Auseinandersetzung mit dem Erziehungsbedarf vor dem Hintergrund der Lebenswelt dieser Kinder, die sicher nicht allein der Erziehung zu „Gebrauchsbewegungen" (KUNERT) bedürfen.

Susanne DANK, die durch ihre praktisch-pädagogischen Publikationen bei Geistigbehindertenpädagogen große Anerkennung genießt, kritisiert[2] gerade die Überbetonung des Therapeutischen in der Körperbehindertenschule und sieht im ganzheitlichen Erziehungskonzept der Schule für Geistigbehinderte die adäquatere Erziehungsform. „Die SfG (Schule für Geistigbehinderte, Anm. B.F.) hat jedoch gegenüber der Körperbehindertenschule auch einen unschätzbaren Vorteil aufzuweisen. Dieser besteht in ihrer methodischen Konzeption als Schule, die sich einer prinzipiell *ganzheitlichen* Persönlichkeitsförderung der Kinder verpflichtet fühlt. Zwar ist die SfK (Schule für Körperbehinderte, Anm. B.F.) hier bereits in einem begrüßenswerten Wandel begriffen und hat die Schwächen einer Förderung erkannt, die schwerstbehinderte Kinder in einzelne Faktoren zerlegt, die von entsprechenden Spezialisten parallel zu einander therapiert werden müssen. Gegenwärtig herrschen die von eigentlichem Unterricht getrennten Therapieformen jedoch noch vor.

Das Konzept der SfG, sonderpädagogische Maßnahmen unmittelbar und kontinuierlich in den Unterricht einfließen zu lassen und Situationen auf möglichst vielfältige Art und Weise zu nutzen, kommt Schwerstbehinderten, die vielfach auf der Stufe allgemeinster ganzheitlicher Wahrnehmung und Verarbeitung stehen, m.E. viel besser entgegen" (1991, 3 f.).

DANK nimmt hier eine bedenkliche Reduktion auf den physiotherapeutischen Bereich vor, indem sie die von Körperbehindertenpädagogen angewendeten Konzepte zur Förderung Schwerstbehinderter, wie etwa FRÖHLICH, AYRES, AFFOLTER u.v.a.m., unberücksichtigt läßt, wodurch die Erziehung in der Schule für Körperbehinderte zwangsläufig als didaktisch-methodisch minderwertiger erscheinen muß.

Ihr ist kritisch entgegenzuhalten, daß ein ganzheitliches Konzept seinem Anspruch auf Ganzheitlichkeit, wie immer er auch begründet ist, eigentlich nur gerecht wird, wenn es beispielsweise bei motorisch schwerstbeeinträchtigten Schülern bewegungserleichternde, also krankengymnastische Methoden zu integrieren vermag, und wenn Motorik als wesentliches Moment der Erziehung Schwerstbehinderter auch von Geistigbehindertenlehrern erkannt wird.

Reduktion und Elementarisierung von komplexen Sach- und Lerninhalten sind eine besondere didaktische Kompetenz der Geistigbehindertenpädagogik, die auf die Körperbehindertendidaktik bereichernd wirken könnte.

[2] M.E. in Verkennung der Realgegebenheiten.

Aber was bewirken diese interdisziplinären Abgrenzungsversuche wirklich? - Für die schwerstbehinderten Schüler sicher nichts! Es kann und darf darum nicht länger um ein Entweder-Oder, entweder ganzheitliche Erziehung oder zusätzliche Therapien gehen, sondern um ein Sowohl-als-auch, d.h. beides muß endlich miteinander kooperieren. Und genau hierauf sollten beide Fachrichtungen ihr Interesse richten. So fordert auch OSKAMP, „daß schwerstbehinderte Kinder nicht zum Gegenstand fachlichen Disputs zwischen sonderpädagogischen Fachrichtungen oder Einrichtungen werden dürfen, weil die grundsätzliche Bejahung des Bildungsanspruches wichtiger ist“ (1986, 181).

Ergänzend muß hinzugefügt werden, daß die Lernortfrage aufzugeben ist, weil die gemeinsame, d.h. die einander in ihrem Wissen ergänzende Suche nach der angemessenen *pädagogischen* Realisation dieses Bildungsanspruches nicht länger aufgeschoben werden darf. Sie verlangt eine größere Kooperation der beiden Disziplinen auf der Grundlage der spezifischen Erkenntnisse, die OSKAMP folgendermaßen kennzeichnet:

„In den Erfahrungsaustausch kann die Körperbehindertenpädagogik vielfache Erfahrungen und gesicherte neurophysiologische und sensumotorische Kenntnisse im Umgang mit bewegungsbehinderten Kindern ebenso einbringen wie die Geistigbehindertenpädagogik ihre Erfahrungen in der Gestaltung des pädagogischen Bezuges und der didaktischen Strukturierung naher Lebensräume. Die Schwerstbehinderten zwingen dazu, tradierte Denkformen sonderpädagogischer Fachrichtungen zu überwinden und sich vorbehaltlos auf die Seinsvoraussetzungen dieser Kinder einzulassen“ (1986, 181 f.).

Entstehen die interdisziplinären Urteile möglicherweise aus der unzureichenden Kenntnis der jeweiligen anderen Schülerpopulation mit ihren spezifischen Lern- und Erziehungsbedürfnissen, und kommt es aufgrund einer unzulänglich-vereinheitlichenden Terminologie - schwerstbehindert, schwerstmehrfachbehindert - zu falschen Analogieschlüssen? Die vertiefte Auseinandersetzung mit dem Verständnis von ‘Schwerstbehinderung’ in beiden Fachrichtungen wird notwendig, damit Spezifika jeder Fachrichtung, aber auch Gemeinsamkeiten beider als Voraussetzung für den interdisziplinären Dialog deutlich werden.

Führt man sich noch einmal die fachrichtungsspezifischen Argumentationen KUNERTs und DANKs vor Augen, ist zu fragen, ob beide Autorinnen dieselbe Schülerpopulation meinen, wenn sie von 'Schwerstbehinderten' sprechen. In beiden Disziplinen lassen sich vereinfachend zwei Gruppen von schwerstbehinderten Schülern herausarbeiten, von denen nur eine im Sinne eines 'kleinsten gemeinsamen Nenners' für beide Schulformen von Relevanz ist.

Neben Kindern wie Andrea oder Christoph, die in so umfänglicher Weise geschädigt sind, gibt es in der Schule für Geistigbehinderte auch Schüler, die neben der geistigen Behinderung keine zusätzliche Körperbehinderung oder Sinnesschädigung aufweisen, so wie beispielsweise die 18jährige *Anna*.

> *Sie wurde mit einer Trisomie 21 und einer schweren cerebalen Schädigung geboren. Bis heute ist sie völlig auf Hilfe anderer angewiesen, wird gefüttert, gewickelt und gewaschen. Am liebsten läuft sie, unartikulierte Laute ausstoßend und spuckend, durch den Raum oder sitzt mit weit übereinandergeschlagenen Beinen in einer Ecke und spielt mit ihrem Speichel.*
> *Auf die Ansprache der Lehrerin reagiert sie nur, wenn sie im Zusammenhang mit der unmittelbaren Befriedigung ihrer vitalen Bedürfnisse (Essen, Trinken, Gewickelt werden) stehen. Freude zeigt sie, wenn die Mutter sie mittags abholt. Weder auf Mitschüler noch auf Spielmaterialien richtet sie ihr Interesse.*

In diesem Sinne 'schwerst*geistig*behinderte' Schüler wie Anna findet man i.d.R. in Schulen für Körperbehinderte nicht. Sie werden von SPECK (1978) als 'intensivbehindert' bezeichnet. Er zieht „die Bezeichnung 'Intensivform geistiger Behinderung'" vor, „da diese kategorial sachlich, d.h. fachlich adäquater zu verwenden ist; die Amerikaner haben jetzt den Terminus 'profound', also 'tiefgreifend' gewählt; 'schwerst' enthält eine mehrfach problematische Wertung. Außerdem ermöglicht 'intensiv', was wörtlich 'gesteigert' bedeutet, die entsprechende Zuordnung der pädagogischen, therapeutischen und pflegerischen Maßnahmen, nämlich 'Intensivförderung'" (1978, 7). SPECK definiert weiterführend die „intensive geistige Behinderung als eine komplexe menschliche Befindlichkeit, die im extremen Maß lebenslang Hilfe und Zuwendung, eben intensive Stützung, Förderung und Pflege herausfordert" (ebd.). SPECKs terminologischer Entwurf konnte sich innerhalb der Geistigbehindertenpädagogik nicht durchsetzen. Eine Ausnahme waren BREITINGER und FISCHER, die ihn 1981 in ihrem Buch 'Intensivbehinderte lernen Leben' verwenden. In der aktuellen Geistigbehindertenpädagogik wird der Begriff der 'Schwerstbehinderung bzw. Schwerstbehinderten' bei beiden Gruppen, d.h. bei den Schülern mit schwerster geistiger Behinderung ohne weitere körperliche oder sinnesbezogene Schädigung und bei denen mit zusätzlicher schwerer Körperbehinderung und/oder Sinnesschädigung, verwendet.

In der Körperbehindertenpädagogik findet man neben dem allgemeineren Begriff der 'Schwerstbehinderung' oder 'schweren Körperbehinderung' den schädigungsspezifischeren der 'schweren cerebralen Bewegungsstörung'. Mit ihm werden Menschen bezeichnet, die, wie Begemann sagt, „aus medizinischer Sicht als schwere Folgezustände prä-, peri- und postnataler multipler, massiver Schädigung des Zentralnervensystems charakterisiert werden können" (1978, 9).

Haupt und Fröhlich (1982) verwenden den Begriff der 'schweren cerebralen Bewegungsstörung', um damit zwei Gruppen von schwerst motorisch beeinträchtigten Schülern zu unterscheiden:

1. „Sprechunfähige Kinder mit schwersten cerebralen Bewegungsstörungen bis hin zur Bewegungsunfähigkeit. Diese Kinder können sich verbal nicht mitteilen: Es bestehen auch größte Probleme bei der nonverbalen Kommunikation wegen des Schweregrades der Bewegungsbehinderung. In der emotionalen und sozialen Entwicklung finden sich Einschränkungen durch Angst vor fremden Personen und Situationen, auch dies im Zusammenhang mit der extremen Bewegungs- und Kommunikationsbeeinträchtigung, die nicht verbunden ist mit einer entsprechenden kognitiven Entwicklung" (1982, 21).

> *Zu dieser Gruppe gehört der 14jährige* Frank. *Aufgrund seiner schweren Tetraspastik mit persistierenden Reflexen in allen Bereichen kann er sich in seinem Rollstuhl nicht alleine fortbewegen, kann nicht schreiben, nicht sprechen und ist völlig auf Hilfe bei der Versorgung angewiesen.*
> *Mit Hilfe des TEDI-Programms, einem speziell für Körperbehinderte entwickelten Schreibhilfe- und Kommunikationsprogramm, lernt er gerade, sich mitzuteilen. Den Computer bedient er anhand eines Einfachsensors, der am Rollstuhl befestigt ist. Zu Hause liest er viel, hört Musik oder spielt mit dem Vater, ganz selten mal mit anderen Kindern, einfache Computerspiele.*

Schüler dieser Gruppe findet man i.d.R. nicht in Schulen für Geistigbehinderte; anders die zweite Gruppe, die Haupt/Fröhlich folgendermaßen kennzeichnen:

2. Kinder, „die in allen Hauptbereichen der Entwicklung (psychomotorisch, emotional, kommunikativ, sozial, kognitiv) extreme Entwicklungsbeeinträchtigungen aufweisen" (ebd. 22).

Christoph wäre aufgrund seiner extremen Entwicklungsbeeinträchtigungen in allen Bereichen dieser zweiten Gruppe zuzuordnen.

Hedderich betont, daß bei der von Haupt und Fröhlich vorgenommenen Unterteilung „nur die motorische Beeinträchtigung bei allen Kindern dieser Gruppe gleichgravierend ausfällt" ... es sich aber „im Hinblick auf die Entwicklung kognitiver Fähigkeiten um eine sehr heterogene Personengruppe handelt" (1990, 7). Unter dem Aspekt der Lokalisation der Hirnschädigung weist WULFES-KUNERT (1988) darauf hin, „daß ein Teil der Kinder ausschließlich oder überwiegend in Hirnregionen und Leitungsbahnen betroffen ist, die für Bewegung zuständig sind (wie bei Frank, Anm. B.F.). Bei anderen Kindern, dem weitaus größeren Teil, liegt eine ausgedehntere Hirnschädigung vor, die auch sensorische Areale und Leitungsbahnen mitbetroffen hat und in dem Fall die Wahrnehmungsfähigkeit primär mitgeschädigt hat; damit sind immer Denken und Intelligenz betroffen" (WULFES-KUNERT nach HEDDERICH 1990, 7).

Zusammenfassend läßt sich festhalten, daß die hier beschriebene zweite Gruppe diejenige ist, die man am häufigsten in beiden Sonderschulformen findet. Da die Übergänge zwischen Behinderungsgraden immer fließend sind, ist eine genaue Abgrenzung schwierig. Sicherlich ist es unter didaktisch-methodischen Gesichtspunkten richtig, die von HAUPT und FRÖHLICH erstgenannte Gruppe der schwer cerebral Bewegungsgestörten ohne gravierende kognitive Beeinträchtigungen aus der engen Fassung von Schwerstbehinderung auszuschließen. Gerade ihnen eröffnet die moderne Computertechnik mit ihren Spezialentwicklungen für Körperbehinderte neue Möglichkeiten, sich in der Schule lernend zu entfalten. Dysarthrische und anarthrische Menschen können sich jetzt mit Hilfe individuell anpaßbarer Kommunikationsprogramme (mittels natürlicher oder synthetischer Sprachausgabe) mit ihrer Umwelt verständigen.

Anders ist es bei der Gruppe der Schwerst*geistig*behinderten, also Kindern oder Jugendlichen wie die zuvor beschriebene Anna. Sie haben auch ohne gravierende motorische Beeinträchtigungen große Schwierigkeiten, sich mit der Umwelt auseinanderzusetzen, vertrauten Formen des Lernens und Lehrens zu folgen. Aus diesem Grunde halte ich es für sinnvoll, diese Gruppe in meine Überlegungen zur Erziehung Schwerstbehinderter einzubeziehen, während ich die zuvor genannten ausklammere.

Def.

Das heißt also konkret, wenn ich im weiteren von 'Schwerstbehinderten' spreche, denke ich an Kinder, die sowohl in ihren motorischen, als auch in ihren geistig-seelischen Fähigkeiten auf's schwerste beeinträchtigt sind, die bei allen alltäglichen Verrichtungen der Hilfe anderer bedürfen, die u.U. gefüttert, angezogen, gepflegt, gelagert werden müssen und die darum ihr Leben lang in besonderer Abhängigkeit von Eltern, Lehrern, Betreuern bleiben.

Ich meine Kinder, die häufig nicht erwartungsgemäß auf Kontakt- und Lernangebote reagieren, die sich nicht durch aktive Sprache, sondern eher durch Laute oder mittels somatischer Erscheinungen ihres Leibes (durch Speichelfluß, Tränenflüssigkeit oder Körpergeruch) auszudrücken vermögen. Sie sind zur Verwirklichung ihrer Wünsche und Bedürfnisse in besonderer Weise auf das Verstandenwerden seitens der Bezugspersonen angewiesen.

Aus dieser Vorstellung schließe ich diejenigen cerebral bewegungsgestörten Kinder mit Dysarthrien oder gar mit Anarthrien aus, die aufgrund ihrer kognitiven Fähigkeiten z.B. technische Lern- und Artikulationshilfen verstehen und sich ihrer bedienen können.

In die weiteren Überlegungen einschließen möchte ich hingegen aus dem Bereich der Geistigbehindertenpädagogik diejenigen Kinder, die trotz geringer motorischer, aber schwerer intellektueller Beeinträchtigungen kaum vertrautem Unterricht in dieser Schulform folgen können und deshalb bisher meist therapieähnliche Angebote erhalten.

Die deskriptive Eingrenzung des Personenkreises geht auf die eigene reflektierte Praxis mit schwerstbehinderten Schülern zurück. Sie ist demzufolge aus der vorwissenschaftlich-lebensweltlichen Erfahrung mit ihnen entstanden. Als solche versucht sie das Phänomen des Schwerstbehinderten-Seins aus der Ebene des Behinderten selbst, d.h. aus seinem Lebensvollzug heraus zu begreifen und darzustellen.

Anders allgemeingültige Definitionen, die sich auf der Grundlage festgelegter Vergleichsnormen dem Phänomen der Schwerstbehinderung bzw. des Schwerstbehindert-Seins nähern und ein jederzeit überprüfbares Verständnis anstreben; ein Verständnis, dem im folgenden nachgegangen werden soll.

Definitorische Aspekte

Den Begriff der 'Schwerstbehinderung' umfassend definieren zu wollen scheitert bereits an der Uneindeutigkeit des Begriffs 'Behinderung' selbst, von dem die 'Schwerstbehinderung' als Superlativ abgeleitet ist. ZIELKE geht in ihrem Aufsatz „Zum Wandel des Behindertenbegriffs" der Wortbedeutung nach und stellt fest, daß das Wort 'Behinderung' im Sinne von behinderten Menschen in Nachschlagewerken nicht zu finden ist (vgl. 1992, 318). Deshalb versucht sie, sich ihm anhand seiner etymologischen Wurzel zu nähern.

„Das Wort 'behindern' setzt sich aus dem Verb 'hindern' mit einer Präfixbildung zusammen. 'Hindern' kann einmal etymologisch von dem Adverb 'hinten' (mnd. 'hinden'), das substantiviert in der 'Hintern' vorzufinden ist, abgeleitet werden und zum anderen von der Präposition 'hinter' (mnd. 'hinder'). Diese Ableitungen weisen darauf hin, daß der Behinderte 'hinter den anderen' bzw. 'hintenan' steht. Des weiteren gibt es in der deutschen Sprache zahlreiche Wortzusammensetzungen mit der Präposition 'hinter', die insgesamt eher eine Negativbedeutung haben" (ebd. 319). Als Beispiele gibt sie u. a. 'hinterhältig', 'hinterrücks' oder 'Hintergedanken' an.

Der heutige Begriff 'behindert' stellt für ZIELKE den Versuch dar, „die gängigen Termini, die umgangssprachlich zugleich Schimpfwörter sind, wie 'schwachsinnig', 'krank', 'abnorm', durch einen zentralen Wissenschaftsbegriff zu ersetzen" (ebd.). Doch dies gelingt nur bedingt, denn auch

„'behindert' ist nur ein euphemistischer Begriff für die abwertenden, vergangenheitsbelasteten Termini" (ebd.). Wie abwertend wirkt dann erst seine Steigerungsform 'schwerstbehindert'?

Aufgrund der Uneindeutigkeit in der allgemeinen Begriffsverwendung ist mit SCHRÖDER festzuhalten, „daß der Superlativ 'schwerstbehindert' lediglich besagt, daß es um Behinderungen geht, die vom Benutzer dieser Bezeichnung als besonders gravierend angesehen werden, also eine formal-quantitative Klassifikation, die keinesfalls eindeutig ist und nur gering inhaltlich-quantitativen Aussagewert besitzt" (1979a, 224). Auch wenn SCHRÖDERS Kritik weiter berechtigt zu sein scheint, so darf nicht übersehen werden, daß es heute Bemühungen gibt, den Terminus inhaltlich zu füllen. Die Motive und Akzentsetzungen der Defintionsversuche unterscheiden sich und sollen kurz erwähnt werden.

HARTMANN und PASSON gehen bei ihrer *pädagogischen* Eingrenzung des Begriffs der 'Schwerstbehinderung', der die äußerste Position auf der Skala Behinderung - Schwerbehinderung - Schwerstbehinderung darstellt, von einer „doppeldimensionalen Definition von Behinderung" (1983, 9) aus. Das heißt einerseits ist, in Orientierung an der Definition des DEUTSCHEN BILDUNGSRATES (1973, 22-33), von einer Behinderung auszugehen, wenn bei Kindern, Jugendlichen oder Erwachsenen eine wesentliche Erschwerung des Lernens und der sozialen Eingliederung vorliegt, andererseits, wenn ein Kind „nicht mit 'üblichen' Mitteln erzogen und unterrichtet werden kann" (BLEIDICK 1977 nach HARTMANN/PASSON 1983, 9). Der Begriff der 'Schwerstbehinderung' „verweist dadurch auf die extreme Form der Erschwerung des Lernens und der sozialen Eingliederung und auf die pädagogische Notwendigkeit, weit über die 'üblichen' Mittel hinausgehende, ganz besondere Zugänge der Erziehung und Bildung zu finden" (ebd. 10).

Durch die Betonung der „besonderen Zugänge der Erziehung und Bildung", im Sinne eines Mehr an sonderpädagogischem Bemühen, erinnert die Bestimmung der beiden Autoren an die frühe Definition von BACH, der folgende erziehungswissenschaftliche Bestimmung von 'Behinderung' vorlegt: „Behinderung ist im erziehungswissenschaftlichen Sinne eine individuale, objektiv feststellbare, prinzipiell komplexe, relative, prinzipiell mobile, unterschiedlich bedingte, umfängliche und schwere und langfristige Beeinträchtigung der Lernvoraussetzungen und Beeinträchtigung durch besondere Lernanforderungen bei Personen aller Altersstufen im Vergleich zur Regelgegebenheit, so daß eine über das im allgemeinen zu Erwartende wesentlich hinausgehende pädagogische Förderung erforderlich ist" (BACH 1976 nach ZIELKE 1992, 320).

Als Maßstab für die definitorische Bestimmung fungieren bei BACH wie bei HARTMANN und PASSON tradierte Erziehungs- und Bildungsnormen, die in ihrer Relevanz für schwerstbehinderte Schüler nicht in Frage gestellt werden, in deren Licht der schwerstbehinderte Mensch aber, mehr noch als der 'nur' behinderte, als Wesen mit maximal reduzierten Lern- und Entwicklungsmöglichkeiten erscheint. Der Weg ist dann nicht weit, aus dem angenommenen reduzierten Erziehungsvermögen wieder ein reduziertes menschliches Sein abzuleiten, ein ethisch bedenklicher Analogieschluß.

In seiner Vergleichsfunktion ist der Schwerstbehindertenbegriff auch in den häufig verwendeten entwicklungsbezogenen Definitionen wie etwa in der folgenden FRÖHLICHs zu finden, in der er festhält, „daß diese Kinder meist auf frühen Stufen der Entwicklung stehenzubleiben scheinen. Man kann sogar sagen", führt er weiter aus, „daß sie (zunächst) das vergleichbare Entwicklungsniveau eines nichtbehinderten Kindes von max. 1 Jahr nicht erreichen, obwohl sie eine 'Lebenserfahrung' von mehreren Jahren haben" (1987, 6).

Um den überaus fragwürdigen Vergleich der Entwicklung des schwerstbehinderten mit der des nichtbehinderten Kleinkindes zu rechtfertigen, reicht es nicht aus, auf dessen Lebensalter und Lebenserfahrungen hinzuweisen, denn gerade letztere belegen die Andersheit der Lebenswelt Schwerstbehinderter und führen den Vergleich ad absurdum. Übersehen wird dabei, daß menschliche Entwicklung zwar ontogenetischen Gesetzmäßigkeiten folgt, aber dennoch immer eine individuumsbezogene ist, die sich aus dem Bezug des (behinderten) Menschen mit *seiner* Welt, also aus dem Leib-Sein des Menschen ergibt. Entwicklung ist auch unter *ontologischen* Gesichtspunkten zu betrachten, damit deutlich wird, daß sie mehr ist als biologisches Wachsen und Reifen, mehr ist als das Hineinwachsen in die Erwachsenenwelt der Rationalität, wie uns die strukturalistische Entwicklungspsychologie lehrt. Beides ist nicht ohne die subjektive Lebenserfahrung des Menschen, den Weltbezug qua Leib, denkbar. Gerade da, wo Abweichungen von vertrauten Entwicklungsnormen so augenfällig werden wie bei behinderten Menschen, müssen wir uns um ein erweitertes Verständnis menschlicher Entwicklung bemühen und sie in ihrer ontologischen Verankerung begreifen lernen. Die Bewußtseinserweiterung ist, über das Problem der definitorischen Erfassung hinaus, notwendig, damit der Pädagoge im Umgang mit dem behinderten Schüler nicht auf Entwicklungsmodelle, auf Entwicklungsstufen oder -niveaus fixiert bleibt, ihn Abweichungen und Diskontinuitäten im Entwicklungsverlauf der Kinder nicht länger irritieren und er sich den sogenannten 'Entwicklungsstörungen' in haltungs- und handlungsoffener Weise in Unterricht und Erziehung zuwenden kann (vgl. Kapitel 2).

Diese Dimension der Entwicklung übersieht auch PFLÜGER in seiner neuesten Definition von Schwerstbehinderung, die Eingang in die Enzyklopädie der Sonderpädagogik (DUPUIS/KERKHOFF 1992) gefunden hat.

Er orientiert sich an FRÖHLICH (HAUPT /FRÖHLICH 1982), wenn er folgende *enge* Definition von Schwerstbehinderung vorschlägt: „Als schwerstbehindert soll man nur solche Kinder bezeichnen, die auch in absehbarer Zeit einen

Entwicklungsstand vom 6.-9. Lebensmonat nicht überschreiten. Im einzelnen bedeutet dies, daß die Kinder nicht in der Lage sind, gezielte einfachste motorische Handlungen durchzuführen, zu sitzen oder zu krabbeln. Der Kopf kann meist nicht ohne Hilfe gehalten werden. Aktivitäten zur Selbstversorgung wie Essen, zur Toilette Gehen sind nicht möglich. Die Sprache als Kommunikationsmöglichkeit scheidet aus. Die nichtsprachliche Kommunikation ist oft durch die eingeschränkte Motorik nur gering ausgebildet. Im Bereich der kognitiven Entwicklung sind auch allereinfachste Abstraktionen, wie das Wiedererkennen von Gegenständen auf Bildern nicht möglich. Trotz der Serie von Negativ-Zuschreibungen sollte davon ausgegangen werden, daß sich schwerstbehinderte Kinder durch gezielte Förderung weiterentwickeln. Unterschiede in den Hauptentwicklungsbereichen (Bewegung, Wahrnehmung, kognitive Kommunikation, Emotionalität und Sozialverhalten) sind zu erwarten" (PFLÜGER 1992, 568 f.).

Diese sehr statische Definition von Schwerstbehinderung erfolgt aus dem Blickwinkel der Entwicklung des nichtbehinderten Kindes und läßt damit das schwerstbehinderte als extrem unfähiges Wesen erscheinen, das nicht seinem Alter entsprechend sich zu bewegen, zu handeln, zu empfinden und zu denken vermag. Eine Negativ-Definition, die gerade durch die Betonung der unterschiedlichen Entwicklungsbereiche ein fragwürdiges dualistisch-dichotomes Menschen- und Weltbild vermuten läßt, das einem holistischen Verständnis vom Menschen, wie es die modernen Humanwissenschaften (vgl. PIETSCHMANN 1990, VARELA/THOMPSON 1992) anstreben, entgegensteht. Kind und Welt werden nicht im zirkulären Bezug zueinander, sondern als einander polar gegenüberstehend aufgefaßt. Ebenso wird hier die Einheit nicht gesehen, in der Wahrnehmen, Bewegen, Handeln und Denken als Grundlage des Bezugs mit der Welt existieren. Die Dominanz der Rationalität wird erkennbar. Aber das Kind ist, um es mit den Worten ANTORS zu sagen, „etwas anderes als ein kleiner, noch unfertiger Erwachsener. Sein Denken hat eine eigene Weise der Rationalität, eine Rationalität sui generis, nicht die uns vertraute einer abstrakten Begrifflichkeit" (1989, 246).

Der dualistisch-objektivistische Zugriff auf den Menschen übersieht unweigerlich die „verkörperten Erfahrungen und vorbegrifflichen Strukturen unserer Sinnlichkeit (das heißt unsere Wahrnehmungs- oder Orientierungsweisen sowie unsere Weise mit anderen Objekten, Ereignissen oder Menschen zu interagieren)" (VARELA/THOMPSON 1992, 209). Aber gerade diese Strukturen ermöglichen dem Menschen, der Welt Sinn zu verleihen. „Aufgrund dieser Strukturen können wir unserer Welt einen Sinn unterlegen, oder, phänomenologisch ausgedrückt: sie sind jene Strukturen, durch die wir als Wesen existieren, die 'eine Welt haben'„ (ebd. 208). Sinn entsteht nicht aus der Kognition allein.

Die moderne Kognitionswissenschaft stellt heute „eine tiefverwurzelte Annahme unseres wissenschaftlichen Erbes in Frage", nämlich, „daß die Welt unabhängig vom Erkennenden existiert: Wenn wir zugeben, daß man die

Kognition ohne *Vorverständnis* nicht angemessen begreifen kann, und daß dieses Vorverständnis nichts anderes ist als unsere körperliche und gesellschaftliche Geschichte, lautet die unausweichliche Schlußfolgerung: Der Erkennende und das Erkannte, der Geist und die Welt, bestimmen einander wechselseitig oder entstehen in gegenseitiger Abhängigkeit" (ebd. 209). Auch wenn hier weiterführende Gedanken der Kognitionswissenschaft nicht mehr eingearbeitet werden können, wird doch deutlich, daß wir uns um ein geändertes Verständnis vom Menschen und seinen Fähigkeiten bemühen müssen. Das heißt, wir müssen den 'mittleren Weg der Erkenntnis' (MERLEAU-PONTY), der zwischen objektiver (wissenschaftlicher) Erfassung und menschlicher (lebensweltlicher) Erfahrung liegt, suchen, wenn wir ein angemessenes Verstehen auch des *schwerstbehinderten* Menschen erreichen wollen. Anregungen hierzu sind beispielsweises in der bereits erwähnten Kognitionswissenschaft, aber auch in der Systemtheorie oder in der Phänomenologie zu finden; Anregungen, auf die die Sonderpädagogik aufmerksamer werden muß.

Doch kommen wir noch einmal auf die Definition PFLÜGERs zurück, weil in ihr weiteres überdenkenswert erscheint. Sie vermittelt den Eindruck, als sei dem schwerstbehinderten Kind die Fähigkeit zur Entwicklung nicht natur- bzw. als Mensch grundsätzlich gegeben, sondern sein Entwicklungsvermögen sei ein nachgeordnetes, eines, daß sich erst aus gezielter Förderung ergibt. Das heißt letztendlich nichts anderes, als daß das schwerstbehinderte Kind zu seiner Entwicklung der Impulse von außen bedarf, es nicht Akteur seiner Entwicklung selbst ist. Auf die verkürzte Sichtweise von Entwicklung, wie sie in der Schwerstbehindertenpädagogik vielerorts zu finden ist, und auf die Notwendigkeit einer vertieften Auseinandersetzung mit ihr und ihrem Verhältnis zur Erziehung habe ich schon zuvor hingewiesen.

Schwerstbehinderung ist in der 'negativen' Sichtweise PFLÜGERs also maximale Normabweichung. Die Schwerstbehinderung wird damit zu einem Phänomen, das auf den von ihr betroffenen Menschen beschränkt gesehen wird; beschränkt insofern, als es sich ausschließlich aus dem Behinderten selbst, aus seinem Unvermögen ergibt. Behindernde Einflüsse seitens der Umwelt bleiben unberücksichtigt.

BACH versucht heute, in Entlastung des Behinderten, die schwere Behinderung, in ihrer „grundsätzlichen Komplexität" (1991, 7), als durch die Umwelt mitkonstituiert, „als Relation" (ebd. 5) aufzufassen: „Obgleich Behinderung oft mit Schädigung (z.B. des Gehörs, des Bewegungsapparates) gleichgesetzt wird, gilt es doch zu sehen, daß es Behinderung als Eigenschaft oder Merkmal einer Person nicht gibt, sondern daß eine Behinderung nur besteht, wenn eine starke Diskrepanz zwischen einer Verhaltens- und Erlebensdisposition und einer bestimmten Erwartung oder Anforderung unter bestimmten Bedingungen in einer bestimmten Situation vorliegt" (1991, 5).

Die Behinderung ist demzufolge „keine bloße individuelle Angelegenheit“ (ebd.), sondern die individuelle Disposition ist immer durch Erwartungen, Ansprüche, Aufgaben mitkonstituiert. „Menschen sind“, wie er weiter ausführt, „im Hinblick auf bestimmte Leistungsvollzüge behindert - und nicht an sich, zu jeder Zeit, angesichts jeder Aufgabe, wie behaftet mit einer Eigenschaft“ (ebd.).

Bei seiner *weiten* Fassung von ‘Schwerstbehinderung’ intendiert BACH, einer Stigmatisierung der Schwerstbehinderten vorzubeugen. Dies geschieht, indem er Behinderung nicht durch die organische Schädigung des Menschen gegeben sieht, sondern gleichermaßen durch deren Wirkung auf die Umwelt in ihrer Aus- bzw. Rückwirkung auf den Behinderten selbst. Insofern ist Schwerstbehinderung wie jede Behinderung ‘als Relation’ zu sehen.

Auch wenn BACH die fundierenden Normen, „Erwartungen, Ansprüche, Aufgaben“, nicht explizit nennt, ist sein Entwurf ebenso als Vergleichsdefinition aufzufassen, die sich im wesentlichen durch das ‘Motiv’, durch den Blickwinkel, aus dem auf die Schwerstbehinderung geschaut wird, von den erstgenannten unterscheidet.

Weitere Definitionen wären aufzuführen, tragen aber wenig dazu bei, daß das Phänomen der Schwerstbehinderung in seiner „grundsätzlichen Komplexität“ (BACH) erscheint, d.h., es gibt heute in der Sonderpädagogik keine umfassende, allgemeinverbindliche Definition von ‘Schwerstbehinderung’. Da der Schwerstbehinderten-Begriff von Norm- und Wertvorstellungen abhängig ist, damit also zugleich gesellschaftlich determiniert ist, wird er immer differieren und unscharf bleiben müssen. Eine weitere Ursache für die Unschärfe liegt in der Vielschichtigkeit der Schwerstbehinderung selbst, die unterschiedliche definitionsrelevante Zuwendungsmotive, d.h. auch unterschiedliche theoretische Begründungen provoziert.

BLEIDICKs Paradigma-Konzept macht diese Vielschichtigkeit einer Behinderung sowohl unter ätiologischer wie symptomatologischer Sicht deutlich (vgl. BLEIDICK 1977 nach ZIELKE 1992, 321) und läßt gleichzeitig eine Einordnung der dargestellten Definitionen von Schwerstbehinderung zu.
„Seine Paradigmen lauten:

- Individualtheoretisch (Behinderung als medizinische Kategorie)
- Systemtheoretisch (Behinderung als Systemfolge)
- Interaktionstheoretisch (Behinderung als Etikett)
- Gesellschaftstheoretisch (Behinderung als Gesellschaftsprodukt)

Nach BLEIDICK sind alle vier Paradigmen weitgehend gleichberechtigt nebeneinander zu sehen, sie wechseln einander ab und sind keineswegs hierarchisch geordnet“ (ebd.). ZIELKE ist jedoch der Meinung, daß je nach Behinderung das eine oder andere Paradigma dominiert.

Gemeinsam ist den verschiedenen Paradigmen der Anspruch, die Basis für eine empirisch-objektive, allgemeingültige Erkenntnis vom 'Wesen' der (Schwerst-)Behinderung zu bilden. Aber ein entscheidendes Wesensmerkmal lassen sie außen vor, nämlich die *vorwissenschaftlich-lebensweltliche Erfahrung* dessen, was Schwerstbehinderung ist. Aber gerade sie ist entscheidend, wenn wir die Schwerstbehinderung in ihrer *pädagogischen* Konsequenz begreifen wollen. Dies sieht auch BEGEMANN, wenn er im Rahmen seiner jüngsten Kritik an der Sonder(schul-)pädagogik fordert: „Wissenschaftliche 'Sonderpädagogik' kann Menschen wie Gegenstände definieren und behandeln und 'muß' sie nicht wie Personsubjekte achten. So können Menschen auf der Basis bestimmter Theorien, deren Vorannahmen und Relativitäten nicht immer geklärt oder bewußt sind, nach definierten, theoretisch 'konstruierten' Merkmalen beobachtet, diagnostiziert, festgestellt und 'gefördert' werden, ohne daß ihre eigenen Erlebnisse, Erfahrungen, Einschätzungen, Wünsche, Ziele, ihre konkreten Lebensbedingungen und gesellschaftlichen Perspektiven und Selbstverständnisse in den Blick kommen oder respektiert werden, ohne daß sie selbst (mit-)bestimmende Subjekte 'ihrer' Situation werden" (1992, 243).

Es ist also zukünftig ein erweitertes Verständnis von Schwerstbehinderung verlangt, das die objektive Erfassung *und* die menschliche Erfahrung zu einen vermag; Impulse hierfür werden im nachfolgenden Ausblick gegeben.

1.3 Ausblick

Betrachtet man die zuvor aufgeführten Sichtweisen und Definitionen von Schwerstbehinderung unter anthropologisch-pädagogischen Gesichtspunkten, lassen sich folgende Grundannahmen herausarbeiten:

- Schwerstbehinderung *ist* Abweichung von einer festgelegten Norm, wissenschaftlicher wie gesellschaftlicher Art;
- Schwerstbehinderung *bewirkt* ein psycho-physisches Anderssein;
- Schwerstbehinderung *bewirkt* einen besonderen Erziehungs-, Therapie- und Pflegebedarf;
- Schwerstbehinderung *ist* und *führt* zu irritierter Wirklichkeit.

Wer ist aber der schwerstbehinderte Mensch als Mensch? Ist er ein physisch wie psychisch Anderer, ist er ein irritierter Anormaler, der lebenslang geleitet und begleitet werden muß? Ist er ein Mensch mit einer spezifischen Wirklichkeit?

Diese Fragen implizieren eine weitere und umfassendere, nämlich die Frage, wie der schwerstbehinderte Mensch in seiner Behinderung vor jeder Erkenntnisrelation, vor jedem Denken über die Behinderung gegeben ist. Erst wenn wir uns bemühen, den schwerstbehinderten Menschen als Menschen jenseits objektiver Erfassung zu verstehen, werden wir auch das Wesen der Schwerstbehinderung begreifen können.

Die exemplarisch dargestellten administrativen Verordnungen und Definitionen ergeben sich aus unserer Erkenntnistätigkeit und beurteilen das Verhältnis von schwerstbehindertem Menschen und Welt, aber auch von Mensch und Behinderung im Sinne von Kausalverhältnissen[1], von Erkenntnisrelationen. Dabei entsteht der Eindruck, als sei die Behinderung eine, die den Menschen in und durch die organische Schädigung irgendwie trifft, so, als ob sie aus 'fremden' Impulsen resultiert und den Schwerstbehinderten determiniert. Die akausale Dimension von Behinderung findet in diesen Deutungsstrukturen keine Berücksichtigung[2]. Die Beteiligung des Subjektes, des Menschen an seiner Behinderung gerät nicht ins Blickfeld; der Mensch *hat* nicht nur

[1] Ursache = Schädigung : Folge = motorische, kognitive, emotionale oder soziale Störung.

[2] Ebensowenig die verschiedenen Ordnungen, in denen Physisches und Psychisches existieren, die V. v. WEIZSÄCKER und seine Schule herausgearbeitet haben und die es zu respektieren gilt. So fordert DREHER in Orientierung hieran, "daß die Forschung das Empfinden und Sich-bewegen eigenständig erforschen muß, daß bedeutet auch für die Geistigbehindertenpädagogik, daß wir uns dem Bereich des Empfindens sogenannter geistig behinderter Menschen in eigenständiger Weise zu nähern versuchen müssen. Dieser Hinweis scheint nichts Außergewöhnliches zu beinhalten und doch verbirgt sich in ihm das Grundproblem abendländischen Denkens, das Problem nämlich des Zusammenhangs von Leib und Seele, von res extensa und res cogitans, von Natur und Geist" (1982, 20).

einen behinderten Körper, eine behinderte Seele oder einen behinderten Geist, sondern der schwerstbehinderte Mensch *ist* seine Behinderung.

Zu seiner Lebenswirklichkeit gehört die wie auch immer entstandene und bedingte Behinderung, die sich in ihrer lebensbedeutsamen und identitätsprägenden Wirkung für den Menschen unserer Verobjektivierung entzieht.

Daß der Mensch seine Behinderung *ist*, die Behinderung also *wesensgemäß* zum Menschsein des sogenannten Behinderten dazugehört, wird auf der vorobjektiven, vorwissenschaftlichen, auf der Ebene lebensweltlicher Erfahrungen an Äußerungen behinderter Menschen deutlich.

So berichten etwa Patienten, nachdem sie durch Operation von ihren jahrzehntelangen epileptischen Anfällen geheilt wurden, daß sie diese vermissen. „Jenseits der medizinischen Erfolge“, sagt die Wissenschaftsjournalistin KERNER, „gibt es, wie die 1988 operierte Angestellte Elena Bothe nach dem Eingriff erfahren mußte, noch eine andere Ebene. ‘Ich hatte mich bewußt gegen die Anfälle entschieden und sehnte sie dennoch in Augenblicken unerträglicher Spannung zurück ... Ich hätte es nie für möglich gehalten, daß mir Anfälle wirklich einmal fehlen könnten.’ Ein 16jähriger Junge formuliert es drastischer: ‘Mit der Epilepsie habe ich meinen besten Freund verloren’“ (1991, 148).

Die Äußerungen zeigen, daß die Epilepsie als Behinderung für diese Menschen mehr war als eine überwindbare Krankheit. Die Krankheit beeinträchtigt zwar die Befindlichkeit und hindert den Menschen am gewohnten Lebensvollzug, sie wirkt aber wegen ihres stets nur vorläufigen Charakters nicht derart persönlichkeitsprägend wie die Behinderung. Wenn die Epilepsie „der beste Freund“ war, dann ging mit ihr ein Teil der eigenen Identität verloren. Der Mensch ist durch die gelungene Operation in seinem Mensch-Sein erschüttert und muß sich hierin neu begreifen lernen.

In gleicher Weise, als Ausdruck der Identifikationskrise, interpretiert der Schweizer Psychiater BODENHEIMER seine Erfahrungen mit Patienten, die nach gelungener Operation einer angeborenen Gesichtsentstellung an einer Psychose erkrankten.

Was die Behinderung für den Menschen bedeutet, wie er sich in seiner Behinderung erlebt und akzeptiert, versucht, vor allem im Rahmen der Körperbehindertenpsychologie (vgl. z.B. JANSEN 1983, BITTNER/ THALHAMMER 1989, KERPA 1991, LEYENDECKER 1985), die Selbstkonzeptforschung entweder auf der Grundlage persönlichkeitstheoretischer Modelle (EPSTEIN 1984, FILIPP 1984, NEUBAUER 1976), biographisch fundierter kognitiver Persönlichkeitstheorien (THOMAE 1988^2, KERPA 1991), psychoanalytischer (BITTNER/ THALHAMMER 1989) oder neoanalytischer Entwicklungspsychologie (SCHÖNBERGER 1979) zu ermitteln. Schwerstbehinderte Menschen sind derzeit von dieser Forschung ausgeschlossen, weil sie, falls ihnen diese Selbstreflexion überhaupt möglich ist, was ich nicht grundsätzlich ausschließe (!), diese aber nicht zu artikulieren[3] vermögen und sich deshalb dem wissenschaftlichen Zugriff entziehen. Die aktuelle Selbstkonzeptforschung ermöglicht uns zwar ein besseres Verstehen vornehmlich der Verarbeitungsstrategien körperbehinderter Menschen und belegt von der persönlichkeitspsychologischen Ebene aus BACHs Feststellung der sozial-normativen Mitkonstituierung[4] von Behinderung, doch sie trägt nur bedingt dazu bei, den körperbehinderten Anderen in seiner Lebenswirklichkeit, in seiner vermeintlichen Andersheit zu begreifen, damit hieraus u.U. Rückschlüsse auf das Menschsein des schwerstbehinderten Anderen möglich würden.

Wenn wir den Menschen in seiner angeblichen 'pathologischen' Befindlichkeit, mit der wir ja seine Andersheit begründen, nicht mit objektiven Kriterien allein erfassen können, müssen wir nach erweiterten Verstehensmöglichkeiten suchen, damit wir die vermeintliche Andersheit als Möglichkeit des Menschen erkennen. Schließlich begegnet mir der Andere, wie KLEINBACH sagt, „nicht als Mitmensch, als Freund, als Behinderter, als Unbekannter, als Kind, als Frau usw., er begegnet mir als Anderer in seiner Eigenartigkeit und Einmaligkeit. Erst mein vernünftiges Denken über seinen Kopf hinweg macht ihn zu einem Exemplar irgendeiner Auch-Menschen-Gruppe" (KLEINBACH 1990 nach FRAGNER 1991, 46).

Was das „vernünftige Denken über den Kopf" des Behinderten hinweg für den Behinderten bedeutet, zeigt Fredi SAAL, als körperbehinderter Betroffener, perspektivisch auf, wenn er sagt: „Jeder Behinderung wird von vornherein die Aussicht auf ein Leben voller Leiden unterstellt und damit unausgesprochen *mangelnder Daseinswert* postuliert. Auf den Gedanken, daß zumindest der 'So-Geborene' eigentlich gar nicht anders kann, als in der Behinderung das Selbstverständliche, nur ihm Gehörende zu erleben, liegt diesen Ansichten ziemlich fern. Dabei liegt es doch so nahe, daß ich gar nicht anders sein kann, als wie ich mich tatsächlich beim Eintritt in das irdische Dasein vorfinde. Konsequenterweise müßte ich mir sonst mein graues Auge herausreißen, weil mir ein blaues besser gefällt. Es ist also ganz normal, mich mit dem, was ich bin, 'richtig' zu finden. Es ist meine Welt. Die Welt des anderen nehme ich nur allmählich und immer nur unzulänglich wahr.

Wenn es also beim Behinderten zum Leid kommt, dann fast ausschließlich über das Leid der anderen, die sich mit seinem Eigensein in einer behinderten psycho-physischen Leiblichkeit nicht abfinden können. Sein existentieller Schmerz entspringt daraus, daß niemals er als er selbst gemeint ist, sondern als ein abstrakter anderer, der nichts mit ihm zu tun hat. Denn sich mit seiner Behinderung nicht abfinden heißt eigentlich, den ganzen Menschen nicht zu wollen, weil das eine nicht ohne das andere zu haben ist. Wer mich, Fredi Saal, will, muß auch meine Behinderung wollen. Sie ist ohne Einschränkung

[3] Weder sprachlich, noch szenisch oder graphisch.

[4] Weil viele Körperbehinderte ihre Behinderung erst durch die ablehnenden Reaktionen der Umwelt als solche erleben (vgl. SAAL 1990).

die Bedingung der Möglichkeit meiner individuellen Existenz, die in keiner anderen Weise auch nur denkbar ist. Wäre sie es, dann gehörte sie nicht zu mir. Dies ist meine ureigene 'Wahrheit'" (1990, 6)!

Indem SAAL Kritik an der rationalistischen Bemächtigung von Behinderten übt, auf die ich in Kapitel 3 noch einmal vertiefend zurückkomme, belegt er zugleich aus seiner subjektiven Erfahrung heraus die zuvor aufgestellte Hypothese, daß der schwerstbehinderte Mensch seine Behinderung *ist*. SAAL erlebt seine Behinderung nicht als physischen oder psychischen Defekt, nicht als Sozialisationsfolge oder dergleichen mehr, sondern als seine „ureigene Wahrheit". Aber wie können wir uns dieser „Wahrheit" ohne erneute Bemächtigung nähern? Ist das überhaupt möglich?

Erste Anregungen sind bei PIETSCHMANN zu finden, der als Physiker die Öffnung des naturwissenschaftlichen Denkens für menschliche Erfahrungen fordert und die Wahrheit in der Mitte zwischen naturwissenschaftlich-objektiver und geisteswissenschaftlich-subjektiver Weltauslegung, in der Einheit sieht, verschiedene Wirklichkeiten einer Realität beschreibt und damit einen Paradigmawechsel in den Naturwissenschaften intendiert. „Die Realität ist uns verschlossen, wir können sie nicht direkt erreichen. Aber sie macht sich sofort bemerkbar, wenn sie in Widerspruch zu unserer Wirklichkeit steht. Die Wirklichkeit ist daher kein direktes Bild der Realität, sie ist von uns geschaffen, aber doch nicht beliebig. Denn sie muß ja Widersprüche vermeiden! Daher können verschiedene Wirklichkeiten dieselbe Realität beschreiben" (PIETSCHMANN 1990, 156).

Für sein einheitschaffendes, aber nicht vereinheitlichendes Denken sei hier exemplarisch seine Interpretation von Krankheit angeführt, die er sowohl als Abweichung von der Gesundheitsnorm, „Krankheit als Zwist der Organe" (vgl. ebd. 224), als auch in ihrem subjektiven Sinn für den Kranken selbst auffaßt. „Krankheit wird also nicht *nur* negativ gesehen, als etwas Auszurottendes; im Rahmen der Polarität hat sie als Gegenstück zur Gesundheit *auch* Sinn, der ergründet werden kann" (ebd. 224). Mit WEINREB, der nach dem Sinn des Erkrankens fragt, hält PIETSCHMANN fest: „Der Mensch kann naturwissenschaftlich erklärt und bestimmt, gemessen und behandelt werden und zugleich entzieht er sich dem Naturwissenschaftlichen in einen akausalen Bereich, wo nichts bestimmt und nichts gemessen werden kann, wo er nicht behandelt, sondern eventuell geliebt oder ihm vertraut werden kann, wo nur Sehnsucht und Hingabe zählen. Und beides ist der Mensch, nicht das eine *oder* das andere" (ebd. 225). Entscheidend ist die Aussage, daß der Mensch weder das Eine noch das Andere ist, was bezogen auf die wissenschaftliche Erfassung der Krankheit für PIETSCHMANN bedeutet: „Wenn es zwei verschiedene Begriffe von Krankheit (entsprechend den verschiedenen Denkrahmen der Logik und der Polarität) gibt, die nicht widerspruchsfrei vereinbar sind, welchen sollen wir dann zur Ordnung machen, also öffentlich anerkennen? 'Beides ist der Mensch, nicht das Eine *oder* das Andere', sagt Weinreb treffend. Wir sind offenbar an einem historischen Punkt der Menschheitsgeschichte angelangt, in der wir Vielfalt zulassen müssen, wollen wir nicht verkümmern. Diese Vielfalt kann aber nicht mehr logisch geordnet werden, und das fordert Verantwortung, vermehrt aber die Freiheit auf Kosten der Sicherheit" (ebd. 225 f.).

Wie ich in Kapitel 3 noch ausführlicher zeigen werde, brauchen wir die Vielfalt und damit die Unsicherheit gerade im theoretischen wie praktischen Umgang mit Menschen, die wegen der Schwere ihrer Behinderung uns befremden. Fremdheit, Vielfalt und Unsicherheit sind Kategorien, die beängstigend wirken und unbequem sind; beängstigend, weil vertraute Theorien als Maß und Legitimation des eigenen Handelns ins Wanken geraten und unbequem, weil sie das Beziehen eines eigenen Standpunktes, einer eigenen Position, der Auseinandersetzung mit der eigenen z.B. pädagogischen 'Haltung' verlangen. Aber wenn wir an die geschilderten rezeptiven Umgangsweisen mit schwerstbehinderten Kindern denken, wird es höchste Zeit, daß wir diese Problematik erkennen und endlich 'Position beziehen'. Denn eines muß uns klar sein: „Wir Menschen sind es, die die Wirklichkeit in dieser Weise gestalten, es ist *nicht* der Zwang der Realität. Eine solche Haltung ist angesichts der Schwere der Belastung, wenn es um Tod und Leben geht, verständlich. Ab einem gewissen Zeitpunkt im Reifeprozeß der Menschheit (der mir nun eingetreten scheint) ist sie aber nicht mehr entschuldbar. Es ist an der Zeit, Verantwortung zu übernehmen und Widersprüche zwischen verschiedenen Ordnungen öffentlich zuzulassen. Freilich gibt es dann keine sicherheitsspendenden allgemeinen Regeln mehr" (PIETSCHMANN 1990, 226 f.).

Obwohl ich mir der Begrenztheit und Relativität meiner eigenen Gedanken, die *eine* Wirklichkeit unter möglichen anderen schaffen, bewußt bin, will ich Verantwortung übernehmen und Position beziehen, indem ich SAALs Kritik ernst nehme und frage, wie man sich dem Phänomen des Schwerstbehindert-Seins zuwenden kann, ohne einer holistischen Sicht vom Menschen entgegenzulaufen.

In der Phänomenologie, der es von Anfang an u.a. um die Aufhebung eines dichotomen Menschen- und Weltbildes cartesianischer Prägung geht, sehe ich einen wissenschaftlichen Zugang, der es ermöglicht, erste Impulse für ein verändertes Verständnis vom schwerstbehinderten Menschen und seiner Behinderung sowie vom schwerstbehinderten Kind und seiner Erziehung zu entwickeln. Als Beleg für die Aktualität phänomenologischen Denkens und zur besseren Einordnung für den Leser wird ein kurzer wissenschaftstheoretischer Exkurs den erkenntnistheoretischen Anregungen vorangestellt; zur vertieften Auseinandersetzung, vor allem mit dem Verhältnis von Phänomenologie und Sonderpädagogik, verweise ich auf PFEFFER 1988, ANTOR 1989, SCHIRMACHER 1989, FORNEFELD 1989 und STINKES 1991.

Literatur

Exkurs: Phänomenologie

Vor rund 90 Jahren begründete Edmund HUSSERL die Phänomenologie mit der Absicht, dem damaligen positivistisch-empiristischen Zeitgeist eine 'deskriptive Psychologie' entgegenzusetzen. Im Laufe seines Lebens entwickelte er diese zu einer Transzendentalphilosophie weiter und glaubte, mit ihr eine Letztbegründung aller Wissenschaften erreicht zu haben.

Der französische Philosoph und Phänomenologe Emmanuel LÉVINAS, auf dessen Zentralgedanken zur Andersheit von Menschen ich im dritten Kapitel ausführlich zu sprechen komme, erläutert Grundzüge der HUSSERLschen Philosophie und sein Verhältnis zu ihr, wenn er sagt: „Bei Husserl habe ich den konkreten Sinn der eigentlichen Möglichkeit 'Philosophie zu machen', entdeckt, ohne sich von vornherein in ein System von Dogmen eingeschlossen zu finden, aber auch ohne gleichzeitig Gefahr zu laufen, nur durch chaotische Intuitionen weiterzukommen. Ein Eindruck von Öffnung und Methode zugleich; ein Gefühl der Angemessenheit und Legitimität einer Fragestellung und philosophischen Forschung, die man betreiben möchte, 'ohne aus der Reihe zu treten'. Das war zweifellos der erste Anreiz seiner Botschaft ... Nach und nach hat sich Husserls essentielle Wahrheit in meinem Geist abgezeichnet, und ich glaube noch heute an sie, auch wenn ich mich, seiner Methode folgend, nicht an alle seine Schulrezepte halte" (LÉVINAS in ENGELMANN 1992, 20 f.).

Philosophische Forschung zu betreiben „ohne aus der Reihe zu treten", wie LÉVINAS sagt, ist durch die Besonderheit der phänomenologischen Methode gegeben. 'Zurückgehen auf die Sache selbst' war HUSSERLs Maxime und gleichzeitig Charakteristikum der phänomenologischen Methode. „'Die Sache selbst' sind die *Phänomene*, wie sie sich von sich selbst her einem unvoreingenommenen und unverstellten Blick auftun" (WALDENFELS 1980, 11). Im Zurückgehen auf die Phänomene, auf die Wirklichkeit, die vor aller Erkenntnis liegt, sucht HUSSERL die Ordnung von Mensch und Welt zu erkennen.

In der Wesensschau, in der Beschreibung wie in der reflektierten Erfassung von Phänomenen, ging es HUSSERL, wie LÉVINAS meint, „um eine radikale und eigensinnige Reflexion über sich selbst, ein cogito, das sich sucht und beschreibt, ohne sich durch irgendeine Spontaneität oder fertige Präsenz täuschen zu lassen, aus einem erheblichen Mißtrauen gegenüber dem, was sich dem Wissen als natürlich aufdrängt, was Welt und Objekt ausmachen, aber dessen Objektivität in Wirklichkeit den sie fixierenden Blick vermauert und versperrt. Vor diesem Horizont der Gedanken und Intentionen, die die Objektivität anstreben und die dieser ein Dorn im Auge sind und von ihr vergessen werden, zurückgehen. Die Phänomenologie ist die Erinnerung dieser vergessenen Gedanken - dieser Intentionen; volles Bewußtsein, Rückkehr zu den unterschwelligen - mißverstandenen - Intentionen des Denkens, das in der Welt ist. Eine vollständige, für die Wahrheit notwendige Reflexion, selbst wenn ihre tatsächliche Ausübung die Grenzen in Erscheinung treten lassen würde. Gegenwärtigkeit des Philosophen - ohne Illusion, ohne Rhetorik - gegenüber den Dingen in ihrer wahren Verfaßtheit, die gerade erhellt werden soll, der Sinn ihrer Objektivität, ihres Seins, wobei nicht nur die Frage nach dem 'Was ist das?' beantwortet werden soll, sondern auch die Frage: 'Wie ist das, was ist, was bedeutet es, daß es ist?'" (ENGELMANN 1992, 22).

Die entscheidenden Stichworte der HUSSERLschen Phänomenologie sind Sinn, Intention, Wesensstruktur, Sinnhorizont und Sinn-Genesis. „Der *Sinn* liegt darin, daß sich uns jeweils etwas als etwas zeigt und *Intention* besagt, daß sich unsere Erkenntnisakte in sich selbst auf wiederholbare Sinngehalte ausrichten. Es steht uns keine fertige Wirklichkeit gegenüber, die sich in unserem Geist lediglich reproduziert und abbildet" (WALDENFELS 1980, 12). Welt und Bewußtsein, also Mensch und Welt stehen sich nicht mehr polar gegenüber, sondern „vereinen sich zu einem konstituierenden Geschehen, das HUSSERL als 'welterfahrendes Leben' bezeichnet" (ebd.). Die auf DESCARTES zurückgehende klassische Unterscheidung „von äußerer Erfahrung, die uns mit einer physischen Wirklichkeit konfrontiert, und einer inneren Erfahrung, die sich in einem psychischen Innenraum einnistet, wird hiermit unterlaufen. Einen reinen 'inneren Menschen' gibt es ebensowenig wie eine reine Außenwelt" (ebd.). Jedes Bewußtsein ist Bewußtsein von etwas und darum nur beschreibbar in Bezugnahme zum Objekt, auf das es sich richtet. „Intentionale Gerichtetheit, die kein Wissen ist, die aber innerhalb von Gefühlen und Bestrebungen in ihrer eigentlichen Dynamik als 'affektiv' oder 'aktiv' bestimmt wird" (LÉVINAS in ENGELMANN 1992, 23). Mit dieser Feststellung weist LÉVINAS auf die Bedeutung der axiologischen Intentionalität: „Die Eigenschaft des Wertes ist mit einem Wesen nicht als Folge der Modifikation eines *Wissens* verbunden, sondern entspringt einer spezifischen Haltung des Bewußtseins, einer nicht-theoretischen Intentionalität, die von vornherein irreduzibel für das Erkennen ist" (ebd 23 f.).

Das menschliche Gerichtetsein auf die Welt und Verbundensein mit ihr findet im Zentralbegriff der *'Leiblichkeit'*, wie er von dem französischen Phänomenologen Maurice MERLEAU-PONTY geprägt wurde, seinen Ausdruck. „Leiblich sind wir in der Welt und der Mitwelt verankert, und alle Sinnhaftigkeit des Verhaltens findet hier ihren Anhalt und ihre Grenzen. Von daher läßt sich eine Verhaltenskonzeption entwickeln, in der Innen- und Außenwelt sich verschränken und der Rückzug auf eine reine Bewußtseinssphäre ebenso vermieden wird wie der Rückzug auf bloße Körpermechanismen" (WALDENFELS 1980, 8).

Die Phänomenologie ist eine *Philosophie der Erfahrung*, keine empirisch verdünnte Erfahrung, die auf eine von außen kommende Vernunft angewiesen wäre. „Die Vernunft ist in der Erfahrung schon am Werk und zeigt sich in den Strukturierungsprozessen, in denen sich das Gegebene anordnet und seinen Sinn gewinnt" (ebd. 13). Thema der Phänomenologie ist bis heute, um es mit den Worten MERLEAU-PONTYs zu sagen: *der Sinn der Welt in statu nascendi.*

1933 brach infolge politischer Zwänge die deutsche phänomenologische Tradition ab und verlagerte sich zunächst nach Frankreich, wo SARTRE, MERLEAU-PONTY, LÉVINAS u.a. sie zu einer Existentialphänomenologie umformten. SCHÜTZ u.a. entwickelten sie in den USA zu einer Sozialphänomenologie weiter. Andere Strömungen wären zu nennen und belegen, daß die Phänomenologie heute kein monolitischer Block mehr ist.

Während sich die Pädagogik zunächst nur der Phänomenologie als Methode, als Beschreibungsmethode bediente, besann man sich in den 50er und 60er Jahren auf ihre philosophisch-anthropologischen Grundannahmen. Hier sind vor allem BOLLNOW und LANGEVELD zu nennen, die mit unterschiedlicher Akzentsetzung die Phänomenologie für die Pädagogik fruchtbar gemacht haben.

Heute erlebt sie geradezu eine Renaissance, was an der Popularität der Begriffe 'Lebenswirklichkeit' oder 'Leiblichkeit' deutlich wird, obwohl sich die Benutzer dieser Termini sicher nicht immer der philosophischen Wurzeln bewußt sind. DANNER, LIPPITZ, MEYER-DRAWE, RUMPF, um nur einige zu nennen, sind aktuelle Vertreter einer phänomenologischen Pädagogik. Im sonder-, genauer geistigbehindertenpädagogischen Bereich sind PFEFFER, DREHER und neuerdings auch STINKES hervorzuheben.

ANTOR betont in seiner Analyse des Lebenswelt-Begriffes, daß die Entdekkung des Leibes in der Sonderpädagogik zu einer neuen, anthropologisch reichhaltigeren Sicht der Lern- und Identitätsprobleme Behinderter geführt habe (vgl. 1989, 246). „Die Bedeutung der Leiblichkeit für ein ganzheitliches Bild vom Menschen und damit für das gesamte Feld der Erziehung ist kaum zu überschätzen" (ebd. 247). Dennoch bleibt es für ANTOR bemerkenswert, „daß diese Gedanken gerade heute ein solches Echo finden. Geschieht das doch zu einer Zeit, in der der zunehmende und, wie es scheint, unaufhaltsame Bedeutungsverlust des menschlichen Körpers im Gefolge des Zivilisationsprozesses offensichtlich wird" (ebd.).

Ich sehe in der phänomenologischen Wesensschau, die ja Methode und Erkenntnis zugleich ist, eine Möglichkeit, meine konkreten Erfahrungen in der Erziehung schwerstbehinderter Schüler verstehend weiterzuentwickeln. Indem die Reflexion immer auf das Wesen, den immanenten Sinn der Erziehungsphänomene zurückgeht, wird es der Intention der Arbeit entsprechend möglich, Gemeinsamkeiten im Weltbezug von behinderten und nichtbehinderten Menschen zu erkennen, die die Grundlage einer kindgerechteren, weil nicht defizit- und normorientierten Erziehung bilden.

Bezogen auf die zuvor gestellte Frage nach einem erweiterten Verständnis von Schwerstbehinderung, das nicht allein den Ordnungsstrukturen unserer Logik folgt, gibt die Phänomenologie des niederländischen Arztes und Biologen BUYTENDIJK eine erste Antwort, die im Verlauf der Arbeit durch andere ergänzt wird.

BUYTENDIJK versucht, „am Leitfaden der ‘Ambiguität’ menschlicher Existenz dem Verständnis des körperlichen und leiblichen Geschehens beim Menschen näherzukommen. Das Thema seiner Betrachtungen und Untersuchungen bildet „das Verhältnis unserer naturwissenschaftlichen Kenntnis *eines* Körpers zu den Erfahrungen über den Leib von *jemandem*“ (BUYTENDIJK 1967 nach DREHER 1979, 203). Er thematisiert also die „Verschlungenheit von leiblicher Daseinsweise und umhüllender Lebenswelt“ (ebd.). Mit BUYTENDIJK läßt sich der physiologischen Deutung des Körpers, die in den aktuellen Auffassungen von Schwerstbehinderung dominieren, eine ‘anthropologische Physiologie’ gegenüberstellen, wobei sich eine existentielle Dimension der Schwerstbehinderung eröffnet. Die ‘anthropologische Physiologie’ wendet sich den akausalen Bereichen menschlicher Körperlichkeit zu, die bei PIETSCHMANN als „Polarität“, als „das Andere“ beschrieben wurden. Es sind Bereiche, die die Wirklichkeit eines jeden Menschen unabhängig von organischen Schädigungen immer zu einer individuell-einmaligen werden lassen und die damit zu einer Relativierung der ‘*besonderen*’ Lebenswirklichkeit Schwerstbehinderter führen bzw. sie als eine durch unser Denken konstruierte Wirklichkeit erkennen lassen.

BUYTENDIJK unterscheidet zwischen verschiedenen Aspekten des Leibes, zwischen einer ‘pathischen Leiblichkeit’ einerseits und einem ‘technischen Aspekt des Leibes’, einem ‘Arbeitsleib’, andererseits. Da die physiologisch beeinflußte Schwerstbehindertenpädagogik lediglich von Körper spricht, betont sie verkürzend den zweiten Aspekt, den ‘Arbeitsleib’ und trennt damit den Menschen zwangsläufig in ein physisches und ein psychisch-geistiges Wesen. Gerade dieser Trennung versucht BUYTENDIJK mit der Einführung der ‘pathischen Leiblichkeit’ zu begegnen. Was ist damit gemeint?

„Im Vollzug des Daseins erfährt der Mensch ja seinen Leib sowohl als ein ‘Ding’ - als ein kompliziert konstruiertes, mehr oder weniger vorstellbares, verfügbares System von Organen und zugleich als das leibliche »Ich«, d.i. der unverstellbare, gelebte Zugang zu der Welt, die er selbst erschließt - sein »welthafter Leib« ... Lebend in meiner als natürlich angetroffenen Welt erfahre ich aber meinen eigenen Leib als das, woraus Empfindungen, Wahrnehmungen, Stimmungen, Gefühle, Neigungen aufwallen - und durch das bewußtes persönliches Denken und Wollen möglich sind“ (BUYTENDIJK nach RUMPF 1988[2], 44). Das pathische Bewußtsein begleitet jedes thematische Bewußtsein, beides bildet eine Einheit. „Wie ich mich körperlich fühle“, so erläutert RUMPF weiter, „ist bei jeder Tätigkeit mit bestimmter Zielsetzung ebenso ‘kopräsent wie die gelebte Zeit, die gelebte wahrnehmbare Außenwelt’ (BUYTENDIJK) - und zwar nicht nur in Stimmung, Körpergefühlen, Erregtsein, Müdesein; die Umwelt, in der pathischen Leiblichkeit empfangen und widergespiegelt, gewinnt Züge, die ihr die pathische Leiblichkeit aufdrückt“ (ebd. 45). DREHER versteht das ‘Pathische’ als ein ‘Gestimmt- Sein’,

„das übereinstimmt mit der Befindlichkeit, mit dem 'Sich-in-der-Welt-Befinden' durch die Leiblichkeit hindurch. Das Befinden ist aber nicht nur etwas *in* uns, sondern es verweist zugleich auf *etwas* Befundenes. Die Relation von Befinden und Befundenem, die sich als pathische Gestimmtheit darstellt, muß *gelebt* werden und kann nicht durch logisches Denken gelöst werden" (1979, 204).

Die pathische Leiblichkeit prägt unsere Welt- und Selbsterfahrung. Das Empfinden unserer Umwelt ergibt sich aus der Wechselwirkung von Umweltgegebenheiten und pathischer Leiblichkeit. „Es ist die kaum zu bestreitende These dieser Anthropologie, daß wir dieser pathisch eingefärbten Welt nie entgehen können, daß wir also in gewissem Sinn unweigerlich dieses Zimmer als freundlich, diesen Himmel als bleiern, jene Zeit als lang, diese Straße als feindlich, dieses Licht als kalt empfinden; und daß alles, was wir in diesem Zimmer, diesem Licht, in jener Zeit, auf dieser Straße tun oder denken, auf eine ... Weise betroffen ist von deren Qualität, welche ihrerseits von der pathischen Leiblichkeit mitkonstituiert wird" (RUMPF 1988^2, 45). Wenn wir die Umgebung als bedrohlich, beruhigend oder sonstwie erleben, dann bedeuten diese Expressionen, daß wir diese Umgebung anders wahrnehmen, als sie objektiv gegeben ist. Wahrnehmen ist also ein persönlicher intentionaler Akt. „Dieser Primat der pathisch-physiologisch gelebten Situation beruht auf unserer leiblichen Subjektivität, die den allgemeinen Charakter der Umgebung entwirft und umgekehrt hierdurch entworfen wird" (BUYTENDIJK nach RUMPF 1988^2, 46).

Der 'pathischen Leiblichkeit' steht, wie zuvor betont, eine 'technische Leiblichkeit', der Leib als zu handhabendes Ding, gegenüber, „also eine komplizierte Apparatur, die von der 'Ichsubjektivität' (BUYTENDIJK) distanziert zu betrachten und zu beherrschen ist" (ebd.). Dieser technischen Leiblichkeit, der Körper in seinem Funktionswert, entspricht eine Umwelt, die für physiognomische Anmutungen keinen Ansatz bietet. Dieser Körper schwingt nicht sympathisch mit. Aber genau in diese Welt, so kritisiert RUMPF an der Allgemeinen Pädagogik, erziehen wir unsere Kinder. Erziehung wird zu einem Zivilisationsprozeß, in dem Kinder lernen, möglichst unabhängig von Regungen und Kundgaben ihrer pathischen Leiblichkeit zu werden, damit sie in dieser Welt bestehen können.

Im Sinne technischer Leiblichkeit fassen auch Stimulations- und physiotherapeutische Konzepte der Schwerstbehindertenpädagogik den Körper auf, wenn sie die gestörten Bewegungs- und Wahrnehmungsfunktionen durch entsprechende Anregung auszugleichen versuchen und das Kind dazu befähigen wollen, im konventionellen Sinne zu reagieren und zu handeln.

Die gesundheitsfördernde bzw. -erhaltende Funktion von Physiotherapie oder Krankengymnastik, die Wirkung stimulationspädagogischer Konzepte soll damit nicht in Frage gestellt werden; um ihre Aufhebung geht es auch gar nicht, sondern um die Ausschließlichkeit, in der sie auf der einen Seite von pathologischem Körper, von pathologischer Bewegung oder pathologischer Befindlichkeit und andererseits von den geistig-seelischen Pathologien oder Abweichungen des schwerstbehinderten Kindes sprechen, als ob das eine aus dem anderen hervorginge, sie also in einem Kausalverhältnis zueinander stünden. Aber, was heißt schon 'Pathologisch'? Es ist *der* Körper, *die* Bewegung, *die* Befindlichkeit und *die* geistig-seelische Potenz *des* Kindes, mittels derer es in Bezug zu *seiner* Welt steht und ihr Sinn verleiht. Sie machen erst zusammen seine Realität aus. Der Körper des Schwerstbehinderten ist darum nicht länger nur unter pathologischer Akzentsetzung zu betrachten und ihm zu begegnen, sondern er ist auch 'pathischer Leib', der es dem Kind überhaupt erst ermöglicht, eine Welt zu haben. Die organische Schädigung des schwerstbehinderten Kindes gehört wesensgemäß zu seiner 'pathischen wie technischen Leiblichkeit' und damit zu seinem Mensch-Sein. Der schwerstbehinderte Mensch ist nicht das eine *oder* das andere, er ist beides.

Wir kommen zu einem veränderten Verständnis vom schwerstbehinderten Menschen, wenn es uns gelingt, „Phänomene wie die Physiognomie, die Sinne und ihre Funktion und die Motorik einzelwissenschaftlich zu betrachten und sie *zugleich* in einem Gesamtzusammenhang menschlicher Seinsweise sehen zu können, der über den Ansatz der Psychophysik und Psychosomatik hinausweist" (DREHER 1979, 205).

Die hier mit BUYTENDIJK und DREHER angesprochene Sichtweise bedarf der Vertiefung und deutet in Richtung des weiteren Denkens, des Fragens nach dem Wesen der Schwerstbehinderung und des Schwerstbehindert-Seins. Hierzu ist ein Sichtwechsel, ein Wechsel der Perspektive des Fragens notwendig, weil, wie betont, Mensch und Welt eine Einheit bilden, zu seiner Erschließung wesensgemäß auch die Perspektive 'Welt' gehört, d.h., wir müssen den schwerstbehinderten Menschen auch aus *seiner* Welt heraus betrachten. Aber ist das überhaupt möglich? Aus *seiner* Welt sicher nicht, aber aus der Welt, die wir mit ihm teilen, und aus der Welt, die wir für ihn gestalten: *die Welt der Erziehung.*

Berücksichtigt diese für schwerstbehinderte Kinder arrangierte, aber gleichzeitig von Schüler und Lehrer auch *gelebte* Welt den aufgezeigten Aspekt der 'Leiblichkeit'? Wie gelingt es dieser Erziehung, den unterschiedlichen Phänomenen, die menschliches Sein ausmachen, gerecht zu werden, sie theoretisch zu begründen?

Es ist im weiteren eine Standortbestimmung der Erziehung Schwerstbehinderter gefordert, die nach dem *Woher* und dem *Wohin* der Konzepte und Methoden fragt und damit Entwicklungstendenzen und ihre Folgen aufzeigt. Es geht also nicht darum, einzelne schwerstbehindertenpädagogische Ansätze und Methoden darzustellen und kritisch voneinander abzugrenzen, sondern im Hinterfragen ihrer erkenntnistheoretischen Implikationen sollen Ursachen für die zunehmende *Erziehungs*abstinenz in der Schwerstbehindertenpädagogik erkennbar werden.

Da die praktisch-pädagogische wie die erziehungswissenschaftliche Bestimmung von Erziehung nie losgelöst von dem den Förder- und Erziehungsansätzen zugrundeliegenden Verständnis vom Menschen, vom Menschenbild also, betrachtet werden kann, erscheinen in der Reflexion weitere Wesensmerkmale des Schwerstbehindert-Seins, die ihrerseits auf theoretische Leerstellen der Schwerstbehindertenpädagogik deuten und Perspektiven für ihre Weiterentwicklung aufzeigen. Auf anthropologisch-phänomenologischer Grundlage soll im folgenden das Wechselwirkungsverhältnis von Menschenbild und praktischer wie theoretischer Pädagogik dargestellt und das verkürzte Erziehungsverständnis in der Schwerstbehindertenpädagogik aufgezeigt werden.

2. Zum Verständnis von 'Erziehung' in der Schwerstbehindertenpädagogik

2.1 Das Menschenbild in Relation zur praktischen und theoretischen Erziehung

> *„Es ist ein beachtliches Privileg des Menschen, daß er nachdenken kann - eine Fähigkeit, von der er bekanntlich recht wechselhaften Gebrauch macht. Was ihn im einzelnen zum Reflektieren anhält, ist reichhaltiger Natur und entspringt meistenteils verschiedenartigen Interessenlagen und Situationen. Wenngleich es unendlich viele Anlässe, Fragen und Inhalte gibt, die das Denken in Bewegung setzen, so dürfte* ein *Gegenstand beliebt wie wichtig sein, und das ist der Mensch selbst".*
>
> *(MEINBERG 1988, 1)*

Der Mensch ist nach MEINBERG ein Wesen, „das beständig in und mit Bildern lebt. In solchen Bildentwürfen deutet er sich und legt sein Dasein aus, will er sich und die Menschen überhaupt verstehen" (ebd.). Macht er nun die Erziehung zum Inhalt seines augenblicklichen Denkens, richtet er sein Interesse nicht nur auf die Bedürfnisse einer nachfolgenden Generation, sondern auch auf die eigene Erziehungsfähigkeit als Möglichkeit der Erfassung seiner selbst, macht sich im Denken über die Erziehung ein Bild von sich und seinen Mitmenschen, ein Bild, wie der Mensch vor der Erziehung ist und wie er durch Erziehung werden soll. Anlaß oder Inhalt des Denkens bleiben dennoch lediglich Rahmen oder Passepartout, dem sich das Bild, schon entstanden, präfixiert, aber noch nicht verdichtet, unterlegt, um sich dann der (Selbst-)Interpretation zu öffnen. In diesem Kontext sind die im vorausgegangenen Kapitel aufgeführten 'Definitionen' vom Schwerstbehinderten zu sehen, der einmal im Bild des Kleinkindes, des extrem Hilfsbedürftigen, dann des sozial Randständigen oder auch des minderwertigen Menschen erscheint. Einige dieser Bilder ähneln eher Zerrbildern, entstehen aber alle in Abgrenzung von der Idealvorstellung des Menschen, die wiederum historisch und gesellschaftlich geprägt ist.

Immer aber haben wir schon ein Bild *vom* Menschen im Kopf, wenn wir *über* den Menschen nachdenken, auf Erziehung bezogen, wir haben eine Vorstellung vom Menschen, nach der wir Erziehung bzw. erziehungswissenschaftliche Theorien entwerfen.

Menschenbilder bestimmen aber nicht nur unser Denken, sondern sind auch von hoher praktischer Bedeutung. Sie prägen menschliches Handeln und sind von existentiellem Wert, sagt MEINBERG und verdeutlicht die Notwendigkeit fortwährender Orientierung an Menschenbildern sehr anschaulich am Beispiel expandierender Manipulationsmöglichkeiten, mit deren Hilfe es immer besser gelingt, Menschen nach bestimmten Vor-Bildern zu schaffen: „Pharmakologische und medizinische Entdeckungen begünstigen diesen Vorgang ebenso wie die angewandte Genbiologie, die sogenannte Gentechnik. Der Mensch wird zum Objekt gezielter genetischer Manipulation, die es ermöglicht, mit Hilfe chemischer Eingriffe das menschliche Erbgut zu verändern, mutative Abwandlungen durchzuführen, wobei nur an die 'Retortenbabies' erinnert werden soll" (ebd.). Die moderne Humangenetik versucht mit ihrer Forschung einen Menschen nach bestimmten Vorstellungen vom Menschen zu entwickeln. Eine Praktik, die als ethisch bedenklich kritisiert wird, aber nur kritisiert werden kann, weil die Kritik ihrerseits wieder auf ein Menschenbild, und zwar auf ein konträres, zurückgreift. „Wenn man sich über dererlei Tendenzen empört", so erläutert MEINBERG weiter, „und sich gegen diese wendet, so läßt man sich bei dieser Kritik fast immer von bestimmten Menschenbildern *leiten*. Die Kritik am Datenschutz, an der Computerisierung unserer Lebenswelt oder an den Gefahren der Gentechnik wird durch die Befürchtung genährt, das Bild vom total verfügbaren Menschen könne umgehend bittere Wirklichkeit werden. Der Sorge, der Mensch könne zum Objekt willkürlicher und absichtsvoller Manipulationen herabsinken und seiner eigenen Verfügungsgewalt beraubt werden, liegt als Richtschnur das Bild vom relativ selbstbestimmten Menschen zugrunde. An diesem Bild orientiert man sich, und daran mißt sich letztlich auch die Kritik" (ebd. 3).

Theorienentwürfe, ihre praktischen Ausführungen wie auch die Kritik an ihnen erfolgen auf der Grundlage von Bildern, d.h., Menschenbilder können in ihrer prägenden Wirkung eine bestätigende, eine kritisierende oder eine utopische Funktion innehaben. *„Für die Praxis des Menschen sind die in reichlichem Ausmaß zur Verfügung stehenden Menschenbilder unumgänglich*" (ebd.).

Wenn der Mensch permanent in Bildbezügen lebt und ihrer zum Handeln bedarf, ist im weiteren zu fragen, welche Menschenbilder dem Handeln zugrunde liegen, das wir 'Erziehen' bzw. 'Erziehung' nennen. Da aber, wie zuvor mit MEINBERG festgestellt, eine Fülle von Menschenbildern existiert, es also ebensowenig *das* Menschenbild wie *die* Theorie der Erziehung gibt, müssen wir mit einer Vielfalt unterschiedlichster Zugänge zum Menschen und seiner Erziehung rechnen.

In der modernen Erziehungswissenschaft ist ein regelrechter „Menschenbildwettstreit" (MEINBERG) zu beobachten, der von verschiedenen „einflußreichen Theoriearchitekten" bestimmt wird, „die z.T. in ganz unterschiedlichen Bereichen wie der Wissenschaftstheorie, Rollentheorie, dem Pragmatismus und Symbolischen Interaktionismus, der Sozialphilosophie, besonderen Formen der Sozialpsychologie, aber auch der Systemtheorie verwurzelt sind. Weiterhin führen indirekte Verbindungslinien zur Psychoanalyse und zum Behaviorismus. Nimmt man dann noch jüngere Reaktionen auf bestimmte Spielarten der 'modernen' Erziehungswissenschaft auf, die sich u.a. in der sogenannten 'Alltagswende' nachhaltig Gehör verschaffen, so erweitert sich der Aktionsradius der Menschenbilder z.B. um Phänomenologie und die Philosophische Anthropologie. Es ist diese Fülle höchst heterogener Theorien, die der zeitgenössischen Erziehungswissenschaft ein schillerndes Menschenprofil beschert hat" (ebd. XII).

Im Rückgriff auf den wissenschaftstheoretischen Exkurs im vergangenen und im Vorgriff auf das nachfolgende Kapitel soll das Menschenbild der Phänomenologie als anthropologischer Bezugsrahmen kurz angerissen werden.

Ihre Erkenntnisse über das Wesen des Menschen, ihr Menschenbild, gewinnt die phänomenologisch orientierte Anthropologie in der Auseinandersetzung mit der cartesianischen Denktradition, der Aufklärungsphilosophie, die den Sinn menschlicher Existenz in seiner Vernunft, in seinem intellektuellen Vermögen allein sieht bzw. den Sinn auf dieses reduziert. Demgegenüber versucht die Phänomenologie die Sinnfrage wieder „auf den Boden der Realität", auf die „Lebenswelt" (LIPPITZ 1980, 702) herunterzuholen, indem sie davon ausgeht, „daß die geschichtlichen, kulturellen, sozialen und naturhaften Bedingungen der Existenz des Menschen nicht bloß negativ zu bewertende Einschränkungen seiner geistigen Emanzipation darstellen. Im Gegenteil, nur *aufgrund dieser Bedingungen* ist der Mensch in der Lage, die Sinnfrage zu beantworten, d.h. Geschichte, Kultur, Natur und Gesellschaft in dem Maße zu erkennen, zu gestalten und produktiv zu verändern, wie es ihm als ein geschichtliches, kulturelles, naturgebundenes und gesellschaftliches Wesen zukommt. *Wenn die menschliche Existenz einen Sinn hat, dann nur als stets überholbaren, nie abschließend beantwortbaren Sinn*" (ebd. 703).

Der Mensch kann als leibliches Wesen weder seine „Natur" übersteigen, da seine physiologischen Prozesse, seine organische Existenz zur Verwirklichung seiner geistigen Leistungen unabdingbar sind, noch verfügt er autonom über kulturelle, geschichtliche und soziale Prozesse, die die Bedingung seiner Existenz bilden. „Phänomenologische Analysen konnten zeigen, daß sogar dort, wo der Mensch sich autonom dünkt (dem rationalistischen Erkenntnisideal folgend), nämlich im Denken, er auf Bedingungen stößt, die sein Denken ermöglichen, ohne daß er diese jedoch prinzipiell in den Griff bekommen könnte. Alle Versuche, zumindest das Denken transparent zu machen, scheitern daran, daß man schon gedacht haben muß, um über das Denken nachdenken zu können. *Daß das Denken überhaupt einen Inhalt hat, über den es nachdenken kann, das verdankt es zum größten Teil der nicht von Anfang an rationalen Sinnleistung, die dem Menschen erfahrungsgemäßen Zugang zur Welt verschafft* - in unterschiedlicher Art und Weise: als Empfindung, als gefühlshafte Anmutung bis hin zu intentional strukturierten Wahrnehmungs- und Handlungsprozessen" (ebd. 703).

Die phänomenologisch orientierte Anthropologie erfaßt den Menschen also aus seiner leiblichen Verbundenheit mit der Welt, aus seiner *Lebenswelt* heraus und prägt damit ein holistisches und überaus dynamisches Menschenbild, das offen ist für die vielfältigen Erscheinungsweisen des Menschen und der Welt; Erscheinungsweisen, von denen die Behinderung nur eine unter unzählig anderen ist.

Für LIPPITZ liegt der Verdienst dieser Anthropologie in der Überwindung einzelwissenschaftlicher Sichtweisen vom Menschen. Dies gelingt ihr, indem sie das „Ineinanderspielen von naturhaften, geistig-kulturellen und soziogeschichtlichen Erfahrungen mit dem Ziel der Überwindung der anthropologischen Dualismen von Geist und Natur, Natur und Geschichte, Vernunft und Wirklichkeit" (ebd. 703) untersucht. Dabei ist die phänomenologisch orientierte Anthropologie aber nicht reine philosophische Spekulation, sondern im Rückgriff auf die 'Lebenswelt' ist sie *erfahrungsorientiert*, d.h., sie „zielt auf ein *grundsätzliches Verständnis der menschlichen Existenz* auf der Basis anthropologisch relevanter Erfahrungen, die *kommunizierbar* und *intersubjektiv* nachvollziehbar sind. In diesem Sinne ist Phänomenologie *Dialog*, was die traditionellen Erfahrungswissenschaften vom Menschen angeht, deren *kritische Begleitung*" (ebd. 705).

So vielfältig die Menschenbilder in der Allgemeinen Pädagogik sind, so facettenreich sind auch die Bilder vom Menschen, die die Schwerstbehindertenpädagogik aufgrund ihrer Orientierung sowohl an *erziehungs-* als auch an *naturwissenschaftlichen* Theorien - mit ihren wiederum spezifischen Menschenbildern - zeichnet. Sie in ihrer Auswirkung auf die praktische wie theoretische Schwerstbehindertenpädagogik darzustellen wird schwierig, da anthropologisches Fragen in dieser wenig verbreitet ist, Menschenbilder kaum explizit benannt werden. Die meisten Ansätze, Therapien und Methoden verfügen lediglich über ein *implizites* Menschenbild, das also nicht offenliegt, sondern erst aus den verwendeten Begriffen oder Praktiken zu erschließen ist. Das Offenlegen dieser Bilder kann, wie eingangs mit MEINBERG dargestellt, nicht im 'bild-leeren' Raum geschehen, sondern bedarf des anthropologischen Bezugsrahmens mit seinem zuvor skizzierten phänomenologischen Menschenbild.

Versuchen wir aber zunächst und trotz dieser unübersehbaren Fülle an möglichen Zugängen einige allgemeine Aussagen über das heutige Verständnis vom Menschen in seiner Bedeutung für die Pädagogik zu gewinnen, damit die späteren Erörterungen zur schwerstbehindertenspezifischen Sichtweise in einem größeren erziehungswissenschaftlichen Kontext erscheinen können.

Fernsehwerbung, Modemagazine oder auch Pharma-, Sportmittel- und Freizeitindustrie suggerieren uns heute ein Idealbild vom gesunden, körperlich wie geistig vitalen, vom ewig jungen Menschen. Es ist ein Leitbild, das wirtschaftliche und gesellschaftliche Produktivität und stetiges materielles Wachstum, also Reichtum, wirtschaftliche wie politische Macht verspricht.

Ein Leitbild, das die aktuelle Pädagogik insofern unterstützt und fördert, als sie ihr Handeln nicht mehr als 'pädagogische Führung', nicht mehr ethisch-anthropologisch und pädagogisch, sondern realistisch und pragmatisch bestimmt. Die Pädagogik richtet ihr Interesse, wie HEITGER betont, auf die *Effektivität* ihres Handelns. „Die *moderne* Erziehungswissenschaft unterwirft sich dem Anspruch technisch-ökonomischen Fortschritts, unter der Devise, wie kann möglichst viel in möglichst kurzer Zeit an Qualifikation beim Zögling bzw. Auszubildenden erreicht werden“ (1986, 42). Der Weg der modernen Erziehungswissenschaft sei durch zwei einander ergänzende Motive gekennzeichnet. „Da ist einmal ein technologisch-ökonomisches Interesse. Die Pädagogik soll möglichst wirkungsvoll sein, und das von ihr erzeugte Produkt, der auszubildende Mensch, soll möglichst gut funktionieren. Die damit gewonnene Möglichkeit, durch ihre Wirksamkeit gesellschaftlichen und politischen Nutzen zu haben, scheint ihr offensichtlich Reputation zu verschaffen. Diese soll durch einen neuen wissenschaftlichen Anspruch ergänzt werden, d.h. durch eine am Ideal der Naturwissenschaft und ihrem Fortschritt entwickelte Methode“ (ebd.). Die Pädagogik würde, um in ihren Ergebnissen intersubjektiv überprüfbar zu sein, *wertfrei*. Sie ließe nur noch das gelten, was objektiv meßbar, d.h. quantifizierbar ist (vgl. ebd.). Der kanadische Phänomenologe VON MANEN kritisiert an der heutigen positivistischen Pädagogik[1], daß in ihr die Praxis zum Prüfstein für die Theorie würde, indem sie besondere Fertigkeiten oder Techniken perfektioniere und menschliche Fähigkeiten instrumentalisiere, was aber nicht notwendigerweise zur „pädagogischen Weisheit“ beitrüge (vgl. 1987, 142). In ihrem professionellen Eifer verließen sich die Pädagogen auf logische Rekonstruktionen und dokumentierten damit ein intellektuelles Verständnis von Erziehung. „Wir lesen überall Theorien hinein. Ist erst einmal ein Theorem zum Leben erweckt, streben wir nach Prinzipien (nomoi), die dazu geeignet erscheinen, das Leben nach Maßgabe der Theorie auszurichten. In unserem Eifer, unseren lebendigen Erfahrungen theoretischen Sinn zu unterlegen und in hypothetische Gerüste einzuspannen, vergessen wir, daß es menschliche Wesen sind, die Schemata und Gerüste in Anschlag bringen und nicht umgekehrt“ (1987, 145). Mit seiner Kritik verbindet VON MANEN, wie später noch gezeigt wird, die Forderung nach der Besinnung auf die vorwissenschaftliche Erfahrung (LIPPITZ 1980) und strebt damit eine dem Menschen gemäße Erziehung an.

Die Kritik an der heutigen Pädagogik läßt erkennen, daß sie einem fiktiven Ideal vom Menschen folgt und das Bild ‘ewiger Jugend’ und ‘fortwährender Leistungssteigerung’ nicht der menschlichen Realität entspricht. Pragmatismus, Rationalismus und Intellektualismus unserer westlichen Zivilisation, also die Technisierung und Verwissenschaftlichung der Lebenswirklichkeit, führen zur ‘Ent-Sinnlichung’ (RUMPF 1988, ZUR LIPPE 1978, 1987) bzw. zur ‘Ent-Leiblichung’ des Menschen. Viele bleiben auf der Strecke und nicht nur Behinderte, obwohl sie sicher in besonderer Weise von den idealistischen Normvorgaben betroffen sind und darunter leiden. Zunehmendes Suchtverhalten, Verwahrlosung, wachsender Rassismus und Kriminalität sind zudem Ausdruck individueller Identifikationskonflikte und des Verfalls ethischer wie gesellschaftlicher Werte. Die suggerierten Idealvorstellungen vom

[1] Bestrebungen, die Schwerstbehindertenpädagogik positivistisch zu fundieren, findet man bei ANSTÖTZ 1991 und WEMBER 1991a u.1991b.

'Leistungs-Menschen', vom Interagieren und Leben miteinander bleiben letztendlich Utopie.

'Ent-Leiblichungs-Tendenzen' und Wertverlust bilden den Nährboden für eine Gegenbewegung, in der der Mensch 'Heil sucht' und es heute in einer weitläufigen Therapielandschaft zu finden glaubt. Gesundheit, seelisches wie körperliches Wohlbefinden sind zu erwerbbaren Waren geworden und der Mensch zu einem 'reparierbaren' Modell. 'Therapie' ist das Wundermittel gegen alle menschlichen Gebrechen oder Lebensprobleme, und der 'Therapeut' wird zum Heilsvermittler.

Mit den Therapien gelangten[2] und gelangen medizinische und psychologische Deutungsmuster in unser Leben, deren Einfluß auch in zahlreichen außermedizinischen und -psychologischen Bereichen spürbar ist, so auch in der Pädagogik. Hier verwischen sich zunehmend die klaren Grenzen zwischen dem Therapeutischen und dem Pädagogischen, was uns, wie BÖHM ausdrücklich betont, bewußt werden muß.

Auf der praktischen Ebene würde uns das harmonisierende Ineinandergreifen von Therapie und Erziehung „eher verharmlosend und beschwichtigend erscheinen" (1992, 131). „Dieser Eindruck drängt sich auf, wenn man sich die ausgreifenden Veränderungen auf dem Gebiet der Therapie und die schäumenden Gärungsprozesse auf dem Gebiet der Pädagogik vergegenwärtigt, die in den letzten drei Jahrzehnten stattgefunden haben. Nimmt man beide gleichzeitig in den Blick, so könnte man geneigt sein, von einer zunehmenden *Pädagogisierung der Therapie* einerseits und einer *Therapeutisierung der Pädagogik* andererseits zu sprechen" (ebd.). Dies sei, so betont er weiter, keine unproblematische Entwicklung. „Was man prima vista als eine Annäherung und als eine gegenseitige Ergänzung ansehen kann, das muß man bei kritischer Betrachtung als eine unzulässige Vermischung erkennen, und stellt man sich gar die hegemonistischen Ansprüche neuer Therapieansätze auf das der Pädagogik angestammte Terrain menschlichen Handelns vor Augen, dann wird man ohne Übertreibung von einer Bedrohung oder zumindest von einer Verwässerung des pädagogisch Eigentlichen zu reden haben" (ebd.).

Aufgrund dieser Entwicklung sehen BRAUN (1985), HEITGER (1986) und BÖHM (1992) die gegenwärtige Pädagogik in der Gefahr, ihr Subjekt zu verlieren[3]: die *Erziehung* und das Kind als ein zu *erziehendes* Wesen. „Erziehung ist nicht mehr", so kritisiert HEITGER, „Führung zur Haltung in Grundsatztreue, Verbindlichkeit eines Sollens in Selbstbestimmung, sondern Strategie zum Erzeugen gewünschten und verwertbaren Verhaltens. Nicht Tugenden einer Haltung sind gefragt, sondern Qualifikationen, deren Beherrschung in bestimmten Positionen und von bestimmten Funktionen gefordert scheinen" (1986, 44). Deshalb spräche die moderne Erziehungswissenschaft

[2] Denn es ist ein Prozeß, der bereits mit der Einführung der Psychoanalyse begann (vgl. Kap. 2.3).

[3] Vgl. Untertitel des HEITGER-Artikels.

nicht mehr „von *Erziehung*, sondern von *Sozialisation*, nicht mehr von *Haltung*, sondern von *Verhalten*, nicht mehr von Tugend, sondern von Qualifikation, nicht mehr von Persönlichkeit, sondern von Kompetenz" (ebd.). Für ihn verkommt die Pädagogik darum zur Abrichtung[4].

Auch BÖHM bemängelt an der modernen Erziehungswissenschaft und vor dem Hintergrund zunehmender Therapiegläubigkeit die fehlenden pädagogischen Werte: „An die einstmals vorherrschende Stelle moralisch-sittlicher Kategorien treten zunehmend medizinisch-pathologische Diagnosen und Heilverfahren. Das böse Kind wird zum neurotischen, verhaltensauffälligen und gestörten, das artige Kind zum ungestörten, gesunden. Über alle Formen von Erziehungsmaßnahmen wird unwiderruflich ein Verdikt ausgesprochen - 'Nur Schinder erziehen Kinder' -, und an ihre Stelle tritt die Analyse von Ursachen und Symptomen und die Suche nach therapeutischer Heilung" (1992, 138).

Ähnlich kritisch beurteilt auch SPECK die heutige (sonder-)pädagogische Entwicklung, wenn er sagt: „In kaum mehr übersehbarem Ausmaß werden 'therapeutische' Maßnahmen und Institutionen als Notwendigkeiten für unsere Kinder angemeldet. Es wächst u.a. die allgemeine Versuchung, Verhaltensprobleme bei Kindern immer häufiger mit Psychopharmaka lösen zu wollen. Für die Überwindung der Probleme sozialer Randgruppen wird 'Sozialtherapie' gefordert" (1988, 226).

Diese Praktiken sind für SPECK Ausdruck einer Abwertung der Erziehung zugunsten von Therapie; ein Begriff, der einerseits suggeriert, „daß es gegen alles Unerwünschte ein Mittel gibt, und andererseits trägt er zur Verstärkung der Abhängigkeit von therapeutisch-professionellen Dienstleistungen bei, was letztlich die Aushöhlung der eigentlichen Erziehungspotenz nach sich ziehen muß" (ebd. 226).

Erziehung ist für SPECK mehr „als bloße Anweisung, spezielle Erziehung ist mehr als bloße Reparatur. Sie will Welt erschließen, sinnerfüllte Selbstwerdung ermöglichen und Deutungen auch für Probleme anbieten, die nicht zu 'lösen' sind, Erschwernisse und Leiden, die getragen werden müssen wie ein Kreuz, und die offensichtlich die Frage nach dem Sinn herausfordern, die immer nur jeder auf seine Weise wird beantworten können. In Anbetracht dieser Sinn-Dimension wird das deutlich, was in der Erziehung gegenüber bloßer, einseitig behandelnder Therapie zu verteidigen wäre: Während letztere erfahrungsgemäß methodisch auf Veränderung gerichtet ist, orientiert sich

[4] Sozialisation, Verhalten, Qualifikation und Kompetenz sind Schlagworte, die in der Schwerstbehindertenpädagogik zuhauf zu finden sind, dort aber m.W. bisher nicht kritisch hinterfragt wurden. Verkommt sie darum wie die Allgemeine Pädagogik zur Abrichtung, obwohl sie doch gerade betont, 'eine Pädagogik vom Kinde aus' zu sein? Ich meine: ja, wenn es ihr nicht gelingt, sich klar von der Therapie mit ihren medizinisch-psychologischen Deutungsmustern abzugrenzen, indem sie sich auf eindeutig pädagogische Werte besinnt.

Erziehung - auch Spezialerziehung - an Veränderung *und* Erhaltung, an Tätigwerden und Seinlassen. Bei allem Versuch, Unzulängliches verbessernd zu verändern, geht es der Erziehung immer auch darum, Erreichtes, Beglückendes zu bewahren, also nicht verfallen zu lassen, und Sinn für Nicht-Veränderbares suchen und finden zu lassen - im Mit-Sein des Erziehers" (ebd. 226 f.).

Erziehung und mit ihr die Sonder-Erziehung ist für SPECK also nicht nur „die Übernahme bestimmter Rollen" und „das Erlernen spezifischer Techniken" (FRÖHLICH 1992, 27), sondern sie ist immer auch *gelebte Wirklichkeit von Kindern und Pädagogen* und damit eine *ethische Angelegenheit.*

Doch bezüglich der inhaltlichen Trennung von Therapie und Erziehung divergieren die Meinungen in der Sonderpädagogik, vor allem, weil behinderte Kinder einen bestimmten Therapiebedarf haben; zu denken ist hier beispielsweise an die Physiotherapie bei Körperbehinderten. Neben Stimmen, die wie SPECK eine deutliche Trennung zwischen beiden fordern, gibt es auch solche, die sie als wesensgleich definieren (vgl. SOLAROVA 1971) und vereinheitlichend eine *pädagogische Therapie* propagieren. Diese „kümmert sich um die altersgerechte Verfügbarkeit über angemessene Bewältigungsformen von Lebensproblemen. Ihre Maßnahmen bestehen im Abbau gestörter Funktionen und im Aufbau sowie in der Einübung regelrechter Funktionen" (BRECKOW 1990, 442). Sie sind damit eindeutig auf die Kompensation von Defiziten ausgerichtet, wobei wieder das Bild vom Behinderten als dem 'reparaturbedürftigen Menschen' durchscheint. Für SOLAROVA sind Physio-, Psychotherapie und Sondererziehung wesensgleich, weil sie in der Integration der Therapien in die Sondererziehung keine prinzipielle, sondern lediglich eine methodische Frage sieht. Unbeachtet bleiben hierbei die unterschiedlichen Paradigmen, die der Therapie und Pädagogik zugrunde liegen. 'Therapie' als Bestandteil und Handlungsform der (Schwerst-) Behindertenpädagogik ist gleichzeitig *Sinnbild* für den zunehmenden Einfluß der Nachbarwissenschaften, vornehmlich Medizin und Psychologie, auf das angestammte Terrain der Pädagogik.

Im Vergleich zur Allgemeinen Pädagogik scheint sich die Sonderpädagogik leichter in der Übernahme medizinischer wie psychologischer Deutungsmuster zu tun[5]. Der Grund hierfür liegt m.E. nicht nur in den psychophysischen Beeinträchtigungen ihrer Klientel, also in der Behinderung, sondern auch in der Geschichte der Disziplin selbst. Die Heilpädagogik hatte immer schon eine große Affinität zur Medizin: die ersten Pädagogen und Anstaltsgründer waren häufig Ärzte, medizinische Deutungsmuster gehörten immer schon zur sonderpädagogischen Theoriebildung, und neben der Erziehung gab es gerade in den Einrichtungen für schwachsinnige und krüppelhaf-

[5] Im Vergleich zu den medizinischen und psychologischen Deutungsmustern sind die soziologischen für die Schwerstbehindertenpädagogik von geringerer Bedeutung. Deshalb wird ihnen hier nicht weiter nachgegangen.

te Kinder von Anfang an physiologische Behandlungsmethoden, die ihre aktualisierte Fortführung unter dem Einfluß orthopädisch-physiologischer Erkenntnisse in der ausgeformten Physiotherapie BOBATHs oder VOJTAS haben. Medizinische Determinierungen findet man andererseits aber auch in den neurophysiologisch orientierten Förderkonzepten AYRES', AFFOLTERS oder z.T. auch FRÖHLICHs. Auf neurophysiologische Erklärungsmodelle greift ebenso FEUSER zur Fundierung seiner aneignungsorientierten Konzeption zurück.

Als dritte medizinische Einflußgröße wären sozial-medizinische Strömungen zu nennen, wie sie etwa über die Forschungen des Ehepaars PAPOUSEK zur frühen Eltern-Kind-Interaktion Einzug in die Schwerstbehindertenpädagogik genommen haben, wo neben den Folgen der gestörten Interaktion durch Behinderung die Struktur des frühen Dialogs als Basis einer kommunikativen Förderung diskutiert wird (vgl. FRÖHLICH 1982, HAUPT 1991, MALL 1984 u.a.). In diesem Zusammenhang spielen psychoanalytische Erklärungsmodelle (wie SPITZ, BETTELHEIM, MITSCHERLICH) eine ergänzende Rolle.

Aus der Perspektive einer phänomenologisch orientierten Anthropologie läßt sich festhalten, daß mit diesen im weitesten Sinne medizinischen Erklärungsmustern ein naturwissenschaftliches, mechanistisch-dualistisches Menschenbild Einzug in die Schwerstbehindertenpädagogik genommen hat, weil der schwerstbehinderte Mensch hier auf der Grundlage von Kausalitätsverhältnissen zu erfassen versucht wird und sein Wesen hinter rationalistischen Erklärungen letztendlich doch verborgen bleibt. So werden etwa organische Schädigung und Schwerstbehinderung in einem Ursache-Wirkungs-Verhältnis gesehen, ebenso der Zusammenhang von sinnlicher und geistiger Tätigkeit. Der Dualismus von Mensch und Welt scheint hierdurch bestätigt.

Diese perspektivische und vereinheitlichende Kritik am naturwissenschaftlich bestimmten Menschenbild, dem unter Kapitel 2.3 noch genauer nachgegangen werden soll, unzensiert auf FEUSERs Gesamtkonzeption zu übertragen, wie dies zuvor geschah, wäre falsch, denn sie mag zwar, unter Ergänzung kritisch-dialektischer Positionen, auf seine frühe Basispädagogik (1976) zutreffen, aber auf seine Weiterentwicklung, die 'Integrationspädagogik', nicht.

Durch die Hinzunahme der Systemtheorie (JANTSCH, PRIGOGINE, PRIBRAM) mit ihren Prinzipien der 'Selbstorganisation und -regulation', 'Autopoiese' und 'Ko-Ontogenese' versucht er, wie PRASCHAK, zu belegen, daß der schwerstbehinderte Mensch ein sich „unter seinen individuellen Lebensbedingungen vollwertig selbstorganisierendes System, dem keine menschlichen Eigenschaften abgehen" (FEUSER 1990a, 56), ist. In der Konzeption eines 'Systemmenschen' wenden sich FEUSER und PRASCHAK gegen tradiertes abendländisches Denken mit einem personalen und subjektbezogenen Menschenbild. Die Systemanthropologie dient ihnen dazu, den Menschen im Kontext seiner Evolution (auf der Grundlage biologischer Systemtheorie) zu begreifen, um damit die vermeintliche Verschiedenheit von Menschen mit und ohne Behinderung endgültig zu relativieren. Darum kann PRASCHAK behaupten: „Die Bemühungen eines Schwerstbehinderten unterscheiden sich ... prinzipiell nicht von Bemühungen anderer Menschen" (1990, 59). Diese systemanthropologische Feststellung führt dann zu einem Verständnis von Erziehung, das pädagogische Arbeit zwischen Pädagogen und Schülern „als Koevolution erfahrungsbildender Systeme" (FEUSER 1991, 438) versteht, in der Informationen nicht übertragen, sondern neu organisiert werden. „Information ist also nicht, was wir lehren, sondern was im Lernenden aufgrund seiner Selbstorganisation Informationspotential erzeugt" (ebd.). Ohne hier vertiefend auf die systemanthropologischen Positionen FEUSERs und PRASCHAKs eingehen zu können, wird doch deutlich, daß sich, unter Zuhilfenahme aktuellen naturwissenschaftlich-systemischen Denkens, eine beachtenswerte neue Sichtweise vom schwerstbehinderten Menschen abzeichnet, die zu einer Überwindung der Defizitorientierung in der Sonderpädagogik beitragen kann.

Die *psychologischen* Erklärungsmodelle, die neben den schon erwähnten medizinischen heute Einfluß auf die Schwerstbehindertenpädagogik, ihr Verständnis vom Menschen und seiner Erziehung nehmen, sind überaus vielfältig, weshalb hier nur die wichtigsten erwähnt werden. Im wesentlichen zielt ihre Wirkung darauf ab, den *Schwerstbehinderten als Entwicklungsgestörten* zu determinieren. 'Entwicklung' soll hier aber nicht nur im klassisch entwicklungspsychologischen Sinne verstanden werden, sondern u.a. auch in einer psychiatrisch-psychotherapeutischen Interpretation von intrauterinem Entwickeln und Erleben, wie es beispielsweise HAUPT (1991) in Anlehnung an GROF sieht. GROF unterscheidet verschiedene intrauterine Entwicklungsphasen und beschreibt die psychischen Folgen von lebensbedrohlichen Situationen in der Schwangerschaft sowie Geburtstraumata, was HAUPT dazu veranlaßt, eine stärkere Berücksichtigung dieser frühen Entwicklungserfahrungen in der Förderung Schwerstbehinderter anzuregen.

'Entwicklung' mehr im Sinne von 'Selbstwerdung' und 'Selbstgestaltung' findet man in den Zugängen der Humanistischen Psychologie (MASLOW, ROGERS, BÜHLER, PERLS), die derzeit großen Einfluß auf die körperorientierten Förderansätze und ihr problematisches Erziehungsverständnis hat. Aufgrund der Synthese gestaltpsychologischer und psychotherapeutischer Interpretationen ist für HAUPT Erziehung Schwerstbehinderter Lebensgestaltung und vor allem Entwicklungsförderung, die sie folgendermaßen beschreibt: „Kern aller Bemühungen, die von Wertschätzung, verstehender und zugewandter Annahme getragen sind, ist die Unterstützung der Lebensenergie, der Lebensbewegungen des Kindes. Es ist die Einladung zur Teilhabe und aktiven Mitgestaltung gemeinsamen Lebens" (1991, 27). Inwieweit die Humanistische Psychologie Anregungen für ein holistisches Bild vom schwerstbehinderten Menschen zu geben vermag, wird in Kapitel 2.4 zu hinterfragen sein.

Behavioristische Strömungen, die an Bedeutung in der Sonder- und Schwerstbehindertenpädagogik verlieren, diskutieren 'Entwicklung' im Kontext mit menschlichem Verhalten und dessen Veränderung, die sich im Rahmen von Verhaltenstherapie vollzieht.

Im historischen Teil habe ich darauf hingewiesen, daß vor allem im Geistigbehindertenbereich zunächst verhaltenstherapeutische Konzepte zur Anwendung bei Schwerstbehinderten gebracht wurden. Dies geschah Ende der 70er Jahre, in einer Zeit, wo der Einfluß des Behaviorismus und der Verhaltenstherapie auf die Pädagogik insgesamt groß war, wenn man nur an die Beliebtheit der Verhaltensmodifikation oder an die Expansion des programmierten Unterrichtes denkt. So entsprachen die verhaltenstherapeutischen Entwicklungen im sonderpädagogischen Bereich (SCHMITZ 1976, KANE/KANE 1976, GÜNZBURG/GÜNZBURG 1979, RICHTER 1980) dem pädagogischen Zeitgeist.

Verhaltenstherapie wird in sehr unterschiedlichen Formen praktiziert, ihre Ausrichtung ist naturwissenschaftlich geprägt (vgl. BÖHM 1992, 134), d.h., der Verhaltenstherapeut gewinnt seine Erkenntnisse und Verfahrensweisen nach streng naturwissenschaftlichen Methoden. „Durch 'experimentelle Verifikation' von 'Hypothesen' gelange er zu 'Gesetzen', aus denen dann auf deduktivem Wege 'Antworten auf Probleme der Praxis' ... abgeleitet werden" (EYSENCK/RACHMAN 1967 nach BÖHM ebd. 134). In der Verhaltenstherapie haben methodologische Entscheidungen Vorrang vor anthropologischen und teleologischen Klärungen. Anthropologisch-teleologische Vorentscheidungen werden nicht thematisiert, statt dessen wendet sich die Verhaltenstherapie „vorwiegend den Funktionsweisen der 'Praxis' und dem zählbaren und damit auch auszählbaren Erfolg, der meßbaren Effektivität" (ebd. 135) zu, wodurch das Verhältnis von Anthropologie, Teleologie und Methodologie einseitig zugunsten der letzteren verschoben ist, was nach BÖHM eine fatale Konsequenz hat: „Wenn die anthropologischen Grundannahmen nicht in einer Reflexion auf die Natur des Menschen und seine Bestimmung gründen, sondern sich als Folge einer methodologischen Vorentscheidung nachträglich einstellen, wird eine Frage nahezu unbeantwortbar, jene nämlich, was denn nun eigentlich 'normal' sei. Auf diese Frage kann nur noch eine pragmatische, d.h. auf den gesellschaftlichen *status quo* bezogene Auskunft gegeben werden" (ebd. 135).

Technologische Handlungsmodelle wie die Verhaltenstherapie haben vor allem im Bereich der deskriptiv-analytischen Erziehungswissenschaft Einzug genommen, die ja gerade nach wissenschaftlich abgesicherten Regeln und Gesetzen für pädagogisches Handeln sucht. Das technologische Handeln führt bezüglich der Effektivität von Erziehung zu einer Entlastung für den Pädagogen, weil nun Mißerfolge nicht mehr ihm angelastet werden, sondern sie sich als Mängel des Instrumentariums erweisen. „Pädagogische Verantwortung ist auf die Auswahl und den Einsatz der richtigen Mittel reduziert. Auswahl und Anwendung der geeigneten Mittel sind ein technisches Problem" (HEITGER 1981 nach BÖHM ebd. 136). Auswirkungen dieses Denkens verdeutlicht Reinhard VOSS am Beispiel der begrifflichen Erfassung von Diziplinproblemen in der Schule. Unter dem Einfluß der Verhaltenstherapie auf die Pädagogik sei es ab Mitte der 70er Jahre unpopulär geworden, von 'Diziplinschwierigkeiten' zu sprechen. Der Begriff der 'Verhaltensstörung' habe sich durchgesetzt, was ein Zweifaches bedeutet: „Zum einen indiziert er eine Verschiebung des Disziplinproblems vom Lehrer (und seiner pädagogischen Kompetenz) zum Schüler (und den ihn beeinflussenden Faktoren). Diese Verlagerung des Problems aus der pädagogischen Verantwortung des Lehrers auf die Seite des gestörten Schülers bedeutet nicht nur eine Entpädagogisierung, in deren Gefolge der störende Schüler dann an andere, nämlich 'Sonder'-Einrichtungen abgeschoben wird, sondern - und das wiegt weit schwerer - eine Abschwächung ethisch-moralischer Beurteilungsgesichtspunkte und eine Privilegierung medizinisch-pathologischer" (VOSS 1987 nach BÖHM ebd. 136).

Was hier mit BÖHM u.a. kritisch für den Grenzbereich von Allgemeiner und Sonder-Pädagogik beschrieben wird, läßt sich als 'medizinisch-pathologisches Paradigma' innerhalb der einzelnen sonderpädagogischen Fachrichtungen wiederfinden und vor allem in ihrer Defektorientierung. Fehlfunktionen und Defizite behinderter Schüler wurden mit Hilfe verhaltenstherapeutischer Maßnahmen gezielt zu kompensieren versucht. Eine defektorientierte und isolierte Anregung, vor dem Hintergrund einer weitestgehenden Anpassung an die Normalität, war Inhalt, Ziel und Methode von Erziehung. Die Diagnose von Störungen und ihr Ausgleich anhand stringenter verhaltenspsychologischer Vorgaben waren vordringliche Aufgabe der Sonderpädagogik, die ihren Blick für die „Ganzheit" des behinderten Kindes erst allmählich durch die Unzulänglichkeit dieser Konzepte gewinnen mußte.

Im Bereich der Geistigbehindertenerziehung finden verhaltenstherapeutische Methoden vielerorts, vor allem als unterrichtsunterstützende Maßnahmen, heute noch Anwendung. Hier erkannte man aber die Gefahren und Unzulänglichkeiten derart technologischer Vorgehensweisen im Umgang mit schwerstbehinderten Schülern recht schnell. Schwerstbehinderte unterschritten die geforderten Verhaltenserwartungen in so gravierendem Maße, daß eine Transformation der Methoden allein nicht zum Erfolg führte, die Verhaltenstherapie an sich fragwürdig wurde und man sich um andere Zugangsweisen bemühte.

Diese Lücke scheint mittlerweile die *Psychotherapie* auf der Grundlage der Humanistischen Psychologie geschlossen zu haben. Wobei die Psychotherapie im Vergleich zur Verhaltenstherapie nicht nur partiell auf die Pädagogik wirkt, sondern sie ganz zu durchdringen sucht. So meint DIENELT, „daß es sich bei der Humanistischen Psychologie um den großangelegten und 'problematischen Versuch einer Verschmelzung von Therapie und Erziehung' handelt" (1984 nach BÖHM ebd. 136). Dabei erinnert er an PERLS Forderung, daß „die artifizielle Trennung zwischen Philosophen, Pädagogen und Psychotherapeuten aufgehoben werden soll" (ebd.).

Bezüglich des Verständnisses vom 'Schwerstbehinderten als Entwicklungsgestörtem' ist wohl die entwicklungspsychologische Determinierung die bedeutendste, insonderheit die strukturalistische Entwicklungspsychologie PIAGETs, die zur Kern-Theorie zahlreicher schwerstbehindertenpädagogischer Konzepte (vgl. FRÖHLICH, PRASCHAK, FEUSER, AFFOLTER u.a.m.) wurde. Darum will ich mich ihr in Kapitel 2.3 ausführlich zuwenden und fragen, inwieweit der genetische Strukturalismus PIAGETs zu einem veränderten Verständnis vom schwerstbehinderten Kind und seiner Erziehung beitragen kann.

Sicherlich wäre es wert, alle hier angedeuteten determinierend wirkenden Strömungen der Nachbarwissenschaften auf ihre erkenntnistheoretischen wie ethisch-anthropologischen Prämissen hin zu befragen. Eine Aufgabe, die wegen ihrer Umfänglichkeit hier aber nicht geleistet werden kann. Ich werde mich auf die beiden derzeit wichtigsten Einflußgrößen, die Entwicklungspsychologie PIAGETs und die Humanistische Psychologie mit ihren Therapieentwicklungen beschränken, weil sie aufgrund ihrer weiten Verbreitung und durch die unkritische Übernahme in die Pädagogik zur Entpädagogisierung der (Schwerst)Behindertenpädagogik beitragen.

In der sonderpädagogischen Praxis scheinen sich Therapie und Erziehung bis heute mehr oder weniger zu ergänzen; eine Verbindung, die allgemein als 'Förderung' bezeichnet wird.

'*Förderung*' ist ein neuer sonderpädagogischer 'Leitbegriff', der den der 'Erziehung' verdrängt zu haben scheint und der auch in der Schwerstbehindertenpädagogik in aller Munde ist, wie die Beiträge im neuen „Handbuch der Sonderpädagogik - Pädagogik bei schwerer Behinderung" (FRÖHLICH 1991) beispielhaft zeigen. Hier heißt es u.a.: „Forschungsprobleme im Bereich der *Förderung* (Hervorhebung B.F.) schwerstbehinderter Menschen" (WEMBER), „Zur Geschichte der *Förderung* schwerstbehinderter Menschen" (MÜHL) oder „Ganzheitliche Entwicklungs*förderung*" (FRÖHLICH). Es wird von „visueller *Förderung*" (STROTHMANN), von „psychomotorischer *Förderung*" (KUNTZ), von „institutioneller *Förderung*" (RATH), von „früher *Förderung*" (STRASSMEIER), von „schulischer *Förderung*" (FISCHER) oder von „offenen Formen der *Förderung*" (WÖLFERT-AHRENS) gesprochen.

'Erziehung' durch 'Förderung' zu ersetzen ist aber weit mehr als nur eine terminologische Aktualisierung, mehr als die Modernisierung eines veraltet geglaubten Erziehungsbegriffs. Inwieweit der Begriff der Förderung auch ein neues Erziehungs- und Bildungsverständnis zu repräsentieren vermag, wird im Verlauf des Kapitels kritisch zu hinterfragen sein.

Die Entwicklungen innerhalb der Schwerstbehindertenpädagogik lassen sich in charakteristischer Weise von denen der übrigen Sonderpädagogik unterscheiden. Während hier Erziehung und Therapie nebeneinander existieren, Erziehung zwar, genauso wie in der Allgemeinen Pädagogik, selbst stark therapeutische Züge trägt, *dominiert* in der Schwerstbehindertenpädagogik die *Therapie eindeutig gegenüber der Erziehung*. Lehrer und Erzieher handeln nicht mehr *pädagogisch*, sondern *therapeutisch*, und hierfür bieten die Therapieentwürfe der vergangenen zehn Jahre reichlich Auswahl. Darum wird im Schwerstbehinderten- mehr noch als in anderen sonderpädagogischen Bereichen auf der methodisch-konzeptionellen Erziehungs-Ebene nicht von 'Unterricht', eher von Stimulation und noch häufiger von Therapie gesprochen. Neben der 'Basalen *Stimulation*' (FRÖHLICH), der 'Auditiven *Stimulation*' (CYRUS) oder der 'Visuellen *Stimulation*' (STROHTMANN) nimmt die Flut der Therapieentwicklungen stetig zu. „Es ist kaum zu leugnen," sagt LAMERS, „der Therapieboom in der (Schwerst)Behindertenpädagogik hat seinen Weg gefunden. Reit-, Wald-, Spiel-, Sprach-, Bewegungs-, Schwimm-, Verhaltens-, Eß-, Körper-, Gestalt-, Musik- Kunst-, Tanz-, Drama-, Snoezelen-, Mund-, usw.-therapien belegen die Entwicklung sehr 'eindrucksvoll'. Jüngste Pflanze in der Therapielandschaft ist die 'Aromatherapie in der Behindertenarbeit'" (1990, 268). Die aufgeführte Therapiereihe ist zu ergänzen durch die 'Sensorisch-integrative *Therapie*' (AYRES), 'Musik- oder Pränatal*therapie*' (VOGEL), 'Festhalte*therapie*' (PREKOP), 'Psychomotorische *Therapie*' (AUCOUTURIER/ESSER), 'Moto*therapie*' (FROSTIG oder KIPHARD), 'Physio*therapie*' (BOBATH oder VOJTA), 'Ergo*therapie*' (HOFFMANN) und die 'Entspannungs*therapie*' (JÖRIMANN), womit sicher noch nicht alle Therapien genannt sind, die derzeit bei Schwerstbehinderten Anwendung finden.

„Der Schaffensdrang und die Phantasie bei der Kreation neuer therapeutischer Angebote sind manchmal beängstigend" (ebd.). Damit hat LAMERS recht, vor allem wenn man bedenkt, wie schwer es ist, bei dieser Vielfalt 'die Spreu vom Weizen' zu trennen, fundierte von weniger fundierten, sinnvolle von weniger sinnvollen Therapien zu unterscheiden. Als wirkungsvoll angepriesen werden schließlich alle. *Pädagogisch* verankerte Konzeptentwicklungen wie etwa die 'Basale Aktivierung' BREITINGER/FISCHERs oder die Leiborientierte Pädagogik PFEFFERs können nur einen geringen Gegenpol zu diesem Therapieboom bilden.

Bei oberflächlicher Betrachtung scheint es sich bei diesen Phänomenen um eine eigenständige Entwicklung der Schwerstbehindertenpädagogik zu handeln, die sich aus der Schwere der Behinderungen der Schüler und ihren gravierenden Normabweichungen ergibt. Vor diesem Verständnishorizont wirkt FRÖHLICHs Begründung einer schwerstbehindertenspezifischen Erziehung, einer Entwicklungsförderung, zunächst plausibel. Er geht davon aus, daß schwerstbehinderte Menschen die Anforderungen, die Pädagogik im allgemeinen an Kinder stellt, nicht erfüllen können: „Sie werden keine Verantwortung im klassischen Sinne übernehmen, sie erzeugen nicht selbst wieder eine neue Generation. In gewisser Weise, so können wir sagen, endet mit jedem sehr schwer behinderten Menschen der Strom der Generation“ (1992, 28). Für FRÖHLICH stellt Schwerstbehinderung das „Ende einer Fiktion dar“ (ebd.), weil die Zukunft bei diesen Schülern nur bedingt planbar sei; ob es ein Morgen für sie gibt, sei ungewiß. Das veranlaßt ihn zu den resignativ anmutenden Fragen: „Was also kann Pädagogik wollen, wenn sie nicht mehr diese Lebensperspektive des Weitergebens, des Generierens, des Tradierens hat? Wozu dann alle Bemühungen, aus diesem Menschen jemanden zu formen, der die eigene Sache weiterführt“ (ebd.)?

Da sich das Leben sehr schwer behinderter Menschen im wesentlichen im Hier und Jetzt abspiele, müsse die Pädagogik ihre Zukunftsperspektive aufgeben und „auch etwas für die Gegenwart“ (ebd.) anbieten. Aber will das die Pädagogik nicht immer schon, oder anders gefragt, ist das nicht gerade eine ihrer Grundbestimmungen?

FRÖHLICHs Sichtweise dokumentiert in charakteristischer Weise die heute verkürzte Interpretation von Erziehung, in der das *eigentlich Pädagogische* als Folge der vermeintlichen Nichteinlösbarkeit pädagogischer Grundforderungen aufgrund von Behinderung sowie der allgemeinen Entpädagogisierungstendenzen verloren gegangen scheint.

Der Aufriß zeigt, daß die Positionen der Schwerstbehindertenpädagogik nicht losgelöst von den allgemeinpädagogischen Entwicklungen gesehen werden können. Sie sind vor allem bezüglich ihres Menschenbildes und ihrer pädagogischen Implikationen zu konkretisieren, und dies kann, wie zuvor angedeutet, nur exemplarisch geschehen. Die Konkretisierung ist notwendig, damit die Besinnung auf das ‘eigentlich Pädagogische’ begründbar wird und die Dimensionen einer vertieften erziehungsphilosophischen Reflexion (Kapitel 3) erscheinen.

Das Verständnis von Erziehung und die ihm immanente Auffassung vom schwerstbehinderten Menschen erschließen sich, aufgrund der allgemeinen Anthropologie-Abstinenz in der Schwerstbehindertenpädagogik, implizit aus den verwendeten Begriffen und Praktiken. Darum bilden gerade sie den Ansatzpunkt der weiteren Auseinandersetzung, die sich zunächst in einem Dreischritt vollzieht. Er läßt sich schlagwortartig folgendermaßen skizzieren:

- Fördern statt Erziehen (Kap. 2.2),
- Entwickeln als Fördern (Kap. 2.3),
- Therapieren als Entwickeln und Fördern (Kap. 2.4).

Schließlich wird in einem fünften Abschnitt zu fragen sein, was denn das ‘eigentlich Pädagogische’ ist.

2.2 Fördern statt Erziehen

Versucht man den Begriff 'Förderung' inhaltlich zu fassen, gerät man sehr schnell an Grenzen, da er zwar viel verwendet, aber scheinbar nicht zu definieren ist. Vergeblich sucht man ihn in der jüngst erschienenen „Enzyklopädie der Sonderpädagogik", in der zwar Begriffe wie 'Förderdiagnostik', 'Förderkurs' oder 'Förderungslehrgang' (vgl. DUPUIS/KERKHOFF 1992, 212 f.) definiert werden, nicht aber die 'Förderung' selbst.

Die mangelnde inhaltliche Bestimmung beklagt auch BEGEMANN: „Wenn man nun erfahren möchte, was das Neue an Förderung, was Förderung überhaupt sein soll, dann fehlen meist die konkreten Angaben. Man zieht sich auf recht formale Aussagen zurück" (1992, 236). So hieße es beispielsweise: „Pädagogische Förderung versteht sich als spezielle pädagogische Hilfe in den Fällen, in denen besondere Erschwernisse im menschlichen Entwicklungs- und Lernprozeß eintreten oder drohen" (BEGEMANN 1992, 236).

Auch wenn BEGEMANN bei seiner Durchsicht der vielen Bestimmungen und Aussagen „inhaltlich nicht fündig geworden ist" und „keine klare Beschreibung dessen erhalten" hat, „was von Sonderpädagogen unter dem Stichwort Förderung konkret zu leisten verlangt werden soll" (ebd.), so lassen sich bei verschiedenen Autoren wenigstens organisationsbezogene Interpretationen finden.

SPECK stellt beispielsweise im Zusammenhang mit dem besonderen Erziehungsbedürfnis behinderter Schüler fest: „Die Veränderungsabsicht der Erziehung und des Unterrichtes zielt so gesehen auf Förderung der Entwicklungs- und Lernprozesse und zwar dort, wo erschwerende Bedingungen vorliegen. Der Begriff der 'pädagogischen Förderung' hat in letzter Zeit breite Geltung erlangt (*Deutscher Bildungsrat 1973*). Ihre Methoden und Mittel sind Erziehung, Unterricht und Therapie" (1987, 225).

Nicht in diesem übergeordneten, methoden-integrierenden Sinne faßt FRÖHLICH, vor dem Hintergrund der 'noch besondereren' Erziehungsbedürfnisse *schwerst*behinderter Kinder, seine Entwicklungsförderung auf. Er verwendet sie zur Abgrenzung von Bestehendem, genauer: „'Entwicklungsförderung' als Begriff setzt sich in gewisser Weise von herkömmlichen pädagogischen Begriffen wie Bildung und Erziehung ab, aber auch von Bezeichnungen wie Training und Therapie" (1991, 157). FRÖHLICH lehnt die Begriffe 'Erziehung und Bildung' als zu statisch und normorientiert ab; ähnliches attestiert er auch der 'Therapie', die zudem zu stark defizitorientiert sei. 'Übung, Schulung und Training' seien Begriffe, die sich mit dem neueren Verständnis von Lernen und Entwicklung nicht mehr vereinen ließen (vgl. ebd.). FRÖHLICH beläßt es bei der Abgrenzung, ohne den Begriff der 'Förderung' näher zu definieren. Er stellt lediglich fest: „Menschen mit schwersten Formen unterschiedlicher, in der Regel mehrfacher Behinderungen benötigen für ihre Entwicklung eine ganzheitliche, d.h. auf unterschiedliche Persönlichkeitsbereiche zielende Förderung. Diese Förderung berücksichtigt die durch die Behinderung zwar eingeschränkte, aber dennoch vorhandene Entwicklungstendenz und Entwicklungsaktivität des Individuums" (ebd. 158). Aber ist das nicht ein Trugschluß, in der Entwicklungsanalogie keine Normierung, keine Normvorgabe, die er ja gerade der 'Erziehung' vorwirft, anzunehmen? Da erziehungswissenschaftliche Implikationen unberücksichtigt bleiben, ist die Abgrenzung allein zur Erfassung der 'Förderung' zu wenig.

Eine dritte Interpretationsweise ist mit THEUNISSEN vorzustellen, die in gewissem Sinne eine Verbindung zwischen der abgrenzenden Position FRÖHLICHs und der eher integrativen SPECKs ist.

THEUNISSEN sieht in „den neuen Ansätzen in der heilpädagogischen Arbeit mit schwerstbehinderten Menschen" (1992, 17) und genauer in der 'Basalen Stimulation' FRÖHLICHs, der 'Basalen Kommunikation' MALLs, der 'Integrativen Körpertherapie' BESEMS/V.VUGTs, der 'Musiktherapie' VOGELs, der 'Festhaltetherapie' PREKOPs und dem 'Snoezelen' KAUSCHUS-NAZARIOs „auf jeden Fall eine wichtige Weiterentwicklung und Ergänzung der bisher in der Heil- und Sonderpädagogik noch weit verbreiteten funktionsorientierten Verfahren, verhaltenstherapeutischen Konzepte, Lern- und Entwicklungstherapien, der heilpädagogischen Übungsbehandlung oder eines isolierten Trainings von Fertigkeiten" (ebd. 21). „Denn Programme zur Funktionsübung sind zu sehr an Effizienz, Leistungszuwachs und Anpassung an die erforderten Normen ausgerichtet und tragen kaum dazu bei, daß schwerstbehinderte Menschen in ihrer Ganzheit erfaßt und zu einer sinnvollen Lebensverwirklichung gelangen können" (ebd.).

Sinnvolle Lebensverwirklichung sind für THEUNISSEN, „das Streben nach Realitätskontrolle, -bewältigung und Selbsterhaltung gleichermaßen wie der originäre Wunsch nach Selbstdarstellung" (ebd.). Um dies pädagogisch zu erreichen, sei eine Definition von Förderung notwendig, „die nicht mehr von einem bloßen Nicht-Können oder einem Bedürfnis nach Verändern-Wollen bestimmt ist, sondern das 'volle Menschsein' (*Portmann*), die Personalität, das So-Sein und die Interessenlage der behinderten Menschen sowie die Gegenwart, die Wirklichkeitsnähe mit ihrer Lebenserfülltheit ernst nimmt. Unter dieser Perspektive ist die heilpädagogische Arbeit keine Dressur oder eine von Pädagogen oder Therapeuten bestimmte Maßnahme, die einseitig (undialogisch) und einbahnig ist, sondern Form des Anregens, Unterstützens, Assistierens, Probieren-Lassens oder gemeinsamen Tuns als die wesentlichsten Verkehrsformen der Förderung" (ebd. 22).

'Förderung' ist für THEUNISSEN eine neue Form des Zu- und Umgangs mit Schwerstbehinderten, der in besonderer Weise geeignet ist, bestehendem normierten heilpädagogischen Vorgehen entgegenzuwirken; eine Übereinstimmung zur Auffassung FRÖHLICHs. Indem THEUNISSEN bei seiner Aufzählung schwerstbehindertenspezifischer Förderansätze Therapien unkritisch neben heilpädagogische Methoden setzt, scheint er ein integratives Verständnis von 'Förderung', wie es zuvor mit SPECK dargestellt wurde, nicht auszuschließen.

'Förderung' soll für ihn all das ermöglichen, was der bisherigen heil- oder sonderpädagogischen Erziehung nicht gelang, nämlich „Volles Menschsein", „Persönlichkeit", „sinnvolle Lebensverwirklichung". Aber nehmen genau das nicht auch die von ihm kritisierten 'alten' Konzepte für sich in Anspruch? THEUNISSENs Einwand wirkt nicht überzeugend, weil er es selbst bei erziehungsphilosophischen Schlagworten beläßt, sie nicht auf ihre anthropologisch-pädagogischen Prämissen befragt und lediglich fünf „universale Prinzipien heilpädagogischer Förderung" aufzeigt, die letztendlich sonderpädagogisch nichts Neues sind und die erziehungswissenschaftliche Auseinandersetzung nicht ersetzen. Er unterscheidet: 1. Prinzip der Subjektzentrierung, 2. Prinzip der Ich-Du-Beziehung, 3. Prinzip der Ganzheitlichkeit, 4. Prinzip der Entwicklungsgemäßheit und 5. das lern- und neurophysiologische Prinzip (vgl. ebd. 22f.). Während die erstgenannten Prinzipien auf humanistisch- und entwicklungspsychologische Deutungsmuster vom Menschen zurückgreifen, verbergen sich gerade im letzten Prinzip, durch die mit ihm einhergehenden naturwissenschaftlichen Paradigmata, Gefahren einer Entpädagogisierung der Sonderpädagogik, die ihrerseits wieder mechanistischem Verhalten gegenüber Behinderten Vorschub leisten, was THEUNISSEN am Herkömmlichen ja beklagt. THEUNISSEN bleibt also, trotz Ziel- und Methodenangaben, eine Definition sowie ein überzeugendes 'neues' Verständnis von 'Förderung' schuldig.

Eines ist den mit SPECK, FRÖHLICH und THEUNISSEN exemplarisch dargestellten Interpretationsweisen gemeinsam: sie leiten die Notwendigkeit der 'Förderung' von den besonderen Erziehungsbedürfnissen behinderter Schüler ab, denen die bisherige oder 'klassische' Erziehung und mit ihr auch die heilpädagogische nicht zu entsprechen vermochten. Steckt hierin nicht unbemerkt eine gewisse Tautologie, wenn gerade die Nicht-*Erziehung*, eben die Förderung, durch das besondere *Erziehungs*-Bedürfnis der Schüler, der ja eigentlich zu *Erziehenden*, legitimiert und gefordert wird? Hinter der uneindeutig verwirrenden sonder- und schwerstbehindertenpädagogischen Begriffswahl verbergen sich unklare pädagogische Vorstellungen und Grundannahmen, die unbedingt einer Klärung bedürfen. Das Hauptproblem löst man nicht, wenn, wie dies heute geschieht, der Begriff der 'Erziehungsbedürfnisse' durch den der 'Förderbedürfnisse' oder des 'Förderbedarfs' ersetzt wird. Wenn 'Förderung' an die Stelle von 'Erziehung' tritt und damit die praktische Ebene von Pädagogik meint, sie inhaltlich aber unzureichend gefüllt wird und ihr Verhältnis zur sonderpädagogischen Theorie, geschweige denn zur Erziehungswissenschaft unklar bleibt, wie ist es dann in letzter Konsequenz überhaupt möglich, von einem erhöhten Förderbedarf zu sprechen?

Neben dem angedeuteten erkenntnis- und wissenschaftstheoretischen Problem ist noch ein weiteres zu bedenken, das unmittelbar mit dem ersten in Verbindung steht. Mit der Betonung der besonderen Erziehungs- oder Förderbedürfnisse treffen die Autoren zwangsläufig eine fragwürdige, anthropologische Grundentscheidung: Sie schaffen zwei Kategorien von Menschen: die mit '*normalem*' und die mit '*besonderem*' Erziehungsbedarf, d.h. die, die mit der '*normalen*' Pädagogik erzogen werden können und die, die eine '*besondere*', aber auch '*besondernde*' Pädagogik, eine Sonderpädagogik, brauchen. Unter dem Aspekt der Schwerstbehinderung und auf der Argumentationgrundlage von FRÖHLICH oder THEUNISSEN könnte man eine dritte Kategorie Mensch unterscheiden und zwar die mit '*ganz besonderem*' Erziehungsbedarf.

BEGEMANN wirft der Sonderpädagogik diese Kategorienbildung vor, weil sie der angestrebten Integration entgegen steht. Mit der Betonung der Besonderheiten ihrer Klientel „hat man zwei Kategorien von Schülern und Menschen geschaffen, zwei Arten von Pädagogiken. Und die eine ist immer negativ besetzt. Darüber kann auch nicht hinwegtäuschen, wenn man die positiv gemeinte Zuwendung mit Hilfe nachdrücklich formuliert und möglichst nur noch von 'Förderung' spricht" (1992, 234 f.).

Die notwendige Gegenrede zu dieser Äußerung drängt sich auf, vor allem, weil es BEGEMANN in der weiteren Darstellung nicht überzeugend gelingt, die bleibende Diskrepanz im Lern- und Erziehungsvermögen behinderter und nichtbehinderter Schüler und mithin von Allgemeiner und Sonderpädagogik argumentativ schlüssig zu lösen. Die Andersheit behinderter Menschen, wie sie sich in ihrem Verhalten, Denken, u.U. auch in ihrem Erscheinungsbild oder ihrer Lebensgestaltung zeigt, ist unübersehbar, drängt sich mit Macht in den Vordergrund, läßt vertraute Umgangs- und Denkweisen fragwürdig werden und verlangt darum, so meinen wir zumindest, nach einer besonderen Pädagogik, die sich auf praktischer Ebene nicht als 'Erziehung' und 'Unterricht', sondern als 'Förderung' oder 'Therapie' zeigt. Doch ob dem tatsächlich so ist oder ob diese Behauptung nicht vielleicht eher der Selbstberechtigung von Sonderpädagogen dient, muß heute angesichts von Neuorientierung kritisch hinterfragt werden.

Eine erste Beantwortung dieser zentralen Frage erfolgt an anderer Stelle der Arbeit und zwar unter dem Aspekt der 'Andersheit des schwerstbehinderten Kindes' (vgl. Kap. 3), weil in der erkenntnistheoretischen Erörterung der vermeintlichen Besonderheit pädagogische Dimensionen des Problemes deutlich werden. Sie würde hier die schlüssige schwerstbehindertenspezifisch-konzeptionsbezogene Darstellung stören.

Ich komme noch einmal auf die 'Förderung' zurück und genauer auf einen weiteren impliziten anthropologischen Aspekt, der mir bedenkenswert erscheint und der sich bereits bei der einfachen etymologischen Analyse zeigt.

Sprache / Wortstamm

'Fördern', mittelhochdeutsch 'vörderen', bedeutet eigentlich 'weiter nach vorn bringen'. Ab dem 16. Jahrhundert findet 'fördern' im Bergbau Anwendung im Sinne von 'fort- und wegschaffen'. Eine weitere Bedeutung kommt im 18. Jahrhundert mit dem 'Im Dienste weiter aufrücken lassen' hinzu (vgl. DROSDOWSKI/GERBE 1963, 180). Etymologisch-pädagogische Wurzeln sind nicht zu finden. In ähnlich technischem Sinne wird der Begriff heute im Konversationslexikon definiert, allgemein als „die Bewegung von Lasten oder Gütern (selten von Personen) mit Hilfe von Fördermitteln oder Hebezeug" (MEYERS-LEXIKON 1990, Bd. 7, 165).

Versucht man eine vorsichtige (unwissenschaftliche) pädagogische Ableitung, so kann 'Förderung' eigentlich nichts anderes bedeuten, als das Kind in 'Bewegung zu setzen', es zu 'transportieren', es 'wegzuschaffen von einem Punkt A zu einem Punkt B', 'vom Zustand der Unvollkommenheit zu dem der Vollkommenheit', oder noch anders, es 'mit Hilfe eines Fördermittels, einer Methode oder Therapie, auf den Weg zu bringen'. Wie auch immer, eines wird an diesen Deutungsversuchen erkennbar, der 'Weg des Kindes' ist ein passiver: *Es wird auf den Weg gebracht*; es ist *Objekt* der Förderung. Und genau hierauf zielt auch BEGEMANN, wenn er fragt: „Ist das nicht ein Wort, das die Bewegung des Objektes ausdrückt, die durch andere 'gemacht' oder 'bewirkt' wird" (1992, 234f.)?

Indem die Schwerstbehindertenpädagogik den Förderbegriff favorisiert, unterläuft sie im Grunde genommen ihre eigentliche Intention, nämlich das Kind in den Mittelpunkt zu stellen oder eine „Subjektzentrierung" vorzunehmen, die THEUNISSEN folgendermaßen beschreibt: „Damit ist gemeint, daß der Behinderte nicht Objekt der heilpädagogischen Förderung sein darf, sondern zu seiner Subjektivität (Bedürfnisse, subjektive Befindlichkeit, Anzeichen von Eigenaktivität, Eigenimpulse) erschlossen werden muß. Die pädagogischen Ziele sollten von der Person für die Person ermittelt werden, und auf keinen Fall sollte eine Verplanung des behinderten Menschen stattfinden" (1992, 22).

Das setzt m.E. voraus, daß die *Förderung* auf eine fundierte erziehungswissenschaftliche Basis gestellt wird. Die bisherigen Ausführungen erwecken aufgrund des uneinheitlich-uneindeutigen Verständnisses von Förderung (zumindest innerhalb der Schwerstbehindertenpädagogik) aber eher den Eindruck, als stünde eine tragfähige *pädagogische* Theorie noch aus.

Um, der Intention der Arbeit gemäß, Leerstellen im schwerstbehindertenpädagogischen Theoriegerüst aufzeigen zu können, ist es notwendig, eine inhaltliche Bestimmung des Begriffs der 'Förderung' anzustreben, und hierzu erscheint mir ein zentrales Moment bedenkenswert, das in den zuvor aufgeführten Interpretationsweisen SPECKs, FRÖHLICHs und THEUNISSENs implizit zum Ausdruck kommt.

Alle drei Autoren thematisieren die Förderung in engem Zusammenhang mit der gestörten oder verzögerten *Entwicklung* behinderter Kinder. Förderung soll Entwicklung ermöglichen. SPECK spricht beispielsweise von „Förderung der Entwicklungs- und Lernprozesse“ (1987, 225), und für THEUNISSEN ist das „Prinzip der Entwicklungsgemäßheit“ (1992, 22) von zentraler Bedeutung in der heilpädagogischen Förderung. FRÖHLICH versteht sein Konzept ausdrücklich als *Entwicklungsförderung*: „Diese Förderung berücksichtigt die durch die Behinderung zwar eingeschränkten aber dennoch vorhandenen Entwicklungstendenzen und Entwicklungsaktivitäten des Individuums“ (1991, 158). Zum einen ist beeinträchtigte Entwicklung Grund für das Ersetzen des Erziehungsbegriffs durch den der Förderung, und zwar in dem Sinne, daß die Entwicklungsabweichungen besondere pädagogische Zugänge verlangen, eben nicht Erziehung und Unterricht, sondern Förderung, Therapie und Pflege. Andererseits richtet sich Förderung aber gerade auf diese ‘behinderte’ Entwicklung. Sie scheint damit *Anlaß für* und *Ziel von Förderung* zu sein.

GRÖSCHKE spricht gar von einem „Leitkonzept Förderung“ innerhalb der Heilpädagogik (vgl. 1989, 170), das diesen angedeuteten Zusammenhang von Förderung und Entwicklung erläutert: „Heilpädagogische Fördermaßnahmen werden konzipiert und realisiert mit dem Ziel, einer beeinträchtigten Person Lern- und Entwicklungshilfen anzubieten, durch die sie Fähigkeiten der Daseinsgestaltung optimal entfalten, bewahren oder wiederherstellen kann. Eine ständige individual-, alters- und umweltspezifische Anpassung des Förderkonzepts ist dabei eine wesentliche, fachliche und ethische Maxime; d.h. für die sich durch Wachstum, Entwicklung oder krankhafte Einwirkungen *ändernde* Person muß kontinuierlich eine optimale Passung zwischen momentanem Entwicklungs- oder Befindlichkeitszustand, Umweltgegebenheiten und konzeptuellen Förderangeboten gesucht werden“ (ebd.). Der Dynamisierung der personspezifischen Entwicklungsprozesse müsse eine Flexibilität der Zielsetzung, methodischen Ansätze und Medien des Förderkonzeptes entsprechen. „Förderung läßt sich vor diesem Hintergrund“, so konkretisiert GRÖSCHKE weiter, „präziser dann als *Entwicklungsförderung* fassen“ (ebd.).

Was, so ist weiter zu fragen, ist das Besondere an diesem Leitkonzept ‘Entwicklungsförderung’? Ist das Initiieren von Entwicklung durch Förderung in der Pädagogik wirklich etwas Neues? Will Erziehung nicht immer schon dem Kind Hilfen zur Selbstentfaltung, zum Wachsen und Werden geben? Ist ‘Entwicklung’ nur eine Aktualisierung veraltet geglaubter pädagogischer Grundbegriffe und -intentionen?

Es wird notwendig, nach den der ‘Entwicklungsförderung’ immanenten Deutungsmustern zu fragen, die ethisch-anthropologischen Implikationen zu suchen, damit der im Raum stehende Vorwurf der Verobjektivierung des schwerstbehinderten Kindes gerade durch Förderung entkräftet werden kann.

2.3 Entwickeln als Fördern (Entwicklungsförderung)

BEGEMANN entdeckt den Begriff der *Entwicklungsförderung* nicht nur in der Schwerstbehindertenpädagogik, sondern in verschiedenen sonderpädagogischen Fachrichtungen, was ihn veranlaßt, kritisch anzumerken: „Das Stichwort Entwicklungsförderung wird zunehmend den alten Begriffen Erziehung, Bildung, Unterricht vorgezogen" (1992, 243). Der große Einfluß entwicklungspsychologischer Daten und Konzepte auf die Sonderpädagogik sei unübersehbar. Das Feld dieser entwicklungspsychologischen Determinierungen ist heterogen und reicht von behavioristischen und neobehavioristischen über ökopsychologische und handlungstheoretische bis hin zu strukturalistischen Strömungen, die innerhalb der einzelnen Fachrichtungen und von Autor zu Autor unterschiedlich gewichtet werden. HINZ und STÖPPLER entwerfen beispielsweise vor dem Hintergrund einer sich wandelnden Schülerschaft in der Schule für Lernbehinderte den „Ansatz einer Entwicklungsförderung" (1989, 234), der sich als Konzept ganzheitlichen Lernens auf der Grundlage vielfältiger Grundfertigkeiten versteht. Entwicklungsförderung will also Fähigkeiten beim behinderten Kind ansprechen, die in der bisherigen schulischen Erziehung keine Berücksichtigung fanden. „Die Angebote aus dem umfangreichen Arbeitsangebot der Entwicklungsförderung verstehen sich ganzheitlich und nicht als Addition einzelner Fähigkeiten und Funktionen. Der Bereich der Entwicklungsförderung (EWF) erweitert die Aufnahme- und Ausdrucksmöglichkeiten des Kindes und schafft die Basis für komplexere Lernprozesse" (ebd. 235). Die beiden Autoren begründen ihren ganzheitlichen Förderansatz als existenzphilosophisch (HEIDEGGER, BUBER) und entwicklungspsychologisch (PIAGET), in der praktischen Umsetzung orientieren sie sich an der gestaltpädagogischen Didaktik (BUROW/QUITMANN/RUBEAU), wobei die Verbindungslinien zwischen den verschiedenen erkenntnistheoretischen Zugängen nicht thematisiert werden.

Entwicklungsförderung in der Schwerstbehindertenpädagogik versteht sich ebenfalls als ganzheitlich und will *Lernen* initiieren. Da sich dieses hier, anders als in den übrigen sonderpädagogischen Bereichen, aufgrund der Schwere der Beeinträchtigung der Schüler nicht im Rahmen klassischer Unterrichtsfächer, -methoden und -inhalte realisieren läßt, sondern *basaler* sein muß, sucht die Schwerstbehindertenpädagogik nach weiterführenden Begründungen, die sie vordringlich in der Ontogenese des Menschen gegeben sieht. So verstehen HAUPT und FRÖHLICH Lernen als *Ausdifferenzierung des Individuums*, die sie im Begriff des 'integrierten Lernens' fassen, „um auszudrücken, daß das Individuum nur in einer Struktur unterschiedlicher Einflüsse und Auswirkungen sich weiter ausdifferenzieren kann" (FRÖHLICH 1991, 157).

Wenn Lernen im engen Zusammenhang zur Entwicklung gesehen wird, dann geschieht dies in einem doppelten Sinne: Einmal führt man das gestörte Lernen auf die gestörten Entwicklungsprozesse der Kinder zurück; Schwerstbehinderte werden als „Kinder und Jugendliche mit schwersten Entwicklungsbehinderungen" (HAUPT 1991, 18) definiert. Entwicklung ermöglicht demzufolge andererseits Lernen, also hat die Förderung bei der Entwicklung anzusetzen bzw. Entwicklungsanregungen zu geben, was für HAUPT voraussetzt: „Um Lernmöglichkeiten für Kinder mit schwersten Behinderungen gestalten zu können, ist es erforderlich, zwei Grundgegebenheiten von Entwicklung klar zu sehen. Entwicklung ist komplex und Entwicklung verläuft in typischen Sequenzen" (ebd. 28).

Aber ist es richtig, von *typischen* Sequenzen der Entwicklung auszugehen? Eine Frage, die sich angesichts der scheinbar stagnierenden Entwicklung vieler schwerstbehinderter Kinder oder der Diskontinuitäten ihrer Entwicklung, der Diskrepanzen zwischen ihrer körperlich-physischen und geistig-seelischen Entwicklung geradezu aufdrängt. Die Normwidrigkeit sehend, kann FRÖHLICH dennoch feststellen: „Auch behinderte Entwicklung unterliegt dynamischen und weniger statischen Bedingungen. Eine Fülle sich wechselseitig beeinflussender Größen führt zu Erscheinungen und Veränderungen beim Kind, die wir mit Lernen, Wachsen, Älterwerden etc. beschreiben" (1991, 157). Sind „Lernen, Wachsen, Älterwerden" wesensgleich? Lernen scheint bei HAUPT und FRÖHLICH, aber nicht nur bei ihnen, in der Entwicklung aufzugehen.

Ausgehend von der Entwicklungsanalogie zum Nichtbehinderten setzt FRÖHLICH die Optimierung der „Systeme unterschiedlicher Wirkungskräfte" als „Hauptanliegen" seiner Entwicklungsförderung fest, „d. h. günstige Bedingungen zu schaffen, unter denen sich die individuelle Entwicklung des Kindes optimal vollziehen kann. Dabei wird zunehmend deutlich, daß es 'normale' Entwicklung im eigentlichen Sinne kaum gibt. Auch beim gesunden Kind ist die Streuung individueller Entwicklungsgenesen sehr groß. Eine 'normale' Entwicklung ist streng genommen eine 'ideale Entwicklung', die nur höchst selten einmal von einem Kind tatsächlich durchlaufen wird. Die Orientierung an einer standardisierten, rechnerischen Normalität erweist sich als problematisch" (ebd.).

FRÖHLICHs Ausführungen deuten auf ein zentrales Problem der Schwerstbehindertenpädagogik, das es schwierig macht, zu einer tragfähigen *pädagogischen* Theorie zu finden: *Zum einen entwickelt sich der schwerstbehinderte Mensch als Mensch nach ontogenetischen Gesetzmäßigkeiten, und dennoch erfüllt er nicht die Normen, mit denen man menschliche Ontogenese mißt.* Er scheint auf dem Weg zu bleiben oder die 'Entwicklungs-Wege' gar zu verändern, was letztendlich gemeint ist, wenn beispielsweise über ihn gesagt wird, er lebe in seiner eigenen Welt oder er führe ein Leben auf der Grenze.

Dieses in gleichem Maße erkenntnistheoretische wie ethische Problem, daß der schwerstbehinderte Mensch *Mensch ist* und dennoch scheinbar *nicht zu vollem Menschsein*, gemäß unseren Vorstellungen vom Menschsein, *gelangen kann*, ist *die* Herausforderung an die schwerstbehindertenpädagogische Theoriebildung.

Eine Lösung dieses Problems suchen Autoren wie FEUSER, PRASCHAK oder FRÖHLICH u.a. in entwicklungs*physiologischen* und neurophysiologischen sowie entwicklungs*psychologischen* Theorien. In den erstgenannten, den medizinischen oder somatischen Modellen, die die Voraussetzungen und Bedingungen biologischer Entwicklung vordringlich mit Hilfe von Hirnfunktionen erklären, leitet sich Entwicklungsförderung von der Annahme ab, daß Behinderung auf einer morphologischen Strukturveränderung beruht oder Folge pathogener Organfunktionen ist. Demgegenüber geben psychologische Modelle Auskunft über Entwicklung im Sinne von Selbstentfaltung und Lernen, die man auf die pädagogisch-didaktische Ebene der Entwicklungsförderung zu übertragen versucht und darum für die gestellte Frage nach dem Grundverständis von Erziehung von besonderem Interesse sind. Entwicklungspsychologische Daten und Konzepte gehören mittlerweile „gleichsam zur Grundausstattung von Pädagogen aller Art“ merkt BEGEMANN (1992, 243) an, wenn er vor einer unkritischen Übernahme der entwicklungspsychologischen Daten PIAGETs in die Sonderpädagogik warnt.

Die Übernahme entwicklungsphysiologischer und -psychologischer Theorien in der Schwerstbehindertenpädagogik ist letztendlich der Versuch, eigentlich *Ethisches* naturwissenschaftlich zu begründen, d.h. die Frage nach dem *Ontologischen* wird mit biologistisch-physikalistischen Annahmen oder gar Theoremen zu beantworten versucht, weil die Erklärung und Rechtfertigung mittels naturwissenschaftlicher Modelle in unserer heutigen, einseitig positivistischen Wissenschaftsgläubigkeit mehr Reputation erwarten lassen als erziehungsphilosophisches Reflektieren. In der Ausschließlichkeit, in der diese Übernahme vielfach innerhalb der Sonder- und Schwerstbehindertenpädagogik betrieben wird, liegt ihre Gefahr, weil nämlich hierbei übersehen wird, daß den naturwissenschaftlichen Forschungen zur Entwicklung des Menschen ein objektivistisches Menschenbild zugrunde liegt, sie eine objektivistische Wirklichkeit vom Menschen konstituieren, die aber nur eine Wirklichkeit unter möglichen anderen ist; eine Wirklichkeit, die nicht widerspruchsfrei in eine erziehungswissenschaftliche Theorie überführt werden kann. Zur Erfassung des Ontologischen in seiner Bedeutung für die Erziehung von schwerstbehinderten Kindern und zur Begründung ihres ethischen Anspruchs auf Erziehung gehört unabdingbar auch die philosophische bzw. erziehungsphilosophische Auseinandersetzung. Mit LANGEVELD läßt sich diese Forderung unterstreichen, wenn er sagt: „Anders als in den Naturwissenschaften haben wir in den Geisteswissenschaften (und zu denen rechnet sich die Pädagogik schließlich, Anm. B.F.) kein System von Symbolen vorliegen, dessen Inhalte unabhängig von einer philosophischen Axiomatik bestimmt werden können, sei sie nun explizit ausgeführt oder nicht“ (1987, 149). Deshalb hält LANGEVELD es für bedenklich, wenn entwicklungspsychologische Annahmen ungeachtet ihres „weltanschaulichen Apriori“ in eine pädagogische Erörterung übernommen würden. „Und gerade das geschieht bei einem Werk wie dem von PIAGET doch sehr leicht“ (ebd. 150).

Was die (Sonder)Pädagogik bzw. -Pädagogen an PIAGETs kognitiver Entwicklungspsychologie geradezu fasziniert, ist seine sowohl biologische, soziologische als auch psychologische Begründung. „Die Theorie der kognitiven Entwicklung bildet neben der Lern- und Informationstheorie einen eigenständigen Ansatz zur Erklärung der Entwicklung der Intelligenz und des Denkens, der sowohl biologische als auch erkenntnistheoretische Auffassungen auf dem Boden einer empirischen Psychologie miteinander zu verbinden sucht und so verschiedene Wissenschaftsdisziplinen übergreift" (ZUR OEVESTE 1987, 19).

Während sich FRÖHLICH in seinen neueren Publikationen neben der Entwicklungspsychologie PIAGETs an die Ökopsychologie BRONFENBENNERS anlehnt, HERZKA und PECHSTEIN erwähnt, findet man bei FEUSER und PRASCHAK eine Orientierung an der sowjetischen Tätigkeitspsychologie (vgl. auch SCHÖNBERGER und JETTER). Doch in allen Werken ist die genetisch strukuralistische Position PIAGETs bestimmend. Für die Integration seiner Sichtweise in die Sonder- und Schwerstbehindertenpädagogik sei hier exemplarisch auf FEUSER verwiesen, der anerkennend zu PIAGET festhält: „Knapp zwei Jahrhunderte nach ROUSSEAU veröffentlichte ein anderer Genfer Bürger, Jean PIAGET (1896 - 1980), um 1936 unter den Titeln 'Das Erwachen der Intelligenz beim Kinde', 'Der Aufbau der Wirklichkeit beim Kinde' und 'Nachahmung, Spiel und Traum' die bedeutendsten entwicklungspsychologischen Studien, die wir heute haben. Wie nur wenige Wissenschaftler seines Faches (z.B. René Spitz) und des humanwissenschaftlichen Umfeldes (in der UDSSR z. B. Anochin, Elkonon, Galperin, Leontjew, Luria, Pawlow, Wygotski) mit den damals verfügbaren ersten Erkenntnissen über die Selbstorganisation der Materie, des Lebens, des zentralen Nervensystems und der psychischen Strukturen und Funktionen vertraut, formuliert er den alles umfassenden Satz: *'Indem sich das Denken den Dingen anpaßt, strukturiert es sich selbst, und indem es sich selbst strukturiert, strukturiert es auch die Dinge'*" (FEUSER 1990a, 369).

Die Entwicklung der Erkenntnistätigkeit, der PIAGET in seinem Modell der Entwicklung Struktur gibt, interessiert die Sonderpädagogik in erster Linie. Daß sein Werk eigentlich eine „*genetische Epistemologie* (Erkenntnislehre)" (STEINER 1978, 3) ist, wird hier meist übersehen bzw. ignoriert, was zur Folge hat, daß damit zwangsläufig auch sein biologistisch-logizistisches Menschenbild nicht zur Kenntnis genommen und nicht vor dem Horizont abweichender Erkenntnistätigkeit schwerstbehinderter Menschen thematisiert wird. Der sonderpädagogische Blick richtet sich vermutlich primär oder ausschließlich auf sein Modell der *Entwicklung menschlichen Denkens*, weil es mit dem abendländisch-humanistischen Bildungsideal, *Erziehung zum vernunftbegabten Menschen*, in besonderer Weise korrespondiert. Aber eigentlich müßte doch der Bruch auffallen, der entsteht, wenn man dieses Modell auf schwerstbehinderte Menschen überträgt, wo das Vernunftideal versagt. Das Problem wird nicht gesehen, weil das Motiv der Zuwendung zu PIAGET bei den erwähnten Pädagogen ein anderes, ja gerade diametrales ist. In dem Wunsch, die Erziehungs- bzw. Förderungsfähigkeit Schwerstbehinderter empirisch zu belegen, auch durchzusetzen, wird im Phasenmodell PIAGETs, das die Einordnung Schwerstbehinderter auf der ersten, der sensomotorischen Phase zuläßt, eine Bereicherung gesehen. Da das behinderte Kind in denselben Aneignungsprozessen mit der Welt wie das nichtbehinderte stünde, könne ihm seine Erkenntnistätigkeit nun nicht länger abgesprochen werden. Der Unterschied in der Weltaneignung zwischen dem schwerstbehinderten und dem nichtbehinderten Kind scheint damit nicht ein qualitativer, sondern lediglich ein quantitativer zu sein. Womit eine ethisch bedeutungsvolle Feststellung getroffen ist, die aber bei genauer Betrachtung gerade wegen des fehlenden Rückbezugs auf PIAGETs Menschenbild problematisch ist, weil die Subjektivität des schwerstbehinderten Kindes in der Allgemeinheit des sich entwickelnden epistemischen Subjektes verschwindet.

Um die Problematik zu erkennen, die sich aus der Übernahme der genetischen Entwicklungspsychologie PIAGETs in die Schwerstbehindertenpädagogik ergibt, wird es nötig, sich aus der Faszination der bestechenden methodischen Klarheit seiner Entwicklungskonzeption und seiner außerordent-lichen Überzeugungskraft zu lösen und sich, zumindest ansatzweise, mit einigen seiner epistemologischen Grundaussagen kritisch zu befassen. Obwohl sich die Kritik am Rezipieren seiner Entwicklungspsychologie aufdrängt und von Sonderpädagogen wie PFEFFER (1988, 268 f.), BEGEMANN (1992, 224) und DREHER (1993, 416 f.) gefordert wird, ist sie doch nicht unproblematisch, da, um es mit den Worten DREHERs zu sagen, „PIAGET in der Sonderpädagogik eine besondere Rolle spielt und sowohl pädagogisch als auch didaktisch durchgängig auf seine Theorie Bezug genommen wird. Selbstverständlich scheint dies allen zu sein und wer könnte an dieser Selbstverständlichkeit mit welcher Intention zweifeln“ (1993, 417)?

Um diese Selbstverständlichkeit durchbrechen und zu einem kritischen Nachdenken anregen zu können, ist es notwendig, zunächst den entwicklungspsychologisch geprägten Gedankengang der Schwerstbehindertenpädagogik nachzuzeichnen. Dies soll anhand der zwar simplifizierenden, aber anschaulichen „Auswertungen entwicklungspsychologischer Erkenntnisse“ von Susanne DANK geschehen: „Die Bedeutung einer genauen Diagnose des erreichten Entwicklungsstandes für die Förderung Schwerstbehinderter darf nicht unterschätzt werden. Durch den Vergleich der Leistungen einer Person mit den Daten der Normalentwicklung kann bestimmt werden, welchen Grad der Differenziertheit sie in ihrer bisherigen Entwicklung erworben hat und welchem Entwicklungsalter das erreichte Niveau entspricht. Da von einer relativ feststehenden Reihenfolge in der kindlichen Entwicklung ausgegangen werden kann, sind in der Diagnose des erreichten Entwicklungsstandes bereits Erkenntnisse über direkt anschließende Entwicklungsprozesse beinhaltet. Kennt man den vorliegenden Entwicklungsstand genau, so lassen sich die Fähigkeiten erschließen, die bei entsprechender Förderung aus den bereits erworbenen zukünftig entwickelt werden können" (1987, 28 f.). Entwicklungsanalogien erfüllen innerhalb der Entwicklungsförderung also diagnostische wie intentionale Funktionen, die DANK konkretisiert, wenn sie weiter ausführt: „Eine konsequente *Entwicklungsförderung* Schwerstbehinderter bahnt somit Fähigkeiten an, die entwicklungsmäßig an das Erreichte direkt anschließen. Umgekehrt heißt dies auch, daß motorische Schemata und Wahrnehmungsleistungen, die einem höheren Entwicklungsalter zuzuordnen sind, unerreichbar bleiben, solange die notwendigen Entwicklungsgrundlagen fehlen" (ebd.). Das Bild des Schwerstbehinderten als eines in seinen sensumotorischen Handlungen Behinderten, wie PRASCHAK ihn vor dem Hintergrund der PIAGETschen Entwicklungstheorie und in Anlehnung an SCHÖNBERGER und JETTER definiert (vgl. 1992 b, 15), scheint durch.

Bezüglich der Übernahme PIAGETs in die Sonderpädagogik erläutert DANK weiter: „Jetter (1975) und Fröhlich (1977) werteten die Erkenntnisse Piagets jedoch noch in anderer Hinsicht für die Sonderpädagogik aus. Beide Autoren erkannten die grundlegende Bedeutung der *sensomotorischen Phase* für die *Entwicklungsförderung* körperbehinderter und schwerstbehinderter Kinder. Die eingeschränkte Bewegungsfähigkeit der betroffenen Kinder verhindert notwendige Erfahrungen im Kontakt mit der Umwelt, stört somit den Aufbau von Handlungsschemata: Somatogene Intelligenzentwicklungsstörungen (Jetter). Noch prinzipieller formuliert, wirkt sich die fehlende Eigenbewegung Schwerstbehinderter bereits auf den Wahrnehmungsbereich aus. Der Aufbau differenzierter Wahrnehmungsleistungen wird verhindert: Somatogene Wahrnehmungsschwäche (Fröhlich)" (ebd.).

Ohne hierin einen Widerspruch zu entdecken, werden auf der einen Seite schädigungsbedingte Störungen und Abweichungen in der motorischen und sensorischen Entwicklung schwerstbehinderter Kinder beschrieben und auf der anderen Seite kindliche Normalentwicklung als Maßstab der Förderung, also zur Kompensation dieser 'Fehl-Entwicklung', propagiert:

„- Das therapeutische Vorgehen muß sich an der normalen Entwicklung des Säuglings oder Kleinkindes orientieren.
- Der Deprivationszustand (Fehlen von Sinnesreizen), dem ein Schwerstbehinderter durch seine körperliche Unbeweglichkeit ausgesetzt ist, muß durch ein gezieltes Reizangebot durchbrochen werden (vgl. Basale Stimulation).
- Die pädagogischen Angebote müssen sich dabei auf das jeweilige Entwicklungsniveau des Schwerstbehinderten beziehen.
- Um den Aufbau höherer Leistungen zu ermöglichen, müssen zuerst die fehlenden Entwicklungsgrundlagen vermittelt werden" (ebd.).

Die entwicklungspsychologischen Deutungsmuster greifen aber weiter als die schädigungsspezifischen und auf die Rudimentarität und Elementarität des

Lernens und Lehrens weisenden Ausführungen DANKs. Von Bedeutung für die Pädagogik ist auch, daß PIAGET das, was wir gemeinhin als *Lernen* bezeichnen, in seinen Erkenntnis-Begriff mit einschließt. Diesen Zusammenhang erläuert FEUSER, wenn er sagt: „Lernen und psychische Entwicklung des Menschen können nun als die handelnde Anpassung an die Welt (Assimilation) und Aneignung von Welt (Akkomodation) durch das aktiv tätige, sich mit seiner personellen und dinglichen Umwelt handelnd auseinandersetzende Individuum verstanden werden, wobei die psychischen Funktionen vom einfachen Wiedererkennen bis zur theoriebildenden Erkenntnis im Sinne der Kognition und von der einfachsten Empfindung bis hin zum komplexen Erleben des Menschen im Sinne der Emotion Produkte dieser Tätigkeit wie gleichzeitig Organisatoren derselben sind und untereinander wie zwei Seiten ein und derselben Medaille in Zusammenhang stehen" (FEUSER 1990b, 369).

Für überdenkenswert halte ich, daß FEUSER in seiner tätigkeitspsychologischen Interpretation des PIAGETschen Strukturalismus unkommentiert Empfindungen und Emotionen auf dieselben rationalistischen Aneignungsprozesse zurückführt, so als ob Physisches, Psychisches und Rationales denselben Ordnungen angehörten. Dieses Problem löst er auch nicht, wenn er schließlich Entwicklung und Lernen wie folgt unterscheidet: „*Entwicklung* kennzeichnet dabei den Aneignungsprozeß in einer vertikalen Dimension dadurch, daß immer neue, höher organisierte, komplexere und differenziertere Abbilder von der Welt - und damit Tätigkeitsniveaus - entstehen, und *Lernen* kennzeichnet den Prozeß in horizontaler Dimension dadurch, daß das Individuum auf der Basis seiner 'Sensibilität' gegenüber der Umwelt und sich selbst Informationen zu gewinnen vermag, die es in seine bisherige Erfahrung integriert und durch Rekombination des Erfahrenen selbst neue Informationen herstellt, nach denen es handelt" (ebd.). Die finalistisch-epistemische Auffassung vom Menschen bleibt bestimmend, bemächtigt sich der Andersheit des schwerstbehinderten Anderen, seiner Weltaneignung, indem sie sie als solche erst gar nicht erscheinen läßt.

Fassen wir noch einmal zusammen: Bezüglich ihrer Entwicklung werden schwerstbehinderte Kinder wegen ihrer vielfältigen Beeinträchtigungen ungeachtet ihres Lebensalters und ihrer subjektiven Lebenserfahrungen mit nichtbehinderten Kleinkindern gleichgesetzt; eine Vergleichsgröße, die häufig auch noch auf schwerstbehinderte Erwachsene Anwendung findet und als solche schon ethisch bedenklich ist. Ihre Fähigkeiten und Fertigkeiten werden dann in Analogie zum nichtbehinderten Säugling oder Kleinkind auf der ersten, der sensomotorischen Stufe menschlicher Entwicklung festgemacht, in der Körperbewegungen gepaart mit Sinneseindrücken die Grundlage der vorrationalen Weltaneignung bilden, und in der das Gleichgewicht im Äquilibrationsprozeß von assimilierenden und akkomodierenden Fähigkeiten noch nicht erreicht ist. Der vermeintliche Egozentrismus in der Weltaneignung

Schwerstbehinderter, die Dominanz ihrer Körperlichkeit und Sinnlichkeit gegenüber reiner Erkenntnistätigkeit scheint diese Annahme zu rechtfertigen. Förderung zielt vor diesem Hintergrund darauf ab, sensomotorische Fähigkeiten zu erkennen, sie zu stabilisieren und so auszubauen, daß das schwerstbehinderte Kind möglichst weitere Stufen auf dem Entwicklungsweg hin zur Erwachsenenrationalität erreichen und beschreiten kann.

Warum ich die unkritische Übernahme dieser entwicklungspsychologisch-strukturalistischen Thesen in die Schwerstbehindertenpädagogik, mehr noch als in andere sonderpädagogische Bereiche, für problematisch halte, wird deutlich, wenn wir uns jetzt der Erkenntnistheorie PIAGETs zuwenden. Dies kann hier zwar nur ansatzweise geschehen und soll aus der Perspektive einer phänomenologischen Gegenposition erfolgen, weil bereits bei diesen ersten Analysen deutlich wird, daß das derzeitige Verständnis von Entwicklungsförderung, aufgrund unzureichender anthropologischer wie ethischer Reflexionen, noch kein neues und vor allem tragfähiges erziehungswissenschaftliches Konzept zu repräsentieren vermag.

In Abkehr von der Philosophie behält PIAGET die Erfassung menschlicher Erkenntnis nur der empirischen Forschung vor, „die ihre letzte Fundierung in einer - wie er selbst sagt - biologischen Denkgewohnheit findet" (MEYER-DRAWE 1986a, 262). Hierdurch erhält die Genese der Rationalität bei Kindern den systematischen Stellenwert einer „mentalen Embryologie", die auf dem Gebiet der Intelligenz die Adaptionsmechanismen der biologischen Genese fortsetzt (vgl. ebd.).

Mit ZEIL-FAHLBUSCH lassen sich zusammenfassend drei konstitutive Elemente der genetischen Erkenntnistheorie herausarbeiten: „Sie faßt Erkenntnis streng strukturalistisch auf, wobei der Strukturbegriff durch den der Genese dialektisch vermittelt wird. Doch die Genese ist kein naturwüchsiger Prozeß, weil die Strukturen durch die subjektive Tätigkeit hervorgebracht werden. Denken ist weder ein Abbilden von Realität noch ein (mit der Zeit heranreifendes) Vermögen, sondern eine Tätigkeit im interaktiven Austausch mit der Realität. Und sie begreift schließlich die Entwicklung der Erkenntnis ‘finalistisch’, wobei dieser ‘Finalismus’ eine biologische und eine logische Komponente enthält" (1983, 118).

In PIAGETs Epistemiologie hat demzufolge die mathematische Vernunft Vorrang vor anderen Erkenntnisbezügen des Menschen, „weil sie eine kognitive Struktur repräsentiert, die der realitätsimmunen Aktivität des epistemischen Subjekts am genauesten entspricht" (MEYER-DRAWE 1986a, 263). Aus dieser Perspektive, aus der Genese formaler Logik, wird PIAGETs Psychologie des Kindes zu einer, wie ZEIL-FAHLBUSCH sagt, „Embryologie der Vernunft" (vgl. 1983, 120).

Gegen diesen Logozentrismus im Entwicklungsverständnis PIAGETs wendet sich die Kritik der Phänomenologen MERLEAU-PONTY, LANGEVELD, MEYER-DRAWE, RUMPF und ZEIL-FAHLBUSCH. Mit der Kritik MERLEAU-PONTYs wurde PIAGET, wie MEYER-DRAWE erwähnt, „zu offiziellen Anlässen konfrontiert ... und die er als Nachfolger Merleau-Pontys an der Sorbonne aufgrund der von Merleau-Ponty inspirierten Arbeiten von Studenten kaum überhören konnte. Allerdings zeigte sich Piaget in bezug auf Kritik seiner evolutiven Theorie objektiver Rationalität stets gleichermaßen empfindsam und resistent“ (1986a, 268).

Die Kritik am biologistischen und logizistischen Apriorismus PIAGETs (vgl. LANGEVELD 1987, 155) ist für die Pädagogik bedeutungsvoll, weil vom Standpunkt einer derart disziplinierten Rationalität „kindliche Aneignungsweisen notwendigerweise als chaotisch, verzerrend, kurz als defizitär erscheinen“ (MEYER-DRAWE 1986a, 263). Alle kindlichen Äußerungen und Aktionen, ihr Wahrnehmen und Handeln werden von ihm reduziert auf ihre Bedeutung im Hinblick auf das „phasenweise Erscheinen des epistemischen Subjekts“ (PIAGET 1974 nach MEYER-DRAWE ebd.).

Ein Faktum, das es zu bedenken gilt, wenn die Schwerstbehindertenpädagogik Menschen mit PIAGETscher Begrifflichkeit zu erfassen versucht, die aufgrund der Schwere ihrer Behinderung ihr Leben lang auf ‘frühen Stufen’ der Erkenntnisentwicklung stehen bleiben, so wie es PRASCHAK tut, indem er aus dem Vergeich mit der Kleinkindentwicklung heraus definiert: „Schwerstbehinderte Menschen sind demnach in Wirklichkeit in ihren sensumotorischen Handlungen behindert“ (1992b, 15). Wenn Menschen schon in der Erfüllung dieser allerersten Entwicklungsstufe behindert sind, und diese eine defizitäre gegenüber den nachfolgenden ist, wie defizitär sind dann die Handlungen Behinderter oder wie defizitär *sind* sie gar selbst? Diese ethische Frage richtet sich an Schwerstbehindertenpädagogen, die sich ungeachtet des biologistisch-rationalistischen Menschenbildes, das sich hinter PIAGETs Theorie verbirgt, ihrer bedienen. Das ethische Problem, das mit der Übernahme seiner Theorie, seiner Apriorien und seines Menschenbildes in der Schwerstbehindertenpädagogik entsteht, löst PRASCHAK nicht, wenn er für seine Kooperative Pädagogik betont, sie lege „großen Wert auf ein Menschenbild, daß ohne Vorbehalte einschließt, daß auch schwerstbehinderte Menschen auf ihr Leben sinnvoll Einfluß nehmen können“ (ebd. 14). Im nächsten Satz relativiert er diese Forderung selbst gleich wieder, wenn er sagt: „Auch sie verfügen, wie alle anderen Menschen, zumindest über *elementare sensumotorische Anpassungsmechanismen*, mit denen sie viele Probleme ihres Lebens wahrnehmungs- und bewegungsgebunden lösen können: ‘mit effektgerichteten (bestenfalls) experimentierenden Kreishandlungen, ohne Bilder, ohne Begriffssprache, ohne Denken im engeren Sinne’, wie es Schönberger bündig formuliert“ (ebd.). Der Eindruck des ‘defizitären Seins’ des schwerstbehinderten Kindes findet durch PRASCHAKs Ausführungen, obwohl er das ja ausdrücklich nicht intendiert, eher Bestätigung als Widerlegung. Deshalb will ich der Frage nach der Rudimentarität und Defizität kindlicher Entwicklung im Bild PIAGETs noch einmal nachgehen und hierzu auf LANGEVELDs Auseinandersetzung mit dem Begriff des *Egozentrismus* zurückgreifen.

Die sensomotorische Phase ist für PIAGET diejenige, in der sich der Egozentrismus des Kindes am deutlichsten zeigt, weil es innerhalb der ersten zwei Lebensjahre alle Bewegungen und Ortsveränderungen auf den eigenen Körper bezieht und erst allmählich dezentriert, indem sich das Kind als Teil unter anderen begreift (vgl. PIAGET 1976, 51). Die formalen Operationen entstehen aus den sensomotorischen. Für PIAGET ist diese erste Phase das Urbild der letzteren: „Wir haben es hier im Kleinen und auf praktischer Ebene mit dem gleichen Prozeß fortschreitender Dezentrierung zu tun, dem wir in der Folge auf der Ebene der Vorstellung begegnen, nur in Form von geistigen Operationen und nicht einfachen praktischen Handlungen" (1976, 51). Es wird deutlich, daß PIAGET die Unterschiede zwischen kindlichen Formen des Wissens und Handelns nicht nur graduell verschieden von der Erwachsenenrationalität sieht. „Vielmehr handelt es sich um defizitäre Varianten eines optimalen Gleichgewichts von erkennendem Subjekt und Realität" (MEYER-DRAWE 1986a, 266); eine Grundannahme, die, wie später noch zu zeigen ist, von MERLEAU-PONTY widerlegt wird.

Erkennen ist ein aktiver Konstruktionsprozeß, in dem die assimilierenden und akkomodierenden Tätigkeiten in ein zunehmendes Gleichgewicht geraten, wobei jede nachfolgende Phase jeweils die Errungenschaften der vorausgehenden rekonstruiert. „Die störenden, nichtadäquaten Konstruktionen verschwinden, die fragmentarische logische Rationalität macht einen weiten Fortschritt. ... Der Grad an Dezentrierung, an Unabhängigkeit von einer unkalkulierbaren Welt bestimmt den erreichten Stand der Rationalität" (ebd. 265). PIAGET faßt die Entwicklung der Rationalität als Prozeß der Adaptation durch Selbstregulation auf, „wobei der Telos dieser Entwicklung durch die mathematische Vernunft bestimmt ist" (ebd. 266).

In der ersten, der sensomotorischen Phase dieses Entwicklungsprozesses herrscht für ihn eine *egozentrische Weltsicht* vor, d.h. das Kind kann nicht zwischen sich und seiner Welt unterscheiden, es weiß weder von einer autonomen Objektwelt noch von einer selbstbewußten Subjektivität. PIAGET kann, so kritisiert LANGEVELD, zu dieser Sichtweise kommen, weil er die Funktion der Entwicklung von Affektivität und Emotionalität in seiner Konzeption nicht berücksichtige, was aber unübersehbare Konsequenzen nach sich ziehe: „Die fehlende Unterscheidung einer affektiven und einer reflexiven Zentriertheit des Kindes in jenem, was man allgemein ein 'Ich-Bewußtsein' zu nennen pflegt, führt zu einer Verbegrifflichung des kindlichen Ichs und somit des sich verhaltenden Kindes als solchem" (1987, 153). Das habe außerdem zur Folge, „daß dem Kind eine soziale Haltung zugeschrieben wird, in die reflexiv-begriffliche Momente hineingelegt werden, während die Annahme eines Egozentrismus im kognitiven Leben des Kindes bei einem Korrelat zu einem Mangel an Unterscheidung geführt hat, so daß der scheinbar deutliche Begriff zu einer allgegenwärtigen Erklärung-für-alles werden könnte" (ebd.). Wenn man die „affektive Zentriertheit von der Subjektivität der Reflexion" unterscheide, „verliert 'der' Egozentrismus seine

Bedeutung als Interpretationskategorie kindlichen Denkens, der man als Denkhandlung in der Sphäre der Reflexivität nicht mehr länger zuschreiben kann, was in der Sphäre der von *Rationalität freien Affektivität* vorhanden zu sein scheint, und von der man umgekehrt nicht herleiten kann, was affektiv-emotional integriert ist, um in dem kognitiven Erleben ein Denk-Bild, einen Welt-*Entwurf* herauszudestillieren" (ebd.). An diesen Überlegungen macht LANGEVELD seine Bedenken nicht nur gegen die erklärende Kategorie des Egozentrismus, sondern an PIAGETs Konzeption des kindlichen Geistes insgesamt fest, weil er in ihr „eine intellektualistische Auffassung des affektiv-emotional bestimmten kindlichen Ichs" (ebd.) sieht.

Der Einseitigkeit intellektualistischer Interpretation kindlichen Denkens muß zur Behebung der ethischen Probleme, die sich beim Transfer der Entwicklungslogik PIAGETs auf den Bereich extrem 'entwicklungsbehinderter' Menschen ergeben, ein erweitertes Verständnis gegenübergestellt werden, das die affektiv-sinnliche Dimension zu integrieren vermag. Mit MERLEAU-PONTY läßt sich dies m.E. erreichen, weil er im Gegensatz zur Erkenntnisentwicklung PIAGETs als einem „Übergang vom Chaos zum Kosmos" (1937 nach ZEIL-FAHLBUSCH 1983, 29) kindliche Erkenntnis als andere, eigenständige, aber nicht minderwertige menschliche Ordnung erfaßt.

> *„Die Alternative von rationaler Ordnung und Unordnung zeugt vom Eindringen des Erwachsenendenkens in das Leben des Kindes. Will man die wahrhaftige Wahrnehmung des Kindes verstehen, so muß man sich eine Ordnung vorstellen, die keine rationale Ordnung, aber auch kein Chaos ist".*
>
> *(MERLEAU-PONTY 1964 nach MEYER-DRAWE 1986a, 258)*

Seine Gegenposition beschreibt MERLEAU-PONTY selbst, wenn er sagt: „Im Alter von etwa zwölf Jahren vollzieht nach Piaget das Kind das *cogito* und entdeckt die Wahrheiten des Rationalismus. Es entdeckt sich als Vereinigung von sinnlichem und intellektuellem Bewußtsein, als ein Gesichtspunkt der Welt gegenüber und als aufgerufen, diesen Gesichtspunkt zu überwinden, um auf der Ebene des Urteils Objektivität zu konstituieren. Doch Piaget geleitet das Kind zum Alter der Vernunft, als genügten die Gedanken des Erwachsenen sich selbst und höben alle Widersprüche auf. In Wirklichkeit muß das Kind in gewisser Weise gegen die Erwachsenen - oder gegen Piaget - Recht behalten, muß, soll es für den Erwachsenen auch eine einzige intersubjektive Welt geben, das barbarische Denken des frühen Kinderalters als unentbehrlicher Erwerb auch dem Erwachsenen zugrundeliegen bleiben" (1966, 406 f.).

MEYER-DRAWE weist auf eine Randbemerkung PIAGETs, die als Erwiderung gelten könnte: „Wenn 'Merleau-Ponty behauptet, womit er mir zu widersprechen glaubt, das kindliche Denken bestehe in dem des Erwachsenen fort, kann ich ihm ohne Schwierigkeiten folgen, vorausgesetzt allerdings, daß eine Konstruktion und Transformation des ersteren in das zweite angenommen wird'" (PIAGET 1974 nach MEYER-DRAWE 1986a, 269).

Diese Voraussetzung teilt MERLEAU-PONTY gerade nicht. Für ihn sind die Erfahrungsweisen der Kinder nicht defizitäre Vorstufen eines eigentlich intelligenten, äquilibrierten Denkens, also nicht bloß „barbarisches Denken", sondern er geht davon aus, daß das Kind ein *anderes Gleichgewicht* besitzt. Er fordert, das kindliche Bewußtsein als positives Phänomen zu behandeln und die *Rationalität in der Erfahrung* aufzusuchen, in der sie sich herausbildet (vgl. MEYER-DRAWE ebd.). „Von einer Theorie des leiblichen Bewußtseins her", so erläutert ZEIL-FAHLBUSCH, „bestreitet Merleau-Ponty, daß die Dezentrierung jemals absolut sein kann. Denn als leibliche Subjekte sind wir nie 'ein Ding unter Dingen', ein 'Ereignis unter Ereignissen' - außer im, bei Merleau-Ponty kritisch gemeinten, objektiven Denken, das sich als Ausdruck eines 'universalen Setzungsvermögens' (MERLEAU-PONTY 1966, 95) darstellt. Nicht nur in der Wahrnehmung, sondern im Erfahrung-machen überhaupt nehmen wir immer einen bestimmten, räumlich-zeitlichen Standpunkt gegenüber der Wirklichkeit ein, sehen wir die Dinge von einer leiblich gebundenen Perspektive aus. Dieses Sehen schließt sich jedoch nicht in seine Perspektive ein. Meine Intentionen gehen auf Gegenstände, die mir als vorgängig und sie übersteigend erscheinen, und die gleichwohl für mich nur existieren als sie mein Wahrnehmen und Denken, Begehren und Wohl betreffen" (ZEIL-FAHLBUSCH 1983, 37 f.).

Gegen PIAGETs intellektuelle Dezentrierung setzt MERLEAU-PONTY eine *gelebte Umorganisation des Erfahrungsfeldes*, „das die Wahrnehmungsverfahren in ihrem konstitutiven Sinn mitumfaßt" (MEYER-DRAWE 1986a, 269). Er bezieht das kognitive Bewußtsein in ein gesamtleibliches Verhalten zurück, indem das Bewußtsein aber nur ein Bedeutungsvermögen unter anderen ist. „Wahrnehmen, Sprechen, Imaginieren, Handeln produzieren eigenständige Sinnfelder, die kognitiv nicht vollständig interioriert werden können" (ebd.). Diese Auffassung wendet sich gegen die rigide Rationalisierung konkreter Praktiken bei PIAGET und betont die andere Typik von Rationaliät, die kindlichem Handeln immanent ist und die von MEYER-DRAWE in Anlehnung an MERLEAU-PONTY wie folgt charakterisiert wird: „Das Kind lebt in einer Welt, die noch nicht reduziert ist auf eindeutige Perspektiven. Die Dinge begegnen ihm nicht unter der Fragestellung ihrer Permanenz. Sie werden vielmehr als *aufdringlich*, als *rivalisierend* erfahren und in einem lebendigen Sinnzusammenhang konkret begriffen nach ihrer Bedeutung, die sie in bestimmten Situationen haben. Diese konkrete Rationalität ist nicht chaotisch, sondern sie folgt eigenen Ordnungen, eigenen Physiognomien, die reichhaltiger sind als logifizierbare Systeme" (ebd. 270).

In dieses Bild fügt sich m.E. das schwerstbehinderte Kind widerspruchsfrei hinein. Seine konkrete Rationalität ist weder chaotisch noch minderwertig, sondern sie folgt den eigenen Ordnungen und eigenen Physiognomien, die ihm als leiblichem Wesen gegeben sind.

Die Welt drängt sich dem Kind nicht in seiner physikalischen Gegebenheit bzw. Begrifflichkeit auf, ebensowenig dem Erwachsenen. Das Licht der Sonne an einem ersten Frühlingstag erscheint uns nicht als Licht im physikalischen Sinne, sondern als deutliches Zeichen des Endes einer langen trüben, unerfreulichen Winterzeit.

Noch vor jeder erkenntnismäßigen Deutungsarbeit bietet sich uns eine sinnvolle Welt dar, „die - wenngleich nicht durch wissenschaftliche Typiken strukturiert - ihren eigenen Organisationsstil aufweist" (ebd. 271). Die Expressivität haftet den Dingen selbst an und wird ihnen nicht verliehen; eine Sichtweise, die MEYER-DRAWE in Orientierung an GURWITSCH im Begriff des *Milieus* zu fassen sucht. „Wir verhalten uns auch als Erwachsene nicht durchgängig oder vorrangig erkenntnismäßig zu einer Welt von Objekten, die Zeitpunkt unserer freien Zuwendung werden können, sondern (wir leben)...in einem Milieu" (GURWITSCH nach MEYER-DRAWE ebd.).

Innerhalb kindlicher Wissens- und Handlungsweisen dominiert das Milieuhafte gegenüber dem Erkenntnismäßigen. Die Expressivität haftet der Welt selbst an; Menschen, Objekte, Gegebenheiten, Welt eben, existiert also nur im Umgang mit ihr. Sie bewahrt eine flexible Identität „und es verwundert nicht, wenn Kinder ihre Dingwelt auf so viele verschiedene Weise organisieren können... Das kindliche Milieu folgt anderen Organisationsprinzipien, es ist belangvoll im Hinblick auf konkretes Agieren und nicht in bezug auf eine immune Rationalität einer eindeutigen Welt. Daß die Milieusonne lacht und daß Tiere sprechen, verwundert nicht angesichts einer physiognomisch so reichen Welt" (ebd.). Hieraus ergibt sich die Forderung, die kindliche Vernunft nicht länger im Hinblick auf ihre Defizität zu betrachten, sondern als *Rationalität anderer Art*. Sie zeichnet sich aus „durch die Vielfalt von Wissensgestalten, die wie Strukturen eines Vexierbildes nebeneinander existieren, ohne sich zu beschränken" (ebd.). Diese Vielfalt schließt die Wissensgestalten schwerstbehinderter Kinder ein, wodurch ihre Weltaneignung nun nicht länger als rudimentär-defizitäre, sondern als eine milieuhafte, als eine unter unzähligen anderen erscheint, deren Sinnhaftigkeit keiner weiteren Rechtfertigungen bedarf.

Die Besonderheit der phänomenologischen Erweiterung des Rationalitätsverständnisses, auf die ich hier nur einige Schlaglichter werfen konnte, faßt MEYER-DRAWE abschließend wie folgt zusammen: „Durch die Mitsprache einer expressiven, sprachmächtigen, praktischen und konkret leiblichen Existenz verlieren wir die Einheitlichkeit und klare Richtung einer Genese von Rationalität. Wir gewinnen eine *Genealogie*, die an keinem präformierten Endprodukt zu messen ist. Damit führt unsere Überlegung zu dem Grundparadox einer menschlichen Rationalität, die sich selbst nicht vollständig zu durchschauen in der Lage ist, die aber gleichwohl nicht aufhören kann, sich rational zu begreifen" (ebd. 274).

Dieses Problem übersieht PIAGET in seiner Erkenntnistheorie und unterschlägt damit eine anthropologische Dimension, was besonders bedenklich wird, wenn sie unreflektiert auf ein außerpsychologisches Feld und auf Menschen übertragen wird, die einer normierten Entwicklungshierarchie nicht folgen können. Die Sonderpädagogik bzw. -pädagogen müssen erkennen, daß das eigentliche Problem in ihnen selbst begründet liegt, und zwar *in der rationalen Unfaßbarkeit der Andersheit des Behinderten.*

All unser Denken bleibt hinter dem zurück, was Behinderung ist. Deutungsmuster physiologischer, pychologischer, aber auch philosophisch-anthropologischer Art sind Hilfskonstrukte für uns selbst, die es uns ermöglichen, der Welt des Behinderten, auf die wir uns im Erklären und Verstehen richten, nach Maßgabe unserer Leiblichkeit Sinn zu geben. Dieser Sinn ist, und das muß uns bewußt sein, nicht die „ureigene Wahrheit" (SAAL) des Behinderten. Er ist lediglich der Rahmen, der uns Denken und Handeln ermöglicht; ein Denken und Handeln, das sich selbst immer wieder fremd werden muß, damit es nicht zu einem inhumanen Handeln „über den Kopf des Behinderten hinweg" (SAAL) wird.

Diesem Gedankengang werde ich in Kapitel 3.1 noch einmal vertiefend nachgehen, weil ich glaube, daß wir uns gerade heute, angesicht zunehmenden utilitaristischen Denkens, dieser Gefahren in uns selbst bewußt werden und ihre Bedeutung für die schwerstbehindertenpädagogische Theoriebildung erkennen müssen.

Die phänomenologischen Reflexionen zeigen, um im Bild DREHERs zu bleiben, daß die „Selbstverständlichkeit", in der sich die Schwerstbehindertenpädagogik der PIAGETschen Entwicklungspsychologie bedient, „bezweifelt" werden muß, weil ihr ein biologistisch-logizistisches Menschenbild zugrunde liegt, das sich angesichts von Kindern mit schwersten Behinderungen als problematisch erweist; problematisch sowohl auf der Ebene der Konzeptbegründung als auch auf der Ebene der praktischen Umsetzung. Unbemerkt und ausdrücklich von den bezugnehmenden Sonderpädagogen *nicht* intendiert, schleicht sich über das genetische Stufenmodell mit seinem rationalistischen Menschenbild die Zuschreibung von Defizität in die Schwerstbehindertenpädagogik ein: „Denn wer", wie DREHER sagt, „bestimmte Stufen nicht zu durchlaufen vermag und in seinen Lebensfeldern bestimmt wird durch 'vitale Bedürfnisse', durch 'situative Gebundenheit', durch 'Handlungsbezug' und 'geringe Spontaneität', der kann nicht mithalten mit anderen, die diese Stufen konsequent durchlaufen und hinter sich lassen. Denn mit PIAGET argumentiert, bilden die genannten Stufen nur 'mängelbehaftete Vorstufen der operativen Intelligenz'" (1993, 417).

Die Orientierung an PIAGETs „Embryologie der Vernunft" (ZEIL-FAHLBUSCH) führt auf der praktischen Ebene dazu, daß Inhalte der Entwicklungsförderung, und genauer, die „sensumotorischen Handlungspläne" (vgl. PRASCHAK 1991, 234), letztendlich doch aus einer finalistischen Perspektive heraus entworfen werden, was ja im Grunde dem widerspricht, was Entwicklungsförderung will, nämlich „Subjektzentrierung“ (THEUNISSEN).

Mit DREHER ist zu fordern, daß nicht eine Erwartungsnorm am Anfang stehen darf, sondern der erlebnisbezogene Umgang mit der Welt muß in seiner Qualität und Einmaligkeit anerkannt werden, ohne dabei die Rationalität zu verleugnen (vgl. DREHER 1993, 417).

Dies wird beispielsweise möglich, wenn wir das Lernen schwerstbehinderter Kinder nicht in ihrer Entwicklung aufgehen lassen, so wie es in einigen Konzepten der Entwicklungsförderung geschieht, sondern wenn wir es in seiner existentiellen Begründetheit und existentiellen Notwendigkeit, wenn wir „Lernen als Umlernen“ (MEYER-DRAWE) begreifen. Das heißt, wenn wir von vortheoretischem, von vorobjektivem Wissen, von der „leibhaften Vernunft“ (MÉTRAUX/WALDENFELS) des Menschen ausgehen, wird deutlich, daß Lernen kein Prozeß „der Integration von Wissensbestandteilen in eine vorgegebene Sinnmatrix“ ist, „wobei sich weder das Wissen noch die Matrix ändern“ (MEYER-DRAWE 1986b, 34). Lernen ist vielmehr ein „Prozeß der Erfahrung, der Strukturierung und Modifizierung von Erfahrungshorizonten, des geschichtlich-konkreten Zur-Welt-Seins, für das die *logische Ordnung der Dinge* nur *eine* mögliche Perspektive unter anderen ist“ (ebd.). In diesem Sinne ist Lernen also „kein linearer Prozeß der Integration von Wissenselementen, sondern ein Prozeß der *Konfrontation* zwischen unausdrücklich leitendem Vor-Wissen und neuer Sicht, neuer Erfahrungs- und Handlungsmöglichkeiten, d.h., die Produktivität des Lernprozesses liegt in seiner *Negativität: Lernen ist Umlernen*“ (ebd.).

Das Lernen verändert die spezifische Weise des Zur-Welt-Seins des Menschen, wandelt sein Wahrnehmen, Denken und Handeln. „Wer umlernt“, sagt BUCK, „wird mit sich selbst konfrontiert, er kommt zur Besinnung. Nicht nur gewisse Vorstellungen wandeln sich, sondern der Lernende selbst“ (BUCK 1969 nach MEYER-DRAWE 1986b, 38).

Die *Leiblichkeit* des schwerstbehinderten Kindes muß also im Erziehungsprozeß Berücksichtigung finden und Erziehung als *intersubjektive Wirklichkeit* von Schülern und Lehrern verstanden werden; eine Wirklichkeit, in der die *elementare Beziehung*, als leibhafter Dialog zwischen beiden, die Voraussetzung für und gleichzeitig wesentliches Merkmal von Erziehung ist (vgl. FORNEFELD 1989).

Entwicklungsförderung, die in Normfixierung festgelegte Wahrnehmungs-, Handlungs- und Denkrahmen für schwerstbehinderte Schüler *und* ihre Erzieher voraussetzt und anstrebt, übersieht das Milieuhafte kindlicher Weltaneignung und knüpft u.U. nicht an dessen „leitendem Vor-Wissen“ (MEYER-DRAWE) an, damit der Schwerstbehinderte dieses, im Umlernen durch neue Erfahrungs- und Handlungsmöglichkeiten erweitern könnte. Die oft erwähnten Stagnationen und Diskontinuitäten in der Entwicklung schwerstbehinderter Kinder könnten, so ist jetzt provokativ zu fragen, doch auch Ausdruck einer unzureichenden Förderung sein, der es nicht gelingt, an der „Geschichte des Lernenden“ (BUCK) anzusetzen und sie mit ihm weiterzuschreiben.

Als Fazit läßt sich mit BEGEMANN festhalten: „Heutige pädagogische Vorstellungen von Kindern und Erwachsenen waren im Abendland nicht ursprünglich. Sie sind auch nicht einfach eine Ableitung biologischer Entwicklung, sondern ein kulturelles Konzept... Daraus ergibt sich notwendigerweise, daß eine Entwicklungspsychologie für Pädagogen und Schule bzw. Lehrpläne keine harten verbindlichen Fakten erheben kann oder erhoben hat, von denen sich ‘einfach’ sonderpädagogische Maßnahmen ableiten ließen“ (1992, 245).

Dieses Problem haben Schwerstbehindertenpädagogen in der Praxis längst erkannt, weil es durch die entwicklungspsychologischen Deutungsmuster nicht ‘einfacher’ wurde, die Schüler zu verstehen, einen Zugang zu ihnen zu finden und die Handlungen an bzw. mit ihnen als eigenen Lehrerfolg zu erleben. Gerade diese Schwierigkeiten bildeten den Nährboden für die Entwicklung von Therapieansätzen und Behandlungsmethoden, die im weiten Feld der Humanistischen Psychologie nach Lösungen suchen. Die Psychotherapien intendieren die Entwicklung der Gesamtpersönlichkeit des schwerstbehinderten Kindes und werden mittlerweile von LehrerInnen und ErzieherInnen im schulischen Bereich als ‘Förderung’ interpretiert und angewendet. Inwieweit sie zu einem tragfähigen neuen Verständnis von Erziehung beitragen können, soll nachfolgend gezeigt werden.

2.4 Therapieren als Entwickeln und Fördern

Wenn im weiteren mit den sogenannten 'Psycho- oder Gestalttherapien für Behinderte' (BESEMS/VAN VUGT) eine zweite wichtige psychologische Einflußgröße näher betrachtet werden soll, gestaltet sich deren Analyse, wegen der Vielschichtigkeit und Unübersichtlichkeit ihres Bezugsrahmens (Theoriebezug / Bezug zur Schwerstbehindertenpädagogik), überaus schwierig. Die Humanistische Psychologie, der sich diese Ansätze mehr oder weniger verpflichtet fühlen, ist kein monolithischer Block abgesicherter Theorien und klarer Begrifflichkeit. Die schwerstbehindertenspezifischen, sogenannten körperorientierten Ansätze (vgl. FORNEFELD 1989, 388 f.), zu denen die 'Gestalttherapie für Behinderte' gerechnet wird, sind ihrerseits wieder so heterogen, daß eindeutige Zuordnungen bzw. Abgrenzungen schwierig werden. Zunächst zum ersten Problemkreis:

Die *Humanistische Psychologie* ist eine Denkrichtung und Organisation der Psychologie, die 1962 von Abraham MASLOW als Alternative zur Psychoanalyse und zum Behaviorismus in den USA gegründet wurde. Diese neue Schule „zog Vertreter verschiedenartiger Disziplinen und verschiedener Herkunft an. Alle stimmten darin überein, daß ein neuer Impuls notwendig war, um der wachsenden sozialen und kulturellen Krise und dem Gefühl der Entmenschlichung und der Vermassung des Individuums im zwanzigsten Jahrhundert entgegentreten zu können" (BÜHLER/ALLEN 1974, 6). Ziel der Organisation war es, „die charakteristischen Verhaltensmerkmale und die emotionale Dynamik eines erfüllten und gesunden menschlichen Lebens zu erforschen" (ebd. 7).

Die Humanistische Psychologie, als „Lehre vom Selbst, das sich selbst findet" (DIENELT 1984, 148), entnimmt ihre Ideen aus der Tradition des Humanismus und des Existentialismus sowie aus den Prinzipien der Gestaltpsychologie WERTHEIMERs und KÖHLERs (vgl. ebd.), wobei die erkenntnistheoretische Fundierung weitgehend noch aussteht. So müssen sich BÜHLER und ALLEN vorwerfen lassen, daß es zur Begründung ihrer Theorie, ihres Verständnisses vom Menschen, zur Fixierung ihres metatheoretischen Standortes also, nicht ausreicht, einen historischen Aufriß zum Humanismus und zum Existentialismus zu geben. Ihren Rückgriff auf diese beschreiben sie wie folgt: „In der Sicht des Humanisten ist der Mensch aktiv und positiv, er erlebt bewußt seine Existenz. Diese Auffassung unterscheidet sich erheblich von den mehr reaktiven Modellen der Freudianer und Psychoanalytiker.

Der Einfluß des Existentialismus auf diese Schule zeigt sich in der Bedeutung, die dem Erleben zugemessen wird. Man versteht Nietzsche und Kierkegaard nur oberflächlich, wenn man sie als Theoretiker per se betrachtet. Die Tatsache ihrer inneren Existenz - daß sie das Leben, so wie sie es lebten, beobachteten, ohne das Bedürfnis, ihre Objektivität zu beteuern - ist das wesentliche Moment, wenn wir eine Brücke schlagen wollen zwischen dem distanzierten Verstehen ihrer Botschaft und dem persönlichen Nachempfinden ihrer Furcht und ihres Zitterns, ihrer Ekstasen und ihrer Verzweiflung. Das Revolutionäre der Humanistischen Psychologie besteht darin, daß sie erstens ein positives Modell vom Menschen aufstellt, und daß zweitens ihre Vertreter, eingedenk ihrer eigenen Seinshaftigkeit, glauben, daß man sein Leben subjektiv leben muß, so wie es sich gibt. Humanistische Psychologen sind in erster Linie Menschen und erst in zweiter Linie Wissenschaftler" (1974, 28), was letztlich das Theorie-Defizit erklärt.

In der Humanistischen Psychologie sind Begriffe wie 'Person', 'Selbstverwirklichung', 'Sinnhaftigkeit' oder 'Selbsttranszendenz' von zentraler Bedeutung; Begriffe, die wegen ihrer geringen Fundierung und unterschiedlichen Interpretation nur schwer zu fassen sind und deshalb eher Schlagwortcharakter haben. Begriffe, von denen aber eine faszinierende Wirkung auch auf Nichtpsychologen auszugehen scheint. „Das Wort 'Selbstverwirklichung'", sagt BRAUN, „ist wie ein Zauberwort, das gerade die Menschen unserer Zeit fasziniert. Nachdem sich der Emanzipations-Boom gelegt hat, wird es ganz besonders von jungen Menschen aufgenommen. Von der Zielsetzung her wird schon deutlich, daß die sog. Dritte Kraft (gemeint ist die Humanistische Psychologie, Anm. B. F.) mindestens genauso stark, wenn nicht noch stärker als die vorausgegangenen Schulrichtungen eine pädagogische Thematik anspricht. Ihre Vertreter sprechen auch des öfteren vom 'humanistischen Erzieher' oder einer 'humanistischen Erziehung'„ (1985, 579). Daß die Humanistische Psychologie eine starke pädagogische Ausrichtung hat und es sich bei ihr, wie BÖHM anmerkt, um den großangelegten und problematischen Versuch einer Verschmelzung von Therapie und Erziehung handelt (vgl. 1992), wird beispielsweise bei BÜHLER/ALLEN deutlich, wenn sie proklamieren: „Wie in der humanistischen Psychotherapie ist es auch dem humanistischen Erzieher ein tiefes Anliegen, sich um das Ziel der Entfaltung zu bemühen, nicht um ein festgelegtes System von Techniken. Alle Faktoren, die wir in Beziehung zur Therapie und zu therapeutischen Beziehungen besprochen haben, finden wir auch in der Erziehung wieder" (1974, 96 f.). Eine ähnliche Einebnung von Erziehung und Psychotherapie wird auch von MASLOW und ROGERS vertreten.

Im wesentlichen sind es drei Konzeptionen Humanistischer Psychologie, die nicht nur in der Psychotherapie, sondern auch in der Pädagogik besondere Bedeutung gewonnen haben: die 'Gesprächspsychotherapie' (ROGERS), die 'Gestalttherapie' (PERLS) und das Konzept der 'Themenzentrierten Interaktion' (COHN) (vgl. DIENELT 1984, 148). Während zunächst vor allem die 'nicht-richtungsweisende' Methode ROGERS' Einfluß auf die Pädagogik nahm, findet heute die gesamte Humanistische Psychologie das Interesse von Pädagogen, „wie es etwa die 'Gestaltpädagogik' mit ihren Konzepten der 'Integrativen Erziehung' zeigt (vgl. Petzold/ Brown, 1977)" (ebd.). In der Schwerstbehindertenpädagogik werden heute die körperorientierten Ansätze maßgeblich von der 'Gestalttherapie' PERLS' beeinflußt wie etwa bei BESEMS und VAN VUGT.

Kommen wir damit zur zweiten Schwierigkeit der Erfassung des humanistisch-psychologischen Einflusses auf die Schwerstbehindertenpädagogik und genauer auf die körperorientierten Ansätze in ihr, die, wie zuvor angedeutet, überaus heterogen sind.

Hier existieren beispielsweise neben gestaltpsychologischen *Therapien* (BESEMS/VAN VUGT, KERN/KLOSTERMANN) *Konzepte* zur Bewegungserleichterung (JÖRIMANN) und Behandlungs*methoden* wie z.B. die Körpermassage von LEBOYER. FIKAR rechnet zu den „körperorientierten Förderansätzen im Unterricht bei Menschen mit schwerer geistiger Behinderung“[1] (1987, 1) zudem die 'Basale Stimulation' FRÖHLICHs und die 'Basale Kommunikation' MALLs. Da er diese Therapien und Behandlungsmethoden ausdrücklich als *'Förderansätze im Unterricht'* bezeichnet, wird deutlich, wie schnell aus einer Therapie oder psychotherapeutischen Methode ein *Förder*ansatz in der Schwerstbehindertenpädagogik wird, und wie sehr hierbei das eigentliche Erzieherische durch das Therapeutische ersetzt zu werden droht. Gemeinsam ist den von FIKAR erwähnten Konzepten, Therapien und Methoden lediglich, daß sie *körperorientiert* sind, d.h., sie alle den Zugang zum schwerstbehinderten Menschen über den Körper suchen.

Schwierig wird die Analyse ihrer Deutungsmuster, der therapieimmanenten Logik, zum einen, weil die theoretischen Einzelaussagen bzw. -erkenntnisse eher additiv aneinandergefügt und selten in ihrem Bezug zueinander reflektiert werden, zum anderen aber auch, weil alle Autoren ihr Konzept aus der Praxis heraus und für die Praxis entwickelt haben, ihre Stärke also eher die praktische Anwendbarkeit und weniger die theoretische Begründung ist. So entsteht der Eindruck, als seien die gestalttherapeutisch-körperorientierten Ansätze in der Praxis zwar sehr beliebt und wirkungsvoll, für die Entwicklung einer tragfähigen Theorie der Erziehung Schwerstbehinderter aber weniger bedeutungsvoll.

Sie entstanden, um bei Praktikern eine Lücke zu schließen, die die klassische Sonderpädagogik mit ihren Konzepten und Methoden bisher offen ließ; eine Entwicklung, die FIKAR veranschaulicht, wenn er über seine Erfahrungen als Sonderschullehrer mit Schwerstgeistigbehinderten in der Heimsonderschule der Stiftung Liebenau berichtet: „Trotz fundierter wissenschaftlicher Ausbildung fehlten mir am Anfang praktische Methoden für diese Arbeit. Daher versuchte ich, mir auf dem Weg der Fortbildung mehr praktisches Wissen anzueignen, das mir für meine Schüler angemessen erschien. Ich hatte sehr schnell erfahren, daß rein funktionale Methoden, die überwiegend kognitive und lebenspraktische Fähigkeiten vermitteln, den Bedürfnissen meiner Schüler nicht gerecht wurden. So lernte ich verschiede-

[1] Titel seines Aufsatzes

ne körperorientierte Ansätze kennen, die meiner persönlichen Einstellung, meinem Menschenbild und meiner Auffassung von Förderung nicht entsprechen" (1987, 1).

Im weiten Feld der körperorientierten Ansätze hat er, wie viele seiner Kolleginnen und Kollegen, eine Lösung seines Problems gefunden. Ansätze wie die von BESEMS/VAN VUGT, MALL oder KERN/KLOSTERMANN verstehen sich als ganzheitliches Konzept, „das die bisherigen Menschenbilder vom zu belehrenden (Erziehung) und vom zu behandelnden (Therapie) Menschen aufhebt. Der Mensch wird demnach nicht mehr in Körper, Geist und Seele dreigeteilt, sondern als Einheit gesehen. Die Störung eines Bereiches (z.B. des Körpers) wirkt sich auf die Ganzheit seiner Person aus" (FIKAR ebd.). Gerade im Ganzheitsgedanken der Psychotherapie sehen Pädagogen, die mit ihrem vertrauten Verständnis von (Sonder-)Erziehung angesichts von Schwerstbehinderung nicht mehr zurecht kommen, eine Hilfe zur Überwindung ihrer intentionalen wie interaktionalen Schwierigkeiten im Umgang mit ihren Schülern und erhoffen sich damit auch eine Entlastung ihrer selbst. Die Unschärfe des Ganzheitsbegriffes scheint Lehrer nicht nachhaltig zu stören.

Die Suche nach praktischen Lösungen im außerpädagogischen Feld bleibt nicht ohne Folgen für die Schwerstbehindertenpädagogik, die hierdurch zunehmend 'verwässert' wird. SPIESS merkt bezüglich der Übernahme neuer Körpertherapien in die Heilpädagogik an: „Grossenteils ohne das Prüfsiegel wissenschaftlicher Forschung und vorbei an der akademischen Lehre haben sie bei Fachleuten in der heilpädagogischen Praxis Verbreitung gefunden. Über Publikationen, Mundpropaganda und Fortbildungskurse sind Heilpädagoginnen und Heilpädagogen auf die Massage, auf Shiatsu, auf Tai-Chi, auf die Basale Kommunikation, auf das Heilpädagogische Reiten und andere körperorientierte Ansätze gekommen.

Offensichtlich haben diese Methoden, insbesondere auch dort, wo es um Menschen mit schweren Behinderungen oder extremen Verhaltensauffälligkeiten geht, einen Bedarf befriedigt, den die Theorie und (praktische) Methoden der akademischen Heilpädagogik bislang nicht hinreichend haben abdecken können" (1991, 481).

SPIESS hat zweifelsohne Recht, wenn er von der Schwerstbehindertenpädagogik eine qualiative Überprüfung ihrer körperorientierten Ansätze und Methoden fordert. Dies kann und soll hier nicht geleistet werden, weil bezogen auf die eingangs formulierte Fragestellung nach den humanistisch-psychologischen Deutungsmustern die gestaltpsychologischen (BESEMS/VAN VUGT, MALL und KERN/KLOSTERMANN) von vordringlichem Interesse sind. Aber auch ihr Theoriebezug läßt eindeutige Fundierungen vermissen. Während sich BESEMS und VAN VUGT der Gestalttherapie PERLS anlehnen, verwenden MALL und KERN/KLOSTERMANN in unterschiedlicher Weise entwicklunspsychologische (PIAGET) und psychoanalytische sowie tätigkeitspsychologische oder andere Einzelerkenntnisse eher additiv als integrativ und orientieren sich stark an BESEMS/VAN VUGT. Womit der Integrativen Körpertherapie innerhalb der Schwerstbehindertenpädagogik eine gewisse Orientierungsfunktion zukommt.

Ich wende meinen Blick auf diese gestaltpsychologischen Ansätze vordringlich auch, weil sie heute von vielen Pädagogen, wie ja auch von FIKAR, als Förderung oder Entwicklungsförderung verstanden und anstelle von Erziehung und Unterricht angewendet werden. Ihre Bedeutung und Verbreitung in der Praxis läßt sich anhand eines Beispiels belegen: Bei meinem kürzlichen Besuch in einer Schule für Körperbehinderte las ich auf dem Stundenplan einer Schwerstbehindertenklasse: Mittwoch, 3. und 4. Stunde „Basale Kommunikation"; Donnerstag, 1. und 2. Stunde „Integrative Körpertherapie".

Therapien sind seit langem das bestimmende Moment der Lebenswelt Schwerstbehinderter, begleiten sie von Geburt bis zum Tode und scheinen mittlerweile auch ihre schulische Lebenswelt mitzubestimmen. Bei schwerstbehinderten Kindern füllen Therapien den Stundenplan wie bei anderen das Lesen, Schreiben oder Rechnen. Der Kochunterricht wird zur Eßtherapie oder zum Geruchstraining, die Wahrnehmungsförderung zur auditiven oder visuellen Stimulation und die Sprachförderung zur 'Basalen Kommunikation' (MALL). Lediglich im musischen Bereich scheint Erzieherisches realisierbar. Muß das so sein? Sind *pädagogische* Zugänge bei diesen Schülern wirklich nicht realisierbar und therapeutische Zugänge tatsächlich wirksamer?

Ich verbinde mit diesen Fragen *nicht*, und das betone ich ausdrücklich, die Abschaffung von Therapie. Sie hat durchaus ihre Berechtigung und soll keinesfalls aus dem Bemühen um Schwerstbehinderte verbannt werden. Sie muß nur wieder *den* Platz einnehmen, der ihr zukommt, genauso wie die Erziehung den ihren wieder einnehmen muß. Ich bezweifele nicht, daß schwerstbehinderte Kinder neben der rein medizinisch-lebenserhaltenden Therapie einen besonderen, meist sogar einen lebenslangen Therapiebedarf haben. Die Physiotherapie mit ihrer prophylaktischen (Kontrakturen- und Decubitus-Prophylaxe) und kreislaufstabilisierenden Wirkung bildet einen zentralen Bestandteil im Leben vieler schwer cerebralbewegungsgestörter Menschen. Für sie ist auch die Eßtherapie von existentieller Bedeutung, weil mit ihrer Hilfe ihnen Kauen und Schlucken erst möglich wird. Ähnliches gilt sicher auch für die Sprachtherapie und andere. Psychotherapien, die nicht nur Funktionsbereiche, sondern die Ganzheit des Kindes ansprechen und über diese den Zugang zum Schwerstbehinderten, Kommunikation mit ihm erreichen wollen, haben ebenso ihren Stellenwert.

Das Problem, um das es mir hier geht, liegt also weniger in den Therapien selbst, *sondern in ihrer Übernahme durch Pädagogen in die Pädagogik*, weil hierdurch therapieimmanente Werte übernommen und eigentlich Pädagogisches verdrängt wird. Pädagogen handeln auch und gerade im Rahmen der aufgezeigten körperorientierten Ansätze nicht mehr pädagogisch, sondern therapeutisch, und das halte ich für überaus problematisch, weil hierdurch zwangsläufig die *Erziehungs*bedürfnisse des schwerstbehinderten Kindes nicht mehr zur Kenntnis genommen werden.

Die hierdurch entstehende Psychologisierung der Pädagogik bleibt unbemerkt, wird in Kauf genommen oder sogar angestrebt, wie dies BRAUN in der Allgemeinen Pädagogik festzustellen glaubt. Er sieht mit dem Einfluß der Gestalttherapie eine neue psychologische Welle auf die Pädagogik zurollen. „Nachdem in einer wohl einmaligen Weise nach dem Zweiten Weltkrieg zunächst die klassische Psychoanalyse vor allem der *Freud*schen Richtung die Pädagogik förmlich überrumpelt hat, kam in einer zweiten Welle der Behaviorismus. Nun meldet sich also eine Psychologie an, die sich selbst als die 'Dritte Kraft' bezeichnet" (1985, 579). Diese 'Dritte Kraft', die Humanistische Psychologie, wendet sich gegen die mechanistische und reduktionistische Auffassung vom Menschen und erhebt für sich den Anspruch, „daß bei ihr die 'erlebende Person', Kreativität und Spontaneität, Wert und Sinn und damit auch die Würde des Menschen im Vordergrund stehen" (ebd.).

Diese 'Dritte Kraft' ist, so scheint es zumindest, mittlerweile auch aus der Schwerstbehindertenpädagogik nicht mehr wegzudenken, obwohl ihr Verhältnis zur Pädagogik noch nicht eindeutig geklärt ist. Auf der einen Seite wird - in humanistisch-psychologischer Manier - ihre Wesensgleichheit propagiert, andererseits aber eindeutig Therapie als Ermöglichung von weiterführender und gezielter Förderung gesehen, und hierin unterscheidet sich die Schwerstbehindertenpädagogik von der Allgemeinen Pädagogik.

MALL versteht seine 'Basale Kommunikation' ähnlich wie BESEMS/VAN VUGT als Voraussetzung von Förderung. „Als ich", so sagt er selbst, die Basale Kommunikation „in der Zeitschrift 'Geistige Behinderung' 1984 vorstellte, betonte ich, daß sie 'keine Förderung im engeren Sinne' anstrebt und so auch keine andere Methode der Förderung ersetzen will. Sie versucht, eine Situation der Begegnung zu schaffen, und bringt so nach meiner Erfahrung oft überhaupt erst einen Ansatzpunkt zustande, an dem sinnvolle Förderung ansetzen kann" (1992, 63). Doch der Unterschied zwischen seiner Basistherapie und Förderung scheint ihm selbst doch nicht deutlich zu sein, denn etwas später definiert er *Heilpädagogik* als *Pädagogik der Ganzheit*, die von sich immer schon verlangte, „die Begegnung mit dem konkreten Menschen, der uns anvertraut ist, ganz oben anzustellen" (ebd. 64). Die Grenzen zwischen der 'Basalen Kommunikation', Gestaltpädagogik und einer 'Entwicklungsförderung', die Begegnung mit dem schwerstbehinderten Kind zuläßt und seiner „Autonomie mehr Raum" (ebd. 71) gibt, bleiben verwaschen unklar.

VAN VUGT und BESEMS ziehen eine deutlichere Trennung zwischen Therapie und Pädagogik: „In dem Bereich, den wir hier beschreiben, von Pädagogik zu sprechen, wäre eine Abwertung von Behinderten und eine Leugnung ihrer psychischen Probleme" (1991, 131). Das klingt wie ein Vorwurf, so, als ob Pädagogik auf psychische Probleme von Schülern überhaupt nicht einginge; sicher ein Vorurteil aus Unkenntnis z.B. psychoanalytischer oder, ganz allgemein, schülerorientierter Pädagogik. „Obwohl da viel Gemeinsames mit Pädagogik vorhanden ist, handelt es sich nicht in erster Linie um pädagogische Aktivitäten. Der Unterschied zwischen Therapie und Pädagogik darf gleitend sein, dennoch gibt es ganz verschiedene Schwerpunkte. In der Pädagogik liegt dieser auf der Bildung, vor allem von geistigen Fähigkeiten, in der Therapie auf der Heilung von Störungen, Leid, Krankheit. Die Pädagogik baut auf dem auf, was sich bisher entwickelt hat. In der Psychotherapie versuchen wir, das, was sich bis jetzt fehlerhaft oder mangelhaft entwickelt hat, zu reparieren. Sobald eine Reparatur gelungen ist, fangen pädagogische Aktivitäten an, die auf der soliden Basis aufbauen. Deswegen wird in der Psychotherapie auch viel Pädagogisches vorhanden sein. Umgekehrt wird das in der Pädagogik, wie sie zur Zeit gehandhabt wird, selten der Fall sein. Es wäre dann eine Begriffsverwirrung, in unserer Arbeit von Pädagogik zu reden“ (VAN VUGT /BESEMS 1991, 131).

Ein ganz wesentliches Unterscheidungsmerkmal zwischen Therapie und Pädagogik, das in der Schwerstbehindertenpädagogik auch bezüglich anderer Therapien immer übersehen und von VAN VUGT/BESEMS auch nur nebenbei erwähnt wird, ist die Perspektive bei beiden, d.h., *Pädagogik ist gegenwarts- und zukunftsorientiert*, die *Therapie hingegen vergangenheitsorientiert*. Sie schaut auf das zurück, was gestört wurde oder sich fehlerhaft-unzureichend entwickelt hat.

„Während die Therapie“, so läßt sich mit BÖHM auf ein weiteres Unterscheidungskriterium von Therapie und Erziehung hinweisen, „sich verschiedener Maßnahmen der Beeinflussung und Veränderung des Patienten bedient und die aktive Einsicht des Patienten für den therapeutischen Vorgang nicht unbedingt konstitutiv ist, kennt die Pädagogik ‘im pädagogisch gemeinten Prozeß’ solche Möglichkeiten nicht, muß sie sich doch in jedem ihrer Schritte an die Personalität, das heißt an die Einsicht des Zöglings, an sein Wollen und an seine zu gestaltende Emotionalität wenden“ (1992, 130 f.).

Aber gerade hier gibt es Schwierigkeiten, denn „Personalität, Einsicht und Wollen“ beim schwerstbehinderten Schüler zu erkennen ist überaus schwierig. Wo pädagogische Grundkategorien nicht so ohne weiteres zu erreichen sind, bietet sich der therapeutische Zugang an, da er „keine aktive Einsicht“ beim Kind voraussetzt, aber gerade hierin liegt auch seine Gefahr.

Noch ein drittes Problem ist im Rahmen der Gestalttherapie zu bedenken: Die Vergangenheitsorientierung der Therapie korrespondiert hier mit dem *Gesundheitsbegriff der Humanistischen Psychologie*. „Gesundheit ist nämlich nicht nur das Nichtanwesendsein von Krankheit, es ist ein totales Wohlbefinden. Ziel unserer Therapie ist es, an diesem Sich-Wohlbefinden zu arbeiten“ (BESEMS/VAN VUGT 1985 nach ROHMANN/ELBING 1990, 107). Gesundheit in diesem Sinne bedeute, „sich als Ganzheit zu erleben, sich und seine Bedürfnisse wahrnehmen zu können, diese ausdrücken zu können und Möglichkeiten zu entwickeln, diese zu realisieren. Weiterhin kann ein gesunder Mensch die Eindrücke, die er aus seiner Umwelt empfängt, angemessen wahrnehmen und darauf ebenso angemessen reagieren. Therapeutisch zur Gesundung beitragen bedeutet für BESEMS und VAN VUGT, die für den Behandelten notwendige Hilfe in der Therapie in Selbsthilfe umzuwandeln" (ebd. 108). Obwohl BESEMS/VAN VUGT einen Unterschied zwischen ihrem Krankheitsverständnis und Behinderung sehen, stellen sie doch den Anspruch, „'Gesundheit so erfolgreich wie möglich' aufbauen zu können" (ebd.). ROHMANN und ELBING kritisieren, daß BESEMS und VAN VUGT vor dem Hintergrund dieses Gesundheitsbegriffs den Anspruch erheben, psychische Krankheiten im behinderungsbedingten Rahmen heilen zu können. Eine differenzierte Beschreibung des Rahmens und der zu erwartenden Erfolgsaussichten wäre bei ihnen allerdings nicht zu finden (vgl. ebd.).

Der Intergrativen Körpertherapie VAN VUGT/BESEMS' scheint nach diesen ersten Reflexionen ein unklares und vor allem defizitäres Bild vom behinderten Menschen zugrunde zu liegen; ein Eindruck, der durch die Darstellung der Therapie als 'Reparatur' verstärkt wird und den sie nicht entkräften können, wenn sie betonen: „Das Wort *reparieren* wirkt vielleicht etwas mechanisch, und dadurch negativ. Das ist von uns nicht so gemeint. Wir haben das Wort *Reparatur* gewählt, um klarzumachen, was passiert. Das sagt nichts aus über die Art und Weise, wie es passiert. Das ist nämlich eine sehr liebevolle und annehmende Weise, die in sich nicht mehr Mechanisches hat als eine deutlich vorhandene Struktur" (1991, 131).

Um beurteilen zu können, inwieweit die 'Psychotherapie für Behinderte' tatsächlich von einem *humanistischen Menschenbild* ausgeht, ist die vertiefte Auseinandersetzung mit ihrer Struktur und Methode notwendig[2].

Ihre Gestalt- oder Integrative Körpertherapie entwickelte das niederländische Ehepaar Thijs BESEMS und Gerry VAN VUGT vor mehr als zehn Jahren im Rahmen ihrer therapeutischen Tätigkeit mit geistig- und schwerstgeistigbehinderten, aber auch mit körperbehinderten und autistischen Menschen[3]. Mittlerweile vermitteln sie sie in hochfrequentierten Fortbildungskursen an Therapeuten, Pädagogen und Betreuer weiter. Aufgrund der Zunahme von Schwierigkeiten im Umgang mit Schwerstbehinderten richtet sich die „Psychotherapie mit Behinderten", wie sie auch genannt wird (vgl. VAN VUGT /BESEMS 1991, 136), „zwar auf diese Behinderten, aber an erster Stelle auf deren Betreuer. Denn nur wenn deren Ratlosigkeit und Hilflosigkeit verstanden wird und sie die Möglichkeit bekommen, neue Kommunikationsformen auszuprobieren und mit den Behinderten zu entwickeln, hat der Behinderte eine Chance, sich weiter zu entwickeln. Er ist völlig auf den Betreuer angewiesen" (VAN VUGT /BESEMS 1992, 293). Trotz der Hilfestellung für den Betreuer ist die Integrative Körpertherapie eine Therapie für Be-

[2] Dabei werde ich, aufgrund ihrer exponierten Stellung innerhalb der Schwerstbehindertenpädagogik, meinen Blick allein auf die Integrative Körpertherapie richten.
[3] Vorwiegend im Heimbereich.

hinderte, der es um „das Verbessern der Lebensqualität von Schwerst- und Mehrfachbehinderten geht“ (ebd., 294), d.h. Abbau von Autoaggressivität, Aufbau von Kontaktfreudigkeit und Selbstsicherheit (vgl. 1991, 144).

Ihren Bezug zur Gestalttherapie Fritz PERLS (1930) erläutern sie wie folgt: „Perls bezog sich ... stark auf die Ganzheit des Menschen und betonte insbesondere die Ausdrucksfähigkeit der Gefühle. Bis dahin hatten in der Psychotherapie kognitive Aspekte deutlich im Vordergrund gestanden. Perls dagegen wollte Menschen erfahren lassen, wie sie nicht über Gefühle reden, sondern wie sie diese erleben und ausdrücken können. Gestalttherapie ist daher auch ein erlebnisaktivierendes Verfahren“ (1991, 136).

In ihrer Psychotherapie für Behinderte integrieren sie die Grundelemente der Gestalttherapie PERLS: Leib-Seele-Geist-Einheit, Hier und Jetzt, Ausdrücken von Gefühlen, Erlebnisaktivierend, Selbstheilungskräfte, Selbstverantwortung, Erfahrung und Bewußtsein, Kontakt, Figur-Grund. Diese gestalttherapeutischen Prinzipien fließen in die therapeutische Beziehung ein. Sie ist „für BESEMS und VAN VUGT eine besondere Form der intersubjektiven Beziehung. Damit meinen sie mit MARCELLE das Miteinander Begegnen als Mitsubjekt. Dieses ‘Einander Begegnen’ als Mitsubjekt verdeutlicht sich in der therapeutischen Beziehung“ (ROHMANN/ELBING 1990, 96) in folgenden Aspekten: Einander als Existenz verstehen, Ehrlichkeit, Sich und dem Kind Zeit lassen, Konfrontieren (Halten), Flexibilität und Zielorientierung.

Grundlage ihrer Konzeptentwicklung, der ROHMANN und ELBING „mangelnden Bezug zur aktuellen Literatur“ (1990, 111), also eine unzureichende theoretische Fundierung bescheinigen, bildeten für BESEMS und VAN VUGT eigene Erfahrungen, die zu einem spezifischen Verständnis von Behinderung geführt haben, das sie wie folgt erläutern: „In unserer jahrelangen Arbeit im Behindertenbereich haben wir feststellen müssen, daß der Behinderte bei dem, was er tut, bzw. tun möchte, fast immer gestört wird durch mangelnde Harmonie zwischen Körper, Denken und Fühlen. In den seltensten Fällen arbeiten sie kooperativ zusammen. Meistens steht einer der Bereiche den beiden anderen und somit dem Behinderten im Weg“ (VAN VUGT/BESEMS 1991, 128). Die Ursache für die Schwierigkeiten (schwerst)behinderter Menschen werden von ihnen also nicht vordringlich in der organischen Schädigung, sondern im fehlenden harmonischen Zusammenspiel von Bewegen, Wahrnehmen, Denken und Fühlen gesehen. Dabei entsteht der Eindruck, als würden die drei Bereiche - Körper, Geist, Seele - beim Behinderten in unverbundener Existenz nebeneinander gesehen; aber widerspricht das nicht dem gestaltpsychologischen Ganzheitsanspruch? Dieser Eindruck wird bestärkt, wenn sie weiter ausführen: „Durch fehlende Unterstützung, oder sogar direkte Gegenwirkung in einem Bereich, ist optimale Entwicklung der anderen Bereiche oft nicht möglich. Auf diese Weise kann der Behinderte erhebliche Schwierigkeiten in seiner Lebensverwirklichung bekommen“ (1991, 129). Die Auffassung einer unzureichenden Lebensverwirklichung und -gestaltung schwerstbehinderter Menschen steht in engem

Zusammenhang mit dem zuvor problematisierten Gesundheitsverständnis der beiden Autoren. Der Behinderte wird mit dem 'seelisch Gesunden' verglichen, wobei die behinderte Lebensverwirklichung aufgrund der bestehenden Koordinationsstörungen in der Leib-Seele-Geist-Einheit als minderwertig erscheint.

Die Schwierigkeiten Behinderter manifestieren sich für BESEMS und VAN VUGT in zwei zentralen Persönlichkeitsbereichen, dem Befriedigungssystem der Bedürfnisse und dem Ausdruckssystem der Gefühle, die dadurch nur unzureichend entwickelt werden könnten. Diese Defizit-Bedürfnisse seien aber, so erläutern sie an anderer Stelle, „keine kognitiven Probleme, keine abstrakte Wahrnehmung, sondern vor allem fehlende psychische Erfahrungen, meistens direkt gekoppelt mit körperlichen Erfahrungen" (1992, 298). An diesen „Erfahrungsdefiziten der Grundbedürfnisse" (ebd. 299) haben Therapie und Förderung anzusetzen, wenn sie wirkungsvoll sein wollen. „Wir denken, daß das nur effektiv sein kann, wenn wir uns dabei gleichzeitig mit dem Körper, dem Geist und der Psyche beschäftigen. Erst dann kann eine Integration zwischen diesen Gebieten entstehen" (VAN VUGT/BESEMS 1991, 129). Aber wie können und müssen wir uns die Integration zwischen den drei Bereichen vorstellen? Eine Antwort bleiben die beiden Autoren schuldig. Hier wäre die weiterführende Frage, wie sich der Mensch als körperlich-geistig-seelisches Wesen verwirklicht, zu beantworten, eine Frage, auf die ja die Humanistische Psychologie insgesamt keine schlüssige Antwort zu geben vermag.

BRAUNs Kritik am onthogenetischen und evolutionistischen Denken der Humanistischen Psychologie scheint auch hier berechtigt. Durch dieses entsteht für ihn ein neuer Psychologismus, „der keineswegs den Menschen in die Realität des Lebens und der Welt führt, sondern zu seinem 'Selbst', das ... ein psychologisches Konstrukt ist, bei dessen Suche es sich 'privatistisch zum ego trip verengt' (BITTNER) anstatt sich auf Realitäten einzulassen" (BRAUN 1985, 590). Als psychologisches Konstrukt erscheint auch der schwerstbehinderte Mensch in der Interpretation BESEMS/VAN VUGTs.

Es reicht eben nicht zu betonen, man müsse von der Leib-Seele-Geist-Einheit ausgehen, und zu kritisieren: „Die beiden ersten Bereiche - Körper und Seele - werden im Umgang mit geistigbehinderten Menschen häufig stark vernachlässigt. Gerade der Körper bietet aber viele Möglichkeiten zur Beeinflussung und Behandlung problematischen Verhaltens und kann dem geschulten Beobachter wertvolle Hinweise darauf geben, wie dieses Verhalten sich entwickeln konnte" (BESEMS/ VAN VUGT 1988, Teil 1, 4). Die Dimension der Welt, auf die sich der behinderte Mensch als Körper richtet, bleibt als Mitkonstituierende menschlicher Wirklichkeit unberücksichtigt.

Über die Anregungen des Körpers sollen die Erfahrens- und Erlebensdefizite ausgeglichen werden und es zur Stabilisierung des Ich-Gefühls beim Behinderten kommen (vgl. VAN VUGT/BESEMS 1992, 299). Die Therapie vollzieht sich dazu in folgenden sechs Schritten:

1. Körperkontakt herstellen, Gefühle wahrnehmen, ansprechen (Akzeptanz von Körperkontakt),
2. den eigenen Körper kennenlernen (Erkennen der Körperrealität),
3. Körperspannung wahrnehmen und abbauen (autonome Körperreaktionen/Entspannung),
4. fließende, harmonische Bewegungen (Bewegung nicht blockieren),
5. kraftvolle Bewegungen entwickeln (Kraft gleich Gegenkraft),
6. Gewicht und Gegengewicht (erkennen des Körpergewichts) (vgl. ROHMANN/ ELBING 1990, 99 - 105).

Zur Begründung ihrer methodischen Vorgehensweise gehen, wie es im Schwerstbehindertenbereich üblich und charakteristisch zu sein scheint, auch BESEMS/VAN VUGT von einer Analogie zum nichtbehinderten Kleinkind aus, aber diesmal in Betonung der Ähnlichkeit im *Erleben* und in der *Bedürfnisbefriedigung*. Der Behinderte muß „in ähnlicher Form erleben, was er als kleines Kind (mehr) hätte erleben müssen. Dazu haben wir verschiedene Aktivitäten entwickelt, basierend auf dem direkten körperlichen Umgang mit kleinen Kindern, durch die der Behinderte verschiedene seiner Bedürfnisse befriedigen kann. Wir müssen dabei an regelmäßig sich wiederholende Aktivitäten denken, wobei von den Behinderten weniger gefordert wird, wie beim Säugling, und wobei er das, was er bekommt, als selbstverständlich erleben kann“ (VAN VUGT/BESEMS 1992, 299).

In dieser Äußerung verbergen sich in mehrfacher Hinsicht problematische Setzungen. Unklar bleibt, wie die Anregung des Körperlichen ins Seelische überführt wird, d.h. auch, wie die Verbindung zwischen Körperlichem und Seelischem zu denken ist. Hier könnte m. E. die Phänomenologie BUYTENDIJKS mit seiner 'pathischen Leiblichkeit' wichtige Anregungen für ein Weiterdenken geben (vgl. Kap. 1.2).

Auf der einen Seite kritisieren BESEMS/VAN VUGT, ähnlich wie MALL (vgl. 1984, 1990, 1992), die einseitig logizistische Zuwendung zum schwerstbehinderten Menschen und seinen Schwierigkeiten. Andererseits übersehen sie, daß der Rückgang auf die Erlebensdimension lediglich eine *Verlagerung des Aneignungs- und Bemächtigungsproblems* ist. Die intendierte und propagierte 'Leib-Seele-Geist-Einheit' bleibt letztlich unter dem Mantel der 'Seele' verdeckt. Die Seele/das Erleben als Sich-erleben werden zum alles bestimmenden Primat, das die unterschiedlichen Erkenntnisweisen des Menschen, die sich als 'leibhafte Vernunft' verwirklichen, verkennt.

Die ethischen Bedenken gegen eine Gleichsetzung eines behinderten Erwachsenen mit einem Kleinkind, auf die ja schon in anderem Zusammenhang mehrfach hingewiesen wurde, können auch VAN VUGT/BESEMS nicht entkräften, wenn sie unterstreichen: „Wir wollten die Würde des Behinderten betonen und wertschätzen“ oder: „Wir wollten betonen, daß Behinderte ein Recht darauf haben, behandelt, betrachtet, begegnet zu werden wie sonst nichtbehinderte Menschen" (VAN VUGT/BESEMS 1991, 136). Aber „achten wie einen nichtbehinderten Menschen" heißt für mich nicht, ihm die Erlebenswelt des Nichtbehinderten oder gar des nichtbehinderten Kleinkindes, ungeachtet seines realen Lebensalters und seiner Lebenserfahrungen, zu unterlegen. Woher nehmen BESEMS/VAN VUGT die Gewißheit, daß die Erlebnisse Nichtbehinderter, die schließlich einer anderen Lebenswirklichkeit entstammen, dem Behinderten zur *Identitätsentwicklung* dienen?

Wir treffen auch hier wieder auf ein Idealbild vom Menschen, an dem der Grad der 'Identitätsentwicklung' oder der 'Selbstwerdung' gemessen wird. Gestalttherapeutisches Handeln und Denken sind damit finalistisch bestimmt, aber diesmal nicht in PIAGETscher Prägung bezüglich ihrer Erkenntnisentwicklung, sondern bezüglich ihres Selbsterlebens und ihrer Selbstentfaltung. Dabei bleiben, genau wie in der Humanistischen Psychologie insgesamt, die Begriffe 'Selbst', 'Identität' oder 'Ich' diffus-unklar und erschweren das Erkennen und Einordnen des zugrundeliegenden Verständnisses vom Menschen, des Menschenbildes.

BRAUN geht der Frage nach dem Verhältnis von Mensch und Welt in der Humanistischen Psychologie nach und kommt zu der Ansicht, daß sie von einer Dichotomie von Subjekt und Objekt, von mir und der Welt ausgeht. „Was auch immer wir erleben, ist in zwei Teile gespalten: ein Subjekt, das erlebt und ein Objekt, das erlebt wird. Dies gilt nicht nur für Gedanken, sondern für alles menschliche Erinnern, Vorstellen, Fühlen, Wollen und Handeln" (WEISSKOPF-JOELSON 1969 nach BRAUN 1985, 582) Diese Dichotomie bedeutet für ihn einen „Rückfall in das Cartesianische 'Cogito ergo sum'„ (ebd.). „Der Mensch", so erläutert er, „ist das, was sein Bewußtsein ist. Alles, was jenseits dieses Bewußtseins ist, ist ihm fremd und 'entfremdet' ihn daher sich selbst. Wird Bewußtsein und damit Denken nicht erst durch seine Bezogenheit auf das Objekt, was eben schlechthin die Welt ist, möglich" (ebd.)? Obwohl die Humanistische Psychologie Begriffe wie 'Ganzheit, Transzendenz oder Sinn' verwende, greife sie in ihrer Auffassung vom menschlichen Wesen doch viel zu kurz. Die Dichotomie läuft für BRAUN mitten durch den Menschen hindurch und wird zu einem Hiatus, weil letztlich doch alles dem Ich-Erleben verhaftet - „man müßte eigentlich richtig sagen - befangen" (ebd.) bleibt.

Den Ursprung dieses Menschenbildes sieht BRAUN, ähnlich wie auch BITTNER, in C.G. JUNGs Lehre von den Archetypen gegeben, „die, obwohl sie im Unbewußten sind, das Bewußtsein und damit auch die Person- und Charaktereigenschaften bestimmen. Sie werden im Bewußtsein des Erwachsenen durch universale Symbole repräsentiert, die sich in Träumen, Mythen, religiösen, mystischen und philosophischen Werken äußern" (BRAUN ebd.). Für JUNG ist diese geistige Innenwelt besonders bedeutungsvoll, weil sie die eigentliche Welt des Menschen ist. Die Humanistische Psychologie macht aus dem durch die Archetypen genetisch bestimmten Unbewußten das *'Selbst'*; ein Begriff, der in der Psychologie Verwirrung auslöst. Er wurde zwar von JUNG in die analytische Psychologie eingeführt, doch das angloamerikanische 'self' der humanistischen Psychologen und das deutsche 'Selbst' stimmen nicht überein. Das Selbst ist für JUNG „streng zu unterscheiden vom Ich, stellt geradezu dessen Gegenpol dar. Das Ich ist das empirisch Vorgefundene, der 'Bewußtseinskomplex': es umfaßt all das, was ich von mir weiß und als zu mir gehörig empfinde, was ich ohne all zu große Schwierigkeiten bei mir selbst entdecken kann. Das Selbst ist der andere Pol: eine Art unpersönlicher Zielstrebigkeit, die mich lenkt, die mein Ich mit dem Objekt-Psychischen, dem Allgemein-Menschlichen in Beziehung zu setzen bestrebt ist" (BITTNER nach BRAUN ebd. 584). Und genau hierin, in der Trennung zwischen Ich und Selbst, sieht BRAUN den Schnittpunkt der Dichotomie gegeben, von dem er sagt, „daß er zum Hiatus wird, zumindest bei der humanistischen Psychologie" (ebd.). Der Schnittpunkt verläuft also „nicht etwa fein säuberlich zwischen Mensch und Welt" (ebd.), sondern durch den Menschen hindurch. BRAUN betont weiter, und hierbei entsteht der Eindruck einer phänomenologischen Deutung, obwohl er sie nicht explizit als solche bezeichnet, daß Mensch und Welt weder in der einen noch in der anderen Form getrennt werden könnten, denn sie gehörten zusammen, obwohl sie sich auch gegenüberstehen (vgl. ebd.).

In der Humanistischen Psychologie, stellt BRAUN zusammenfassend fest, sei der Mensch immerzu mit sich selbst beschäftigt. „Die Selbstbeschäftigung ist durch die doppelte Dichotomie gegeben, die jeweils einen Hiatus nach sich zieht. Die erste Spaltung liegt zwischen dem Ich und dem Selbst, wobei wir immer festhalten müssen, daß das Selbst in einer schlechteren Ausgangsposition gegenüber dem Ich ist, und es bleibt offen, ob und wie es dem übermächtigen Ich überhaupt gewachsen ist. Das Selbst hat dazu noch seine eigenen Probleme: Außer der Auseinandersetzung mit dem Ich oder der Existenz, wie es gelegentlich heißt, hat es dem Menschen Intentionalität und Sinn zu geben, was nur möglich ist, wenn das Selbst als eine teleologische Struktur gedacht wird. Aber, wenn es das soll, dann muß auch angenommen werden, daß zur Außenwelt, oder wie es wohl besser heißt: zur Welt eine Beziehung besteht. Denn der Begriff Außenwelt betont ja in sich die zweite Dichotomie und damit auch den zweiten Hiatus, den es gar nicht gibt, weil Mensch und Welt zusammengehören" (ebd. 586).

In dieser doppelten Dichotomie sieht BRAUN die großen theoretischen Schwachpunkte der Humanistischen Psychologie, „die sie auch pädagogisch unhandlich, ja sogar unbrauchbar machen" (ebd. 584). Da diese Dichotomie, wie exemplarisch und eher schlaglichtartig an der 'Integrativen Körpertherapie' aufgezeigt, auch den behindertenspezifischen Therapieentwicklungen immanent ist, werden sie für die Schwerstbehindertenpädagogik „unhandlich und unbrauchbar".

Es wird jetzt deutlich, daß die gestaltpsychologischen Entwicklungen in und für die Schwerstbehindertenpädagogik mehr als nur eine pragmatische Akzentverschiebung sind. Indem sie das eigentlich Pädagogische verdrängen und durch vergangenheitsorientiertes therapeutisches Handeln ersetzen, führen sie ein überaus fragwürdiges Menschenbild in die Schwerstbehindertenpädagogik ein, das eindeutig als Rückschritt hinter eine längst erworbene Kenntnis vom Menschen gelten muß.

Die Betonung des Selbst-Erlebens und der Selbstentfaltung bzw. -verwirklichung mag zwar eine Lücke in der Schwerstbehindertenpädagogik schließen, indem sie das Primat der Erkenntnis durch das des 'Selbst' ergänzt, da sie aber von einem bedenklichen Idealbild vom Menschen ausgeht, also finalistisch bestimmt ist, kann sie der Gefahr der Verobjektivierung des schwerstbehinderten Kindes durch Therapie nicht begegnen. Dies vor allem auch, weil sie nicht von der Einsichtsfähigkeit des zu Therapierenden ausgeht, sie nicht voraussetzt und sie auch nicht fördert. Auch wenn viele Pädagogen in diesem Faktum gerade den Vorteil des therapeutischen Umgangs mit schwerstbehinderten Schülern sehen und auf erzieherische Zugänge verzichten, schleichen sich hierdurch, wie wir jetzt erkennen müssen, vielfältige anthropologische Probleme in die Schwerstbehindertenpädagogik: die defizitäre Interpretation der Lebenswirklichkeit Schwerstbehinderter wird manifestiert.

Wenn SonderschullehrerInnen heute ihre eigentlich erzieherische Kompetenz zugunsten einer therapeutischen aufgeben, kann das in einer Zeit sinkender Ressourcen und wieder zunehmenden sozialökonomischen Drucks dazu führen, daß schwerstbehinderten Kindern ihr Erziehungs- und Bildungsanspruch wieder abgesprochen wird, sie von schulischer Erziehung ausgeschlossen werden, weil Pflege, Versorgung und Therapie billiger sind. Durch ungenügende Reflexion und Selbstreflexion drohen sich SonderschullehrerInnen damit ihres eigenen Selbstverständnisses und Berufsfeldes zu berauben.

Diese Gefahr, die m.E. nicht zu unterschätzen ist, muß die Schwerstbehindertenpädagogik erkennen. Sie darf nicht länger nur nach vorwiegend praktischen Lösungen im Umgang mit schwerstbehinderten Menschen suchen, sondern muß sich auch um eine tragfähige *Theorie der Erziehung* bemühen, die ethisch so abgesichert ist, daß sie negativen Zeitströmungen standhalten und einem möglichen Rückschritt der (Schwerst)Behindertenpädagogik hinter einen erreichten Erkenntnis- und Methodenstand vorbeugt.

In dieses Theoriegerüst gehört das bisher Entstandene, können die aufgezeigten nachbarwissenschaftlichen Determinanten einfließen. Es geht nicht darum, sie aus der schwerstbehindertenpädagogischen Theoriebildung auszuschließen, denn jede von ihnen repräsentiert ja *einen* Wirklichkeitsaspekt. Die Frage ist vielmehr die ihrer Verbindbarkeit bzw. die der integrierenden Instanz, die die medizinischen, psychologischen, soziologischen und philosophisch-anthropologischen Deutungsmuster aus *erziehungswissenschaftlicher*

Perspektive zu überprüfen und zu integrieren vermag. Es ist ein Denkansatz gefordert, der, wie in Kapitel 1 dargestellt, im Sinne eines „mittleren Wegs der Erkenntnis" (MERLEAU-PONTY) nach einem Gemeinsam-Sehen, nach einer Synthese unterschiedlicher Ordnungen, Systeme und Theorien zum Wohl des schwerstbehinderten Menschen fragt. Zukünftige, sicher nicht leichte Aufgabe der Schwerstbehindertenpädagogik ist es, nach diesem integrierenden oder integralen Bewußtsein zu suchen. Erste ethisch-anthropologische Anregungen zur Theoriebildung möchte ich im dritten Kapitel geben.

Doch zuvor soll noch einmal im laufenden Kapitel zurückschauend gefragt werden, inwieweit Antworten auf die erkenntnisleitende Frage nach der Erfassung der Schwerstbehinderung bzw. des Schwerstbehindert-Seins zu finden sind. Während im ersten die Beschreibung oder Definition von Schwerstbehinderung aus der Perspektive von Körper- und Geistigbehindertenpädagogik im Mittelpunkt stand, und wir dabei eine fragwürdige Orientierung an der Nichtbehinderten-Norm feststellen mußten, suchte das zweite Kapitel Antworten aus der Ebene der arrangierten und gelebten schulischen Welt heraus. Hier fungieren ebenfalls Vergleichsnormen, Werte und Regeln einer allgemein- oder sonderpädagogischen Erziehung, die die Erziehungswirklichkeit schwerstbehinderter Kinder nicht angemessen zu repräsentieren vermögen. Die Umbenennung der 'Erziehung' in 'Förderung' oder 'Entwicklungsförderung' ist Ausdruck dieses Unvermögens.

Die eigentliche anthropologische Frage nach dem Schwerstbehindert-Sein aus dem Blickwinkel von Erziehung bzw. Pädagogik beantworten zu wollen, ist insofern sinnvoll, als jede Erziehung von einem bestimmten Menschenbild ausgeht und es, wenn auch nicht immer bewußt, als Erziehungsziel anstrebt, d.h. das Bild dient als Muster, nach dem der (schwerstbehinderte) Mensch erzogen wird. Das Kind soll als Erwachsener dem Bild entsprechen; dies zu erreichen, ist Aufgabe von Pädagogik. In diesem Vorgehen unterscheidet sich die Schwerstbehindertenpädagogik nicht von allgemeiner oder sonderpädagogischer Praxis. Auch wenn man den Menschenbild- und Theoriearchitekten der Schwerstbehindertenpädagogik zugute halten muß, daß sie sich redlich bemühen, das Beste für diese Schüler wollen, und *viel*, und das betone ich ausdrücklich, für sie erreicht haben, gelingt es ihnen bisher erst ansatzweise, ihre Entwürfe *pädagogisch* zu begründen und ein neues, ein aktuelles Verständnis von *Erziehung* zu entwerfen; ein Verständnis, das schwerstbehinderte Kinder in die Pädagogik ein- und nicht weiter ausschließt.

Die Ursachen für die Schwierigkeiten im Entwurf einer umfassenden *Theorie der Erziehung Schwerstbehinderter* liegen einmal in der doppelten Normorientierung, d.h. weder das fundierende Menschenbild noch das Verständnis von Erziehung (in Abhängigkeit voneinander) sind zur Erfassung der Lebens- und Erziehungswirklichkeit Schwerstbehinderter geeignet. Das eine ohne das andere zu verändern bewirkt nichts; die Diskrepanz zwischen normorientiertem Menschenbild, normorientiertem Erziehungs- bzw. Therapieverständnis und Lebenswirklichkeit des schwerstbehinderten Kindes scheint unüberwindbar. Es bleibt etwas Unvereinbares, das sich so lange als circulus vitiosus erweist, bis wir beginnen umzudenken. Die Revision wird möglich, wenn wir nicht länger eine festgelegte Norm, sondern die 'Andersheit' und die Lebenswirklichkeit des schwerstbehinderten Kindes an den Anfang unserer Überlegungen setzen. Doch ihre Lebenswirklichkeit erschließt sich dem Pädagogen nicht in der Reflexion allein. Sie muß auf die *vorwissenschaftliche Erfahrung*, auf die gelebte Erziehungswirklichkeit von Schülern und Lehrern zurückgehen. Ihre Lebenswirklichkeit zeigt sich uns also in dem, was das *eigentlich Pädagogische* ausmacht, und was die Schwerstbehindertenpädagogik in ihrer außerpädagogischen Wissenschaftsorientierung aufgegeben bzw. bisher nicht gefunden hat. In der Verkennung der vortheoretischen oder vorwissenschaftlichen Erfahrung liegt m.E. ein weiterer Grund für die Schwierigkeit eines *pädagogischen* Theorieentwurfs. Die entlehnten nachbarwissenschaftlichen Erkenntnisse stehen in einem gewissen Widerspruch zur pädagogischen Denktradition und zur gelebten, vorwissenschaftlichen Praxis. Sie zur Deckung zu bringen ist schwierig und zukünftige Aufgabe der Schwerstbehindertenpädagogik. Eine Lösung dieses Problems setzt die Rückbesinnung auf das *eigentlich Pädagogische* als dem Wesensmerkmal von Pädagogik voraus und soll nachfolgend, in Form eines Ausblikkes und aus der Perspektive einer phänomenologisch-hermeneutisch begründeten Pädagogik heraus, vorgestellt werden.

2.5 Ausblicke auf das 'eigentlich Pädagogische'

„Pädagogische Theoriebildung und erzieherische Haltung richtet sich darauf, was uns als Eltern oder Erzieher an Kinder bindet".
(VON MANEN 1987, 131)

Ist das, was uns mit Kindern verbindet, das 'eigentlich Pädagogische'? Hat es die Sonderpädagogik aufgegeben, nach dem Pädagogischen zu fragen, weil uns mit schwerstbehinderten Kindern nichts verbindet?

Fragen, die die Richtung der weiteren Auseinandersetzung andeuten und erkennen lassen, daß es jetzt nicht etwa um die Relevanz politischer, gesellschaftlicher oder kultureller Erwartungen für Erziehung und Bildung geht, sondern um Grundsätzlicheres, um das, was die Pädagogik zur Pädagogik macht, um die ethische Begründung des 'eigentlich Pädagogischen'. Doch beginnen wir zunächst mit einer eher terminologischen Klärung.

Der Begriff des '*Pädagogischen*' geht auf Herman NOHL und seine Theorie des pädagogischen Bezugs zurück und entstand als reformpädagogische Gegenbewegung zur „Starrheit und unzureichenden Phantasie, der Inkompetenz und Pedanterie" (MUSOLFF 1992, 3) der Erziehungsphilosophie der zweiten Hälfte des 19. Jahrhunderts. Ihr wollte man mit dem Begriff eine Sichtweise gegenüberstellen, die die Qualitäten aufzeigt, welche eine Situation, einen Bezug oder ein Verhältnis zu einer *pädagogischen* machen, „die diesen", wie MUSOLFF sagt, „von einem 'bloßen Gegenstand' zu einem 'pädagogischen Gegenstand' transformieren" (ebd.). Er unterscheidet zur Begründung des philosophischen Begriffs des Pädagogischen zwei theoretische Alternativen. „*Erstens* kann 'das Pädagogische' als 'ein gewisses Ding' (eine Qualität, ein Faktor) angesehen werden" (ebd.). Diese eher vergegenständlichende Begründungsalternative wählte NOHL in den 20er Jahren. Anders MOLLENHAUER, der 50 Jahre später das Pädagogische weiter als ein Gebiet, Sphäre, Feld oder System begreift. „Alles, was in dieses Gebiet eintritt, wird seiner Natur nach pädagogisch, sobald es eintritt. Alles, was aus dem Gebiet austritt, hört auf, pädagogisch zu sein, sobald es austritt" (MUSOLFF ebd.). In diesem Sinne begründet auch Josef DERBOLAV das Pädagogische in seiner Theorie der pädagogischen Praxis.

Der Begriff des *Pädagogischen* ist also ein philosophisches Hilfsmittel, um den spezifischen pädagogischen Charakter von Erziehungsinstitutionen, -intentionen und -situationen verstehen zu können. Die zunehmende Komplexität der Erziehungswirklichkeit, „der Erscheinungen im pädagogischen Netzwerk der Moderne", wie MUSOLFF es nennt, war schon KANT und den Neuhumanisten bekannt. Doch sie unternahmen keinen Versuch, „einen 'Begriff des Pädagogischen' zu explizieren'"(MUSOLFF ebd. 5), was bei den Reformpädagogen zum Entwurf ihrer Erziehungsphilosophie führte.

MUSOLFF zeigt in seiner kritischen Analyse der erziehungsphilosophischen Reflexionen NOHLS, MOLLENHAUERS und DERBOLAVS, auf die hier nur hingewiesen werden soll, daß der moderne Begriff des Pädagogischen „von den radikalen Bildungs- und Erziehungsphilosophien von der Quintessenz der modernen politischen Dynamik abgeleitet worden" (ebd. 10) ist. So habe beispielsweise NOHL in seiner Lehre von der Drei-Phasen-Bewegung pädagogischer Reform einen Begriff des pädagogischen Bezugs entwickelt, der politischer Natur sei. „Für Nohl war die Erziehungswirklichkeit als der Ausgangspunkt jeder pädagogischen Theoriebildung ein durch die Geschichte hindurchgehender Zusammenhang von Leistungen. Der Begriff des pädagogischen Bezugs konnte erst in der 'dritten Phase' vollendet werden, in der die tätige Hingabe an das Objektive des Staats der pädagogischen Bewegung Gehalt und Bindung verleihe. Diese Bildungsphilosophie endet jedoch damit, daß sie weite Gebiete des Pädagogischen aus dem Begriff des Pädagogischen *ausschlossen*" (ebd.). Dieser Ausschluß war das Ergebnis der substantiellen politischen Definition des Begriffs, die LITT kritisierte mit dem Argument, daß sich „jede herrschaftliche Motivation bei der Bewirkung bildender Eigenleistungen von Kindern" (MUSOLFF ebd.) verbiete. Wir stünden somit, wie MUSOLFF meint, vor folgendem Dilemma: „Wenn dem Begriff des Pädagogischen keine substantielle Definition gegeben wird, verschwindet der Begriff selbst"[1] (ebd.). Die Bildungs- und Erziehungsphilosophie „einer Epoche ohne politische Klassen, also ohne Gleichsetzung der Pädagogik mit der Überlieferung des Bildungskosmos an den Nachwuchs der politischen Klasse, mit zunehmender Komplexität und zunehmender Intransparenz *braucht* einen Begriff des Pädagogischen. Dieser Begriff muß substantiell, aber nicht stark definiert werden. Die substantielle Definition darf jedoch ihrer Natur nach nicht politisch sein. Was für eine Art Definition kann dies sein" (ebd.)?

Mir scheint mit der phänomenologisch-hermeneutischen Interpretation[2] als theoretischer wie praktischer Idee des Pädagogischen eine Möglichkeit gegeben, trotz der Komplexität und Uneinheitlichkeit heutiger Erziehungslandschaft und unabhängig von politischen Setzungen wieder zu einem *pädagogischen* Verständnis von Erziehung und Bildung zu gelangen, das die Erziehungswirklichkeit mit schwerstbehinderten Kindern einschließt, weil sie nämlich ethischer Natur ist.

Der Phänomenologe Max VON MANEN bezeichnet das Pädagogische zunächst einmal als eine bestimmte Weise der Begegnung, „als eine Art von Zusammengehörigkeit von Mutter und Kind, Lehrer und Schüler, Großvater und Enkel, kurz als ein Verhältnis der Praxis zwischen einem Erwachsenen

[1] Und genau das geschieht heute in der Schwerstbehindertenpädagogik, da sie bisher noch nicht zu einer substantiellen Definition des Pädagogischen gefunden hat.

[2] MUSOLFF beantwortet die zuvor genannte Frage folgendermaßen: "Als eine *theoretische* Idee kann der Begriff des Pädagogischen mit drei verschiedenen Sichtweisen des Generationsverhältnisses verknüpft werden (der des Fortschritts, der Skepsis und dem Nihilismus). Als eine *praktische* Idee ist er mit der Verpflichtung auf die Konkretisierung der Idee Freiheit verknüpft" (ebd. 16).

und einem Heranwachsenden“ (1987, 131). Da aber nicht alle Begegnungen zwischen Eltern oder Lehrern und Kindern pädagogischer Art sind, wird eine Konkretisierung dieser Aussage notwendig. Sie aber aus der kategorialen Trennung von nicht-pädagogischen und pädagogischen Situationen, sie also in theoriegeleiteten Reflexionen erkennen zu wollen, läßt das eigentlich pädagogische Phänomen in der Wertetheorie aufgehen. Darum fordert VON MANEN, das eigentlich Pädagogische in der Lebenswelt aufzusuchen, d.h. in der konkret gelebten pädagogischen Begegnung zwischen Schülern und Lehrern, „in der der Lehrer einem Schüler, der seine Aufgabe gut gemacht hat, anerkennend zunickt“ (ebd. 132).

„Pädagogik darf nicht“, so fordert er, „in einem Gebäude abstrakter politischer Philosophie oder pädagogischer Wertetheorie aufgehen, sondern sie muß gerade *in der Lebenswelt* aufgesucht werden“ (ebd.). Wenn wir die Bedeutung der Pädagogik von einer Philosophie ableiten, „von irgendeinem politischen oder kulturellen Glauben, dann würde der wahre Begriff des pädagogisch Richtigen und Guten auf die bloße Wahl von schon vorhandenen Prinzipien reduziert. Aber Pädagogik deduziert nicht ihre fundamentalen Prinzipien aus irgendeiner Lebensphilosophie oder irgendeinem Wertesystem“ (ebd.). Ihr Sinn läge vielmehr in ihrer *eigenen Ontologie*. „Was uns zu den Kindern hinführt und hinzieht, was wir das Pädagogische nennen, ruft gleichzeitig etwas ins Sein“ (ebd.). Pädagogik ist für VON MANEN, wie jetzt deutlich wird, nicht nur ein Wort, sondern tief in der Natur des Verhältnisses zwischen Kindern und Erwachsenen verwurzelt, sie ist *gelebte Wirklichkeit* beider. Dies gilt ungeachtet dessen, was wir über das Tun von Lehrern oder Erziehern *denken*. Das eigentlich Pädagogische geht der Reflexion über das Pädagogische voraus. „Folglich läßt sich Pädagogik nicht so sehr als ein besonderes Verhältnis oder ein besonderes Tun definieren, *Pädagogik ist vielmehr etwas, das eine Begegnung, eine Beziehung, eine Situation oder ein Tun pädagogisch werden läßt.* Jeder pädagogische Umgang mit Kindern ist eine Art, mit ihnen zu sprechen“ (ebd. 132). Das Pädagogische ist etwas, so läßt sich für's erste mit VON MANEN festhalten, „das, sobald wir mit Kindern in einer bestimmten Weise umgehen, von uns Besitz ergreift“ (ebd. 133). Warum dem so ist und weshalb das eigentlich Pädagogische in der Erziehungswirklichkeit, als dem ethischen Verhältnis von Schülern und Lehrern, gegeben ist, will ich im dritten Kapitel unter der Frage nach der ‘pädagogischen Verantwortung’ vertiefend nachgehen.

Die Frage nach der pädagogischen Verantwortung oder des pädagogischen Anspruchs ist insofern von Bedeutung, als sie einen *Wesensgehalt des Pädagogischen* zum Ausdruck bringt, das In-Anspruch-Genommen-Werden des Erziehers. Wenn die Schwerstbehindertenpädagogik heute von ‘Förderung’ spricht, diese in therapieähnlichem Vorgehen zu realisieren versucht, ohne die Kinder zu mitverantwortlichen Partnern im Erziehungsprozeß zu machen, dann übersieht sie das pädagogisch Wesentliche, nämlich, daß sich der pädagogische Anspruch nicht aus übernommener Verantwortung oder beruflicher Pflicht ergibt, sondern aus dem ethischen Verhältnis von Schülern und Lehrern. „Das Wesen der Erfahrung des pädagogischen Anspruchs besteht nicht darin, daß ich etwas besitze, das zu ihm gehört. Vielmehr nimmt mich der Anspruch der Erziehung in Beschlag. Erziehung ist immer schon eine Aufforderung, nämlich die, ein Kind zu leiten; ... Und erhebt sich der Anspruch, so betrifft er mich nicht bloß zum Teil. Er beansprucht mich ganz; ich vernehme ihn als ganze Person. Indem er uns herausfordert, läßt er uns unzweifelhaft fühlen, daß er uns gerufen hat. Verspüren wir dann noch den Wunsch, nach dem Anspruch zu fragen, woher er kommt, wohin er führt? Nein, genau das nicht! Denn das Vernehmen des Anspruchs veranlaßt mich bereits zu handeln - als ob ich das Ziel wüßte“ (VON MANEN 1987, 135).

Mit dieser Aussage kommen wir zu einem entscheidenen Punkt im phänomenologischen Verständnis des Pädagogischen, das bei VON MANEN stark an LANGEVELD orientiert ist. Eine phänomenologische Darlegung des Pädagogischen offenbart, „daß die ontologische Dimension darin besteht, ‘zu Erziehung aufgerufen’ zu werden. Dieser Aufruf gründet im Erzieherischen selbst, nicht bloß in der Basis familiärer Beziehungen oder in der Basis konventioneller institutionalisierter Verbände. Phänomenologische Pädagogik verlangt den Aufweis der Gründe pädagogischen Seins“ (ebd. 136).

Das Besondere der phänomenologischen Pädagogik, was sie für die Schwerstbehindertenpädagogik interessant macht, ist die *„Rehabilitierung vorwissenschaftlicher Erfahrung“* (LIPPITZ 1980, 1984). Grundlage jeder Reflexion, auch der wissenschaftlichen ist, wie wir schon bei früheren Ausführungen zum phänomenologischen Denken gesehen haben, das „vorgängig, sinnlich-leiblich gebundene, immer schon bedeutungshafte, wenn auch unthematische Erfahrungsleben“ (LIPPITZ 1984, 83), in dem Mensch und Welt ursprünglich miteinander verbunden sind. Diese *vorwissenschaftliche Erfahrung*, die jedem Denken, auch dem pädagogischen Denken, vorausgeht, erläutert LIPPITZ anschaulich, wenn er sagt: „Wir sehen schon, bevor wir über das Sehen nachdenken; wir kommunizieren schon, bevor wir Sprachwissenschaft betreiben; wir gehen mit Dingen in pragmatischer Weise um und kennen sie, indem wir etwas mit ihnen anfangen können, bevor wir uns über ihre Gegenständlichkeit Gedanken machen; wir erleben und erleiden unmittelbar den Anderen, bevor er uns als Nicht-Ich in reflexiver Einstellung ein Fremder wird usw.

Reflexive, wissenschaftliche Vernunft kommt gegenüber menschlicher Praxis gleichsam immer zu spät, Praxis verstanden als dieses z.T. vorreflexive bedeutungshafte anthropologische Fundament von im weitesten Sinn naturhaften, sozialen und historischen Bedingungen menschlicher Existenz“ (ebd.).

Phänomenologie ist in diesem Sinne für LIPPITZ „Hermeneutik gelebten Lebens in seinen mannigfaltigen reflexiven und präreflexiven Erscheinungsformen“ (ebd.). Indem das phänomenologische Denken „die theoretischen

Gestalten menschlicher Welt- und Selbstkonzeptionen an den konkreten Kontext zurückbindet, in dem sie entstanden sind, deckt es kritische Grenzen und Möglichkeiten wissenschaftlicher Rationalität auf" (MEYER-DRAWE 1984, 55) und ermöglicht, bezogen auf die Erziehungswissenschaft, die vortheoretisch-lebensweltlichen Apriorien von Erziehung, das eigentlich Pädagogische zu erkennen.

Mit der phänomenologischen Pädagogik und ihrer Frage nach dem eigentlich Pädagogischen, das *vor* unserer Erkenntnis liegt, wird es möglich, sich aus einem anderen Blickwinkel dem Phänomen der Erziehung Schwerstbehinderter zuzuwenden. Am Anfang der weiteren Überlegungen stehen nicht mehr Behinderung und Nichterfüllen von Erziehungsnormen, sondern die gelebte Wirklichkeit von behinderten Schülern und Lehrern. Ziel ist es, zu einer Ontologie des Pädagogischen zu gelangen, die die Basis für eine Theorie der Erziehung Schwerstbehinderter bilden kann.

Da die Erziehungswirklichkeit von schwerstbehinderten Kindern und ihren Erziehern eine irritierte ist, sie im wesentlichen durch eine umfängliche *Beziehungsstörung* zwischen beiden (vgl. FORNEFELD 1989) geprägt ist, soll zunächst die vermeintliche Andersheit, die wir als *Fremdheit* erleben, in den Mittelpunkt gestellt werden (Kap. 3.1). Behinderung erscheint hierbei als eine Ordnung unter möglichen anderen menschlichen Ordnungen, was zur Überwindung der Negativinterpretation von Schwerstbehinderung führt. Wir werden sehen, daß das schwerstbehinderte Kind „ein Fremder in der Nähe" (MEYER-DRAWE) ist, das uns in die Verantwortung nimmt, uns zur Erziehung aufruft. Dabei gewinnen wir eine neue, ethische Sichtweise pädagogischer Verantwortung (Kap. 3.2), die schließlich erkennen läßt, daß Erziehung und mit ihr die Schwerstbehindertenerziehung sich nicht länger vom Paradigma des Bewußtseins (der Vernunft) leiten lassen und es durch das Paradigma des Zur-Welt-Seins ersetzen müssen. Damit kommen wir schließlich zu einem Verständnis von Schwerstbehindertenpädagogik, die sich nicht länger durch die vermeintliche Besonderheit ihrer Schülerschaft legitimieren muß, sondern die sich als erziehungswissenschaftliche Disziplin begreift.

3. Anthropologische Reflexionen zur Erziehung Schwerstbehinderter
Erziehungsphilosophische Ausblicke

> *„Wir müssen uns entscheiden, die Unbestimmtheit als positives Phänomen anzuerkennen".*
>
> *(MERLEAU-PONTY 1966, 25)*

3.1 Das schwerstbehinderte Kind als Fremder in der Nähe

Vielfältige Beeinträchtigungen, unverständliche Äußerungen, ein verändertes Erscheinungsbild schwerstbehinderter Kinder führen oft zu Irritationen beim Lehrer und belasten das Verhältnis zwischen ihm und dem Schüler, was auf der vortheoretischen, auf der Ebene vorwissenschaftlicher Erfahrung an Äußerungen von Lehrern deutlich wird, wenn beispielsweise SCHLOBACH betroffen feststellt: „Bei einigen Behinderten stößt man wohl auf menschliche Existenzformen, die mich mit Seinsformen konfrontieren, welche mir vollkommen fremd und vorher überhaupt nicht im Denk- und Vorstellungshorizont aufgetaucht waren" (nach PFEFFER 1987, 259). Ein anderer Lehrer drückt sein Erleben folgendermaßen aus: „Ich erinnere mich, als ich zum ersten Mal in die Klasse kam. Wirklich 'sympathisch' konnte ich auf Anhieb kein Kind finden. Dieses Anderssein der Kinder, vor allem ihre Kommunikation verunsicherte, ja erschreckte mich teilweise; Schreie, Laute, die Art, zu jemandem Kontakt aufzunehmen. Ich war hilflos und wußte nicht wie ich reagieren sollte, wenn ein Kind versuchte Kontakt zu mir aufzunehmen. Klaus z.B. kam und 'schnupperte' mich an, Sabine schmierte ihren Speichel an mich, Fritz umklammerte mich" (nach PFEFFER ebd.).

Beschreibungen wie diese zeigen, daß in der Begegnung, vor allem in der Erstbegegnung mit Schwerstbehinderten die vermeintliche Andersheit der Kinder sich in den Vordergrund drängt, als Fremdheit empfunden wird und beim Erzieher zu Unsicherheiten, Ablehnung, sogar zu Ekel führen. Das Verhalten Schwerstbehinderter scheint in keiner Weise vertrautem kindlichen und schon gar nicht dem Verhalten des Lehrers zu entsprechen. Es ist deshalb nicht erfahr- oder verstehbar und bleibt uns fremd. Aber nicht nur das Verhalten, das Ausdrucksvermögen bleibt fremd, sondern auch der schwerstbehinderte Andere *als* Mensch. Unbestimmtheit, also Unbegreifbares, an Grenzen stoßendes Erklären und Verstehen menschlichen Seins muß als „positives Phänomen" (MERLEAU-PONTY) gedacht, als Erkenntnismöglichkeit begriffen werden.

Das Fremde erscheint im Kontrast zum Eigenen und betrifft Erfahrungsgehalte und -bereiche. Fremd ist, „was jenseits der Grenze dessen liegt, was man mit Husserl Eigenheitssphäre nennen könnte" (WALDENFELS 1990, 59). Die Eigenheit wird hier im Sinne von Zugehörigkeit, Vertrautheit und Verfügbarkeit verstanden, wie sie sich z.B. in der Eigenheit des Leibes, der Kleider, der Wohnung oder der Freunde zeigen (vgl. ebd.). Im Gegensatz zur Eigenheit hat das Fremdartige mit Erfahrungs*strukturen* und *-ordnungen* zutun. Das Fremdartige überschreitet Grenzen bestimmter Ordnungen und setzt damit eine festgelegte Form von Normalität voraus. WALDENFELS zeigt einige zentrale Formen der Fremdartigkeit als Überschreitung von Normalitäts-Normen, die für unsere Fragestellung von besonderem Interesse sind.

„Die Fremdartigkeit kann auf *gleicher Stufe* auftreten, so im Falle ähnlich weit entwickelter Lebensformen und Kulturen. Sie kann auf *früheren Stufen* auftreten, individualgeschichtlich als Kindheit gegenüber dem Status des Erwachsenen, kollektivgeschichtlich als sogenannte Primitivität gegenüber dem Status des Zivilisierten, stammesgeschichtlich als Animalität gegenüber dem Status Mensch. Schließlich bleiben *abartige Zustände*, die sich als Anomalien, Heterologien und Pathologien bekunden, so im Traum, in der Ekstase oder im Wahn und in der Krankheit überhaupt" (ebd.).

Gerade diese „abartigen Zustände" drängen sich angesichts der Schwerstbehinderung in den Vordergrund, bevölkern nicht nur das Unbewußte des Sonderpädagogen, bemächtigen sich auch seines Bewußtseins und bewirken, daß gerade diese „abartigen Zustände" zu objektiven bzw. objektivierbaren Merkmalen schwerstbehinderter Kinder und ihrer Erziehung erklärt werden. Die Fremdheit wird hierdurch manifestiert.

Das Gravitationsfeld der Fremdartigkeiten gruppiert sich für WALDENFELS um drei zentrale Figuren: das *Kind*, den *Wilden* und den *Irren* oder den *Narren* (vgl. ebd.). Denken wir an die zuvor aufgeführten entwicklungs- und erziehungsbezogenen Vergleichsdefinitionen, läßt sich das Gravitationsfeld der Fremdartigkeit schwerstbehinderter Menschen mit drei Figuren belegen: sie sind Kind, Wilder und Irrer zugleich.

Wenn allem Fremden etwas Un-heimliches innewohnt (vgl. ebd.), wie unheimlich muß dann erst der in dieser Hinsicht dreifach fremdartige schwerstbehinderte Mensch wirken. Das Un-heimliche bewegt sich zwischen Befremdendem, Verlockendem und Bedrohendem und drängt nach Eindämmung und Bewältigung. Dies geschieht nach WALDENFELS in der *Aneignung* und *Enteignung* als Formen der Überreaktion und Gegenreaktion, wobei die letztere, die Enteignung, das Nicht-zur-Sprache-Bringen der Fremdartigkeit meint. Beide Formen der Gegenreaktion sind, wie wir zuvor gesehen haben, in der heutigen Schwerstbehindertenpädagogik wiederzufinden. Ihren Ursprung nehmen Aneignung und Enteignung in der Trennung von Eigenem und Fremden.

Für unsere abendländische Rationalität ist die Bewältigung der Fremdheit durch Aneignung charakteristisch (vgl. Meyer-Drawe/Waldenfels 1988, 273) und geschieht im Rahmen der Schwerstbehindertenpädagogik beispielsweise im Postulieren rationalistisch bestimmter Entwicklungsanalogien Piagetscher Prägung. Dieses Sichzueigenmachen setzt aber zwei Dinge voraus: „(a) eine *Trennung* von Eigenem und Fremdem, (b) eine *Zersplitterung* der physischen und sozialen Welt" (ebd.).

Der Trennung zwischen Eigenem und Fremdem folgt eine Form der *Egozentrik*. „Fremdartiges wird bewältigt, indem es am Eigenen gemessen wird, als Dublette (alter ego), als Abwandlung ... Die Methode der Einfühlung und des Sich-Hineinversetzens ins fremde Erleben setzen eine cartesianische Trennung von Innen und Außen voraus" (ebd.).

Auf die Zersplitterung der physischen und sozialen Welt antwortet eine Form der *Logozität*. Das Fremdartige wird hier bewältigt „durch Sammlung alles Verständlichen in einem Logos. Dabei wird das Fremde vom Eigenen abgeschieden, durch die Konstitution eines formalen, vorgängigen Denkraumes" (ebd.). Die andere Möglichkeit der Aneignung in Form von Logozität besteht für Waldenfels darin, „daß alles Eigene und Fremde integriert wird in einem *totalen, allumfassenden Denkraum*" (ebd.). Egozentrik und Logozentrik existieren nicht isoliert nebeneinander, sondern verweisen aufeinander.

Die Konsequenzen einer derartigen Aneignungsstrategie werden deutlich, wenn man auf die drei zuvor erwähnten Zentralfiguren der Fremdartigkeit zurückschaut, die Merleau-Ponty durch ein dreifaches Monopol der Vernunft gekennzeichnet sieht: „Der Erwachsene hat recht gegenüber dem Kind, der Zivilisierte gegenüber dem sogenannten Primaten, der Gesunde gegenüber dem Kranken, von rechtlosen Tieren oder gar Pflanzen ganz zu schweigen" (Waldenfels 1990, 62). Man könnte in die Reihe einfügen: der Nichtbehinderte hat recht gegenüber dem Behinderten. „Im Falle von Kindern und Primitiven handelt es sich um bloße *Vorformen* der Vernunft, im Falle des Kranken um *Fehlformen* der Vernunft" (ebd.). Auf den Behinderten scheinen beide Vernunftformen Anwendung zu finden, da er ja sowohl als Kind (vgl. Pflüger-Definition) als auch im weiten Sinne als Kranker (vgl. Bestimmungen zum Sonderschulaufnahmeverfahren) aufgefaßt wird.

Die Bewältigung der Fremdheit durch Aneignung ist für die aktuelle Schwerstbehindertenpädagogik kennzeichnend. Daß beide, Egozentrik und Logozentrik, aber auch Trennung von Innen und Außen sowie Zersplitterung von physischer und sozialer Welt für dieses sonderpädagogische Denken bestimmend sind, will ich mit den Ausführungen Stinkes belegen. Sie kritisiert, daß durch die Neuentdeckung der Körperlichkeit in der Geistigbehindertenpädagogik von der Annahme ausgegangen würde, „daß nur mit den Sinnen hervorgehoben werden müßte, was unter dem Mantel von Rationalität verborgen sei" (1991, 204). Diese Tendenzen sieht sie vor allem auch in den neurophysiologisch-entwicklungspsychologischen (vgl. Fröhlich), neurophysiologisch-gesellschaftskritischen (vgl. FEUSER) und leibbezogenen (vgl. MALL) Ansätzen der Schwerstbehindertenpädagogik gegeben.

„Die Fülle der pädagogisch-therapeutischen Interventionsmodelle gehen von einem ausdeutbaren und lesbaren Körper des Kindes aus, welche mit der Annahme eines linearen neurophysiologischen, psychischen und geistigen Kausalverhältnisses aufgrund einer Trennung von physischer und sozialer Welt (Innen und Außen) operiert" (ebd.). Innen und Außen stünden, wie STINKES weiter ausführt, in einem Abbildverhältnis im Sinne eines Erkenntnisverhältnisses und eines Erkenntnisvermögens zueinander. Der Körper des Kindes würde, was auch in den o.a. Klassifikationsversuchen von KUNERT oder von HAUPT/FRÖHLICH geschieht, auf einen Werkzeug-, Instrumental- und Funktionscharakter reduziert. Die Verwobenheit des Körpers mit der sozialen Welt würde hierdurch nicht erkennbar.

„Die Problematik des Anderen wird auf ein Problem der Identität reduziert, indem der andere Körper in seiner Präsenz erfahren, entdeckt und gerettet werden könnte. Die mystische Überhöhung der authentischen Erfahrung der körperlichen Identität stellt nur die andere Seite der Bemächtigung des Körpers unter dem Mantel einer Entdeckung dar. Die unterschiedlichen Weisen der Bemächtigung basieren auf der Annahme eines absoluten präsentischen, empirisch ausdeutbaren Körpers in der Repräsentation, der als realer Körper verstanden und erklärt wird" (ebd.).

Durch die Reduzierung auf die Materialität des Körpers und in Verkennung der Leiblichkeit des schwerstbehinderten Kindes wird „das Berührbare, Sichtbare, körperlich Betreffende auf einen geistig-organischen Defekt reduziert" (ebd. 205).

Daraus entsteht für STINKES eine neue Unzugänglichkeit zu behinderten Menschen, weil „das Verstehen und Erkennen des geistigbehinderten Kindes, indem es als Fremder im Identifikationsprozeß des Pädagogen verschwindet, in seiner Andersheit entweder geleugnet, bagatellisiert oder überbetont" (ebd.) wird. STINKES geht in Orientierung an LÉVINAS und LACAN der Andersheit des geistigbehinderten Kindes nach und kommt zu dem Schluß, „daß das 'Von-sich-her-Bedeuten' des Anderen jeder Erkenntnisrelation zum Anderen Schranken setzt" (nach DREHER 1991, 65) und daß wir nur dann nicht in die Gefahr geraten, nicht permanent eine imaginäre Beziehung zu installieren, wenn „durch ein verändertes Verhältnis zur Sprache das Wissen als Wissen gewußt wird, und wir mit Levinas das geistigbehinderte Kind in seiner leiblichen Ausdrucksform als Fremdes entdecken als eine Lücke im Wissen (Nicht-Wissen), das nicht in ein Wissen gewaltlos überführt werden kann, weil es die *Grenze* von Wissen selbst ist" (STINKES 1991, 205).

Alle Versuche, die Grenze zwischen Eigenem und Fremdem zu lösen, der Egozentrik und Logozentrik entgegenzuwirken, scheitern. „Eine totale Aneignung, in der die Grenzen verfestigt, und eine totale Enteignung, in der sie aufgelöst würden, wären dann nur extreme Versuche, dem beunruhigenden

Grenzspiel von Eigenem und Fremdem zu entkommen" (MEYER-DRAWE/WALDENFELS 1988, 277).

Aneignungs- und Enteignungsversuche verdeutlichen damit das Ausgeliefertsein an das Fremde. „Ich *bleibe* ein anderer. Was sich von daher empfiehlt, ist ein *Agieren und Denken auf der Grenze*" (ebd. 275).

Was das Bewegen auf der Grenze meint, wird deutlich, wenn man nach der Verflechtung von Eigenem und Fremdem diesseits von Aneignung und Enteignung fragt. Verflechtung ist für MERLEAU-PONTY weder Verschmelzung im Sinne einer Nichtunterschiedenheit noch Trennung im Sinne einer Wohlunterschiedenheit, sondern gleichzeitig Deckung und Nichtdeckung, eine Form der Abhebung im gemeinsamen Feld. Verdeutlichen läßt sich diese Verflechtung am Bild der Doppelhelix. Würde man die miteinander verbundene innere und äußere Wendel entflechten wollen, zerstörte man ihre Struktur. Beide sind eins und dennoch nicht eins.

WALDENFELS macht die Verflechtung von Eigenem und Fremdem an drei Formen der Andersheit deutlich: an der Andersheit der Anderen, der Intersubjektivität, an der Andersheit meiner selbst, Intrasubjektivität, und an der Andersheit der fremden Ordnung, der Interdiskursivität. Wobei letztere vor dem Hintergrund der Andersheit des schwerstbehinderten Anderen von besonderem Interesse ist.

Das Grenzspiel, „das im Bereich von Intersubjektivität und Intrasubjektivität vor sich geht, vollzieht sich seinerseits nach diskursiven Mustern und Normen, die unser gemeinsames Reden und Handeln ermöglichen und begrenzen. Eingrenzen und Ausgrenzen gehen bei der Ausbildung von Rede- und Handlungsräumen Hand in Hand. Die Andersheit macht sich auf diese Weise geltend als Andersheit der fremden Ordnung, eine *Interdiskursivität*" (WALDENFELS 1990, 68 f.).

Die Andersheit wird besonders problematisch, „wenn es sich um eine fremde Ordnung handelt, die der eigenen nicht gleichstufig gegenübersteht, wie es etwa bei der Unterscheidung zwischen deutscher und französischer Lebensart der Fall ist" (ebd.) oder wenn der Nichtbehinderte dem Schwerstbehinderten begegnet. Diesen Zusammenstoß von eigener und fremder Ordnung erläutert WALDENFELS anhand des Sprachverständnisses angesichts einer Fremdsprache und des Kindes angesichts der Erwachsensprache. Die Fremdheit, um die es hierbei geht, sei keine totale Fremdheit: „Das Verstehen einer fremden Sprache, das dem Sprechen einer Sprache vorausgeht, vollzieht sich nicht blindlings, sondern stützt sich vor aller Beherrschung semantischer und syntaktischer Regeln auf eine Lautsymbolik, die bei aller spezieller Variabilität quer durch die Sprachen reicht... Ohne ein derartig anfängliches Erfassen und Verstehen eines Sprecherlebnisses bliebe rätselhaft, warum ein Kind je Zugang zur Sprachwelt der Erwachsenen suchen sollte" (ebd. 69).

Diese Verflochtenheit von Eigenem und Fremdem, die vor jeder rationalen Bemächtigung gegeben und im Leib-Sein des Menschen verankert ist, hat auch Gültigkeit für den Austausch zwischen Eigenkultur und Fremdkultur, zwischen archaischen und zivilisierten Gesellschaften und ebenso „für das ambivalente Verhältnis von Normalem und Abnormalem und speziell für das Verhältnis zwischen *Normalem und Pathologischem*" (ebd.), für den Bezug zwischen Nichtbehinderten und Behinderten.

Für HUSSERL waren, wie MEYER-DRAWE an anderer Stelle betont, „Kinder, Tiere und Verrückte, die er häufig in einem Atemzug nennt, wichtig, nicht weil er sozusagen auf ihrem Rücken einen weiteren Beweis der Vorzüglichkeit unseres Bewußtseinserlebens erbringen wollte, sondern sie waren beruhigend, weil sie ein Grundproblem des Fremdverstehens überhaupt in besonders greller Weise beleuchteten, das Problem nämlich, wie ich einen Anderen verstehen kann, ohne ihn gänzlich zum Eigenen zu machen. Dieses Problem ist nicht zu lösen im Rahmen einer Bewußtseinsphilosophie. Um der Dialektik von Eigenem und Fremdem, von Verstehen und Nicht-Verstehen, von Fortschritt und Verlust gerecht werden zu können, muß die Leiblichkeit des Menschen in den sinnstiftenden Rang gehoben werden, der ihr zusteht" (1988, 249). Was das bedeutet, ist nachfolgend darzustellen.

In Orientierung an MERLEAU-PONTY geht WALDENFELS davon aus, daß sich *Normales und Pathologisches in wechselseitigem Kontakt bereichern*. „Wäre das Pathologische in all seinen Formen *bloße* Ausfallerscheinung, Störung, Beeinträchtigung oder Schädigung, das heißt Negativität oder Regressivität, so wäre die Bewertung des Pathologischen eindeutig: es wäre ein zu behebendes Fremdes" (WALDENFELS 1990, 70). Aber das eben wäre wieder eine Bemächtigung des Kranken oder Behinderten unter dem Diktat der Logozität, indem man Normen oder Ordnungen schafft, die Abweichungen ausschließen. Und genau das geschieht in der fortwährenden Betonung der Besonderheit schwerstbehinderter Menschen.

Mit MEYER-DRAWE muß kritisch gefragt werden: „Welche Mitbeteiligung billigen wir Behinderten zu, die wir ausschließlich an unseren Möglichkeiten messen? Welche Selbsterfahrung und -konstitution verhindern wir, wenn wir intersubjektive Entwicklungsvollzüge vornehmlich nach dem Muster des Rennens von Hase und Igel organisieren" (1988, 249)? Mit diesen Fragen will sie „einen Betrachtungsgesichtspunkt ins Licht rücken, der versucht, der Alternative von bloß Defizitärem und bloß Normalem zu entkommen. Je mehr wir uns nämlich bewußt werden, daß Krankheit nicht den Einbruch eines bedrohlichen Äußeren in ein intaktes Inneres bedeutet, je mehr wir sehen, daß Normalität eine labile Balance von ratifizierten Verhaltensformen und den in ihnen keimenden Abweichungen bedeutet, umso klarer tritt die Auffassung in Erscheinung, daß die Zentrik unserer Wahrnehmungs-, Denk- und Handlungsweisen ihre Gewaltsamkeit in ihrer Ausschließlichkeit entfaltet" (ebd. 250).

Entscheidend ist hier zu erkennen, daß Normales und Pathologisches sich gegenseitig bereichern, „wenn also für jede Ordnung gilt, daß sie nicht nur Lebensmöglichkeiten schafft, sondern auch solche verhindert", dann verbreitet sie „damit eigene Schatten der Fremdheit um sich" (WALDENFELS 1990, 70); Schatten, die Fremdheit u.U. sogar manifestieren. Die Abweichung von der bestehenden Ordnung bedeutet zunächst Andersheit, Verschiedenheit und nicht bloße *Unordnung*. „Sie schillert zwischen Abnormität und neuer Normalität, das heißt einer neuen Ordnung, und sei es eine Ordnung, die mit einer 'außergewöhnlichen Einschränkung des Milieus' erkauft ist" (ebd.).

Behinderung ist also in diesem Sinne keine 'Unordnung', sondern eine andere, neue Ordnung, die bereichernd auf die normierte zurückzuwirken vermag, dessen muß sich die Sonderpädagogik endlich bewußt werden.

„Soll die Andersheit der fremden Ordnung, die in der Interdiskursivität zu erreichen, aber niemals völlig anzueignen ist, ihr Eigengewicht steigern, so muß ihr eine Andersheit innerhalb der eigenen Ordnung, eine *Transdiskursivität* zu Hilfe kommen. Ohne die Möglichkeit der Überschreitung bestehender Ordnungen, die von einem Überfluß an Ungeordnetem in Gang gehalten wird, würde das 'Subjekt' degradiert zum bloßen Untertan, der nicht mehr sagt, sondern nur noch nachsagt" (ebd. 71). Ist der Behinderte ein solcher Mensch?

Um diese Frage beantworten zu können, ist es notwendig, dem Verstehen der Fremdheit des behinderten Anderen nachzugehen.

GOLDSTEIN, CANGUILHEM, MERLEAU-PONTY, aber auch BINSWANGER, MINKOWSKI oder FOUCAULT kritisieren, wie dies zuvor auch in den Ausführungen MEYER-DRAWEs anklang, eine rein defizitäre Bestimmung von Erkrankung (vgl. WALDENFELS 1990, 70) und beschreiben sie eher im Sinne einer spezifisch-anderen, aber eben nicht minderwertigen Ordnung oder gar Unordnung. So charakterisiert GOLDSTEIN beispielsweise Krankheit als mangelnde Responsivität und rückt damit „eine Charakterisierung in unsere Aufmerksamkeit, die es erlaubt, die Andersheit von Kranken (und Behinderten; Anm. B.F.) zu erkennen, ohne sie als bloße Andersheit zu bagatellisieren" (nach MEYER-DRAWE 1988, 247). „Während ein Nichtbehinderter ein vielfältiges Repertoire hat, auf Anforderungen der Situation zu antworten, was immer mehr bedeutet als eine bloße Anpassung, bleiben dem Behinderten dem Grad seiner Behinderung entsprechend nur eingeschränkte Möglichkeiten, sich aus der Fixierung in seinem leiblichen Zusammenwirken mit dem Milieu zu lösen, Normen, die hier fungieren, zu überschreiten. Die Gestaltung seiner Situation hat eher den Charakter der Notwendigkeit als den der Freiheit" (ebd.).

MEYER-DRAWE konkretisiert diese Feststellung an einem Beispiel von BOSCH (1962), das ich wegen seiner Prägnanz und Anschaulichkeit hier wiedergeben will. „Bosch erzählt in den zahlreichen Fallstudien zu autistischen Kindern von Hans R., der im Alter von 10 1/2 Jahren mühselig lernt, seine Schuhe mit einer Schleife zuzubinden. Die anhaltenden Aufforderungen, es doch selbständig zu tun, machen ihn schließlich ärgerlich. Er quittiert die Zumutung durch die Situation, indem er schreit: 'Das Alleine-

Zumachen soll rausgehen!'. Hans antwortet auf die Lage, die ihn anstrengt und die er abwenden will, in einer sehr sprechenden, allerdings unkonventionellen Weise. Seine Wortschöpfung fügt sich nicht in unseren Sprachgebrauch, ihr Sinn ist aber zu verstehen" (ebd.). Was Hans mit dieser Äußerung erreichen will, ist offensichtlich.

Anders ist es oft bei schwerstbehinderten Schülern; das Verstehen ihrer Verhaltensformationen als milieubedingte Antworten gestaltet sich für Erzieher schwierig, weil sich diese Kinder vielfach nicht verbal, sondern durch somatische Erscheinungen ihres Leibes (Speichelfluß, Körpergeruch, Autoaggressionen u.v.a.m.) artikulieren. Es sind Verhaltensformationen, die als Kommunikationsweisen nicht erkannt und anerkannt werden, weil sie aus dem 'Rahmen fallen'; aus dem Rahmen normierter Kommunikations- und Interaktionsformen, wenn z.B. einer meiner schwerstbehinderten Schüler seinen Unmut nicht wie erwartet durch Weinen oder Schreien, sondern durch einen üblen Körpergeruch ausdrückt. Ein Verstehen der kindlichen Äußerungen wird ganz unmöglich, wenn der Lehrer in Normorientierung Erziehungssituationen so inszeniert, „daß kein Raum mehr bleibt für Abweichungen, wenn nur konventionelle und ratifizierbare Antworten belohnt werden ... Daß hier schließlich der Mitmensch, die entscheidende Provokation zur Antwort, nicht nur überflüssig, sondern sogar störend wird, verwundert dann nicht mehr" (ebd.).

In therapeutischen oder therapieähnlichen Erziehungssituationen der eigenen Freiheit entbunden, kann der Schwerstbehinderte im begrenzenden Rahmen konventioneller Antwort-Erwartungen des Lehrers nur noch reagieren. Das Reagieren ist aber eine verkümmerte Form des Antwortens, indem es nur das Anonyme, das Allgemeine, nicht aber das Personale und Besondere wiedergibt (vgl. ebd).

Um die Begrenztheit normierter Ordnungs-Rahmen bzw. -systeme zu erkennen und die 'Förderung' Schwerstbehinderter als *Erziehung* realisieren zu können, müssen wir lernen, auf der Grenze zwischen Eigenem und Fremdem zu denken und zu agieren (vgl. WALDENFELS 1990, 64), und dabei hilft uns die Erfahrung. „Eine Erfahrung, die so etwas zuläßt wie die Erfahrung des Fremden, muß auf gewisse Weise *sich selbst* fremd werden, so daß man Erfahrungen macht und nicht nur solche sammelt" (ebd.). Die Erfahrung wird von vornherein „als eine *Auseinandersetzung mit anderem und mit anderen* im Rahmen einer *Zwischensphäre*, die eine Zuordnung und ein Zusammenspiel zwischen Erfahrendem, Erfahrenem und Miterfahrendem ermöglicht. Im Zusammenspiel zwischen Frage und Antwort stoßen wir nicht auf bloßes Gegebenes, aus dem etwas zu machen ist, sondern auf Gegebenes, das uns auffordert, anregt, einlädt, auch abschreckt" (ebd.). „In der Beziehung selber begegnet der Andere mir, ... in einer Andersheit, die eine *asymmetrische Beziehung* darstellt. Die Andersheit, die sich im menschlichen Antlitz manifestiert, markiert zugleich eine Äußerlichkeit, die nicht aus Entäußerung stammt. Die 'Abwesenheit des anderen ist gerade seine Anwesenheit als anderer' (Levinas 1984, 65). Hiermit wird inmitten der Kommunikation ein *Inkommunikables* sichtbar ... Wir überschreiten den Diskurs, ohne anderswo anzukommen; einer ist dem anderen immer nur *auf der Spur*" (WALDENFELS 1990, 53).

Im Dialog mit dem Anderen erfassen wir die *Unfaßbarkeit der Andersheit des Anderen*; ein Gesichtspunkt, den ich vor dem Hintergrund der 'Pädagogischen Verantwortung' später darstellen werde, weil sich in ihm bedeutungsvolle ethisch-anthropologische Prämissen von Erziehung verbergen.

Wenn wir dem anderen „immer nur auf der Spur" sind und bleiben, wie kann es dann zur Verständigung zwischen Kind und Lehrer im Erziehungsprozeß kommen? Wie und auf welcher Grundlage kann der Lehrer seine Entscheidungen treffen, wessen der Schüler in der Erziehung bedarf?

Die Andersheit oder Fremdheit des Kindes ist Thema der Pädagogik seit jeher und hat bis heute nicht an Aktualität verloren. MEYER-DRAWE/ WALDENFELS kennzeichnen die Entwicklung folgendermaßen: „Das Bewußtsein von der Fremdheit und Andersartigkeit von Kindern erreicht heute einen gewissen, nicht unbedeutenden Höhepunkt, der die Hoffnung auf eine aufklärerische Arbeit radikal ablöst durch eine Resignation von Pädagogen, die zur Nicht-Erziehung aufrufen" (1988, 278). Während noch vor einigen Jahren unter dem Einfluß sozialisationstheoretischer und entwicklungspsychologischer Bemühungen, die „Fremdheit als ein 'noch nicht', als ein Mangel, als ein Defizit gegenüber dem bevorzugten Erwachsenenstatus" (ebd.) zu bearbeiten versucht wurde, hat sich diese Auffassung heute „im Zuge einer allgemeinen Zivilisationsmüdigkeit und Rationalitätskritik geändert" (ebd.). Heute sei es üblich geworden, so kritisieren die beiden Autoren, „Erziehung *nur* noch als Überfremdung kindlichen Seins zu verteufeln" (ebd.). In diesen antipädagogischen Strömungen schlüge der Respekt vor der Andersheit von Kindern nicht selten in das Extrem der Selbstenteignung von Verstehensmöglichkeiten um. „Die Andersheit von Kindern wird so übermächtig, daß jeder Versuch, diese zu verstehen oder mit ihnen nach bestimmten Zielen zu handeln, sofort der Durchstreichung preisgegeben wird. Dem Extrem der Pädagogisierung (Aneignung) folgt der Pendelschlag in das Extrem des vergötterten Kindes (Enteignung)" (ebd.). Beide einander diametral gegenüberstehenden Formen des Umgangs mit der Fremdheit von Kindern, sowohl die rigide pädagogische Aneignung als auch die antipädagogische Vergötterung bloßer Fremdheit, ignorieren, daß im intersubjektiven Prozeß der Erziehung, im „tatsächlichen Umgang von Kindern und Erwachsenen sich Fremdes und Eigenes unaufhörlich kreuzt, ohne jedoch in Deckung zu geraten, was das Ende jeder Verständigung wäre" (ebd. 279).

In beiden pädagogischen Extremen, in der Aneignung und Enteignung, verschwindet das Kind für den Pädagogen. „Einmal verschwindet es im Spiegelbild des Erwachsenen, das andere Mal vor den geschlossenen Augen des Erwachsenen" (ebd. 284).

Auch wenn sich die Schwerstbehindertenpädagogik an den antipädagogischen Entwicklungen im allgemeinpädagogischen Bereich nicht beteiligt hat, so sind die beiden aufgezeigten „pädagogischen Extreme" von Anpassung und Enteignung in ihr wiederzufinden. In der entwicklungspsychologischen Interpretation verschwindet das schwerstbehinderte Kind im „Spiegelbild des Erwachsenen", in den gestaltpsychologischen Zugängen „vor den geschlossenen Augen des Erwachsenen".

Trotz dieser Unfaßbarkeit der kindlichen Andersheit ist uns aufgrund der Verflechtung von Eigenem und Fremdem ein Umgang mit dem Kind möglich, reagieren wir auf es und es auf uns. „Wäre dies durch bloße Aneignung praktiziert, könnten kindlicher Protest und Rückzug nicht verstanden werden. Wäre dies bloße Enteignung, so könnten wir überhaupt nicht mehr über Kinder nachdenken, selbst die Problematik der Andersheit wäre uns reflexiv unzugänglich, weil Kind und Erwachsener sich im strengen Sinne nicht mehr begegnen könnten" (ebd.).

Diese Begegnung ist möglich, weil Kind und Erwachsener aufgrund ihres Leib-Seins in gleichen Wesensbezügen stehen, weil sie einander fern und nah zugleich sind. Was ist damit gemeint?

MERLEAU-PONTY kritisiert, daß wir in bezug auf unsere eigene Erfahrung die Erfahrung der Kinder als *undifferenziert* bezeichnen, weil man sie hierdurch als Negation unserer Differenziertheit denkt, und fordert, sie *positiv* zu denken; dabei bietet er folgende Lösung an: Das „Kind, das alter ego, das Unreflektierte in mir wieder aufgreifen vermittels einer lateralen, präanalytischen Teilnahme, welche Wahrnehmung, per definitionem *Überschreiten*, intentionales Überschreiten ist. Wenn ich das Kind wahrnehme, so zeigt es sich in einer gewissen Abweichung" (nach MEYER-DRAWE/WALDENFELS 1988, 284).

In seiner „Phänomenologie der Wahrnehmung" (1966) zeigt MERLEAU-PONTY, wie dies bereits im Rahmen des phänomenologischen Exkurses (vgl. Kap. 1.2) deutlich wurde, daß das Verhältnis von Mensch und Welt auf einen unendlichen Horizont der Wahrnehmung bezogen und vorgängig aller wissenschaftlichen Objektivierung ist, d.h., das Bewußtsein nimmt gegenüber der Welt keinen unbeteiligten Beobachterstandpunkt ein, sondern verwirklicht sich nur im unmittelbaren Kontakt mit der Welt, ist also stets engagiertes Bewußtsein. Immer wieder betont MERLEAU-PONTY die unauflösliche Verbindung von Bewußtsein und Körper. Von dieser Prämisse ausgehend, faßt er menschliches Verhalten weder als bloßen Komplex körperlicher Mechanismen noch als rein geistige Tätigkeit auf (vgl. KUNZMANN et. al. 1992, 195). Die Mitte zwischen beiden Dimensionen nennt er *Struktur*. „Struktur ist die unlösbare Verbindung zwischen einer Idee und einer Existenz, das kontingente Arrangement, durch das Materialien vor unseren Augen einen Sinn annehmen..." (nach KUNZMANN ebd.). Die unauflösliche Verknüpfung von physischem und geistigem Sein, die unaufhebbare Doppeldeutigkeit (ambiguité), weder reines Ding noch reines Bewußtsein zu sein, faßt MERLEAU-PONTY im Begriff des *Leibes*.

Als leibliche Wesen sind wir immer schon verflochten mit einer sinngeladenen Welt: Weil wir zur Welt sind, sind wir zu Sinn verdammt (vgl. MERLEAU-PONTY nach MEYER-DRAWE/WALDENFELS 1988, 284). In dieser sinngeladenen Verflochtenheit mit der Welt hat das Kind eine besondere Bedeutung, „denn es begegnet mir nicht nur in der Gegenwärtigkeit eines konkreten Anderen, sondern auch in der Vergangenheit als Kind, das ich einmal war“ (ebd.). Es deutet sich hier eine eigentümliche Ambiguität des Fremden in der Nähe an, die beruhigend und beunruhigend zugleich wirkt. „Das beruhigende Vertraute gründet in bezug auf die Beunruhigung auf dem Riß in der Subjektivität: Wenn ich auf mich als Kind zurückkomme, habe ich mich *als* Kind längst verloren. In bezug auf die Vertrautheit weiß ich, daß ich dieses Kind war, weil es Nichtzureduzierendes gibt, 'was alles noch in mir ist'“ (ebd.). Das Kindsein löst sich nicht im Erwachsensein auf, „verschwindet nicht im Erwachsenenleben wie eine Substruktur in einer übergreifenden Ordnung“ (ebd.), sondern die Kinderfahrungen werden durch Eingewöhnung in eine Erwachsenenwelt an den Rand des Erfahrungsfeldes gedrängt, „wo sie durchaus eine rebellische Kraft bewahren können“ (ebd.).

Kind- und Erwachsenenwelt sind einander also nah; eine Nähe, die sich nicht aus der Rationalität, aus Erkenntnis und Wissen ergibt, sondern in unserem Leib-Sein begründet ist, „in der Verzweiflung und im Genießen“ (ebd.). In der expressiven Welt gibt es laterale Verflechtungen von Kind und Erwachsenem, gibt es eine prä-analytische Teilnahme, wie sie MERLEAU-PONTY fordert, die Verständigung ermöglicht, ohne die Frage nach dem authentischen Verstehen aufkommen zu lassen. „Die Welt, die wir wahrnehmen, zieht unsere Leiblichkeit mit sich, 'weil meine Wahrnehmung so etwas ist wie der Aufprall der Welt auf mich und der Zugriff meiner Gesten auf sie' (MERLEAU-PONTY 1984, 152). Zwischen den Dingen, auf die meine Gesten zielen, und denen, auf die die Gesten des Kindes zielen, breitet sich eine gemeinsame Welt aus, die die Frage danach, ob wir diese gemeinsame Welt auch in der gleichen Weise wahrnehmen, zweitrangig werden läßt“ (ebd.).

Ich will diese Gedanken, das Zur-Welt-Sein qua Leib und das Verwiesensein von Kind und Erwachsenem auf eine gemeinsame Welt an einem Beispiel verdeutlichen.

Manuel, unser dreijähriger Nachbarjunge steht am Gartenzaun, als ich meinen Besuch an der Haustür verabschiede. Die Bekannte bleibt aber noch eine Weile stehen, weil sich zwischen uns ein interessantes Gespräch entwickelt, das Manuel aus der Ferne aufmerksam verfolgt. Plötzlich unterbricht er uns und fragt die Unbekannte: „Du, Schule fah-

ren?" Irritiert und den Sinn der Frage nicht verstehend, wendet sie sich von ihm ab und mir zu, um die Unterhaltung fortzuführen.
Als sie sich schließlich mit dem Auto entfernt und Manuel ihr nachschaut, fragt er mich: „Schule fahren?"

Manuel hat die Situation erkannt und vor dem Hintergrund seiner eigenen Erfahrungen interpretiert. Der Intensität und Dauer unseres Gespräches entnimmt er, daß der Abschied keinem gewöhnlichen Weggehen, einem Aus-dem-Haus-Gehen, gleichkommt. Und in der Tat bedauern meine Bekannte und ich, daß sie nicht länger bleiben konnte. Eine Erfahrung, die Manuel jeden Morgen macht, wenn sein Vater, der Lehrer ist, zur Schule aufbricht. Indem er den Vater in immer neue Gespräche verwickelt, versucht Manuel dessen Abfahrt zu verzögern, bis er ihn schließlich aber doch verlassen muß.

Manuel versteht die Situation; versteht sie aber weder im Sinne eines bloß angeeigneten Verstehens noch authentischen Verstehens, sondern im Sinne einer prä-analytischen Teilnahme an einer expressiven Welt, der Welt des Abschiednehmens, die er mit den Erwachsenen teilt.

An diesem Beispiel wird ein weiteres deutlich, daß nämlich „die Auszeichnung des Bewußtseins" (MEYER-DRAWE 1988, 250) als dem alleinigen Wesensmerkmal des Menschen Grenzen gesetzt sind. MEYER-DRAWE weist darauf hin, daß die Überdeterminierung unserer kognitiven Möglichkeiten zu einer Erblindung gegenüber anderen Sinnstiftungsleistungen führt. Es sind Sinnstiftungsleistungen, „auf die wir angewiesen sind, die uns gleichwohl so vertraut sind, daß wir aufgehört haben, uns über sie zu wundern und nach ihnen zu fragen" (ebd.). Diese un- oder besser vor-bewußten Sinnstiftungsdimensionen sind es aber gerade, mit denen sich schwerstbehinderte Menschen auf die Welt richten und ihr nach Maßgabe ihrer Leiblichkeit vorbewußt Sinn verleihen (vgl. FORNEFELD 1989, 128 f.). Denken wir an die eingangs beschriebenen Schüler, so erkennen wir Sinnstiftungsleistungen wie unartikuliertes Schreien und Spucken, stereotypes Hantieren mit den gleichen Gegenständen oder scheinbaren Rückzug. In der Überbewertung menschlicher Rationalität werden diese prä-reflexiven Leistungen (schwerstbehinderter) Kinder „zu einem bloßen Reservoir von Daten ... Die provozierende Komplexität unserer Denkleistungen drängt sich in den thematischen Vordergrund und verspielt damit Möglichkeiten des Verstehens von Menschen, die sich mit Hilfe anderer Rationalitätsformen orientieren" (MEYER-DRAWE 1988, 250).

Übersehen wird dabei, daß die unterschiedlichen Rationalitätsfelder auf eine gemeinsame Welt antworten, „in der wir vital koexistieren, die uns herausfordert und beschränkt, auf die wir jeweils anders reagieren" (ebd.). Die Welt, die Welt der Mitmenschen, der Natur, der Gegenstände und Sachverhalte spricht uns auf verschiedene Weise an, fordert uns zum Wahrnehmen, Denken und Handeln in und mit ihr heraus. Dies ist möglich, weil wir leiblich mit der Welt verflochten sind, sie bewohnen; weil, wie MERLEAU-PONTY sagt, „weder der Leib des Anderen noch die Gegenstände, auf die sich dieser richtet, für mich je reine Objekte waren, denn sie waren meinem Gesichtsfeld und meiner Welt inhärent, sie sind also von Anfang an Spielarten dieses fundamentalen Bezuges ... Ein Gesichtsfeld schließt ein anderes Gesichtsfeld nicht in gleicher Weise aus wie ein absoluter Bewußtseinsakt" (MERLEAU-PONTY 1984 nach MEYER-DRAWE 1988, 250).

Daß für Hans das 'Allein-Zumachen der Schuhe hinausgehen' kann und für Manuel das Abschiednehmen dem 'Zur-Schule-fahren' gleichkommt, kann dem Erwachsenen nur bemerkenswert werden, weil er das Verhalten als milieubedingte Antwort versteht, weil er auf selbst Erfahrenes zurückgreifen kann. Wie wir uns diese leibliche Erfahrung bzw. Vernunft, die uns die Verständigung mit dem Kind auf den unterschiedlichen Rationalitätsfeldern und damit eine Koexistenz ermöglicht, denken müssen, will ich abschließend noch einmal mit den Worten MEYER-DRAWEs belegen: „Unser Ausgesetztsein in einer sinnlich erfahrbaren Welt gründet in unserem Leib, dem die Welt wie ein 'Nessoshemd' anhaftet, der Gemeinsamkeit und Differenz in der Koexistenz mit Dingen und Menschen ermöglicht, indem er eine letzte Antwort auf alle Fragen versagt. Daß wir fremde Erfahrungen überhaupt als unverständlich und vielleicht provozierend erkennen, gründet in unserem responsiven Verhalten, zu dem uns unsere Welt auffordert, ohne jede Garantie, je die zutreffende Antwort gefunden zu haben. In dieser unvermeidlichen Fehlbarkeit sind allerdings Lücken aufgerissen, die dem Anderen Platz schaffen für seine Möglichkeiten zu antworten, für seine Ängste und Freuden, die wir zwar nicht vollständig nachempfinden oder gar durch Einfühlung begreifen können, aber verstehen als Resonanz, die in keiner geübten Formulierung ihren verbindlichen Ausdruck findet" (ebd. 251).

Uns zu entscheiden, *die Unbestimmtheit als positives Phänomen anzuerkennen*, fällt angesichts der Behinderung eines Kindes besonders schwer, weil hier die 'Unbestimmtheit' menschlichen Seins augenfälliger ist, nach Bemächtigung drängt und zur Überakzentuierung der Fremdheit führt. Der Schwerstbehinderte ist kein Mensch auf der Grenze[1], der uns nur fremd ist, sondern er ist uns zugleich *nah*. In der fortwährenden Betonung der Besonderheit dieser Schüler, ihrer besonderen Lebenssituation und -gestaltung oder ihrer besonderen Erziehungsbedürfnisse, verkennt die Schwerstbehindertenpädagogik die 'Nähe', läßt sie erst gar nicht entstehen, sondern bringt sie durch Aneignung zum Schweigen oder läßt sie durch Enteignung gar nicht erst zur Sprache kommen. Damit trifft sie eine anthropologische Grundentscheidung, prägt ein Menschenbild, das konsequenterweise das schwerstbehinderte Kind aus der Eigenverantwortung seiner Erziehung, seines Lernens entbindet und die 'entpädagogisierte' Erziehung zur Verfügbarkeit über das

[1] Exemplarisch für diese Sichtweise sei hier auf eine Publikation des Bundesverbandes für spastisch Gelähmte u.a. Behinderte mit dem Titel: Leben mit schwerstbehinderten Menschen - Ein Leben auf der Grenze (1990) verwiesen.

Kind werden läßt. In paradoxer Weise manifestiert sie damit die 'Fremdheit', die sie beklagt.

Begreift die Pädagogik bzw. der Pädagoge das schwerstbehinderte Kind *als Fremden in der Nähe*, beschränkt die *Fremdheit* nicht nur auf dieses Kind, sondern begreift sie als Charakteristikum eines jeden Menschen, trifft sie bzw. er damit eine grundlegende anthropologische Entscheidung, die zu einer intentionalen wie methodischen Neuorientierung in der Erziehung führt, weil es möglich wird, vom Defizit, vom Nicht-Können des Kindes abzulassen, fundierende Sollens-Normen zu relativieren, den Blick für dessen Können zu gewinnen und ein erweitertes Verständnis von Erziehung als leiblicher Koexistenz von Schülern und Lehrern zu integrieren.

Das schwerstbehinderte Kind als Fremden in der Nähe zu begreifen heißt in methodischer Hinsicht, Nähe zum Kind zuzulassen; eine Nähe, die nur entsteht, wenn man die Fremdheit erkennnt und anerkennt. Wenn man Behinderung nicht als *Unordnung*, sondern als eine *Ordnung in der Fülle möglicher Ordnungen* versteht. Wenn man erkennt, daß sich die Fremdheit des Kindes/Schülers dem Versuch des Lehrers entzieht, es durch Erziehung zu Seinesgleichen zu machen. Hier deutet sich eine ethische Sichtweise an, die sich von erkenntnistheoretischen Prämissen cartesianischer Tradition abhebt und 'pädagogische Verantwortung', die der Lehrer glaubt für den schwerstbehinderten Schüler übernehmen zu müssen, als 'Stellvertretung' auffaßt.

3.2 Erziehung als 'Beziehung der Verantwortung'

Die Theorie der Erziehung stützt sich, wie schon SCHLEIERMACHER betonte, auf die Grundlage des *Verhältnisses der älteren zur jüngeren Generation*, wobei die erste für die zweite Verantwortung übernimmt. Ich möchte mit MASSCHELEIN „behaupten, daß der Versuch, dieses Verhältnis *unmittelbar* als intersubjektiv zu verstehen, darauf hinausläuft, daß die pädagogische Beziehung als eine *genuin* ethische Beziehung, eine Beziehung der Verantwortung, verstanden werden muß" (1992, 81); eine ethische Beziehung, in der die gegenseitige Fremdheit ein zentrales Wesensmerkmal ist.

„Die Differenz von Ich und Anderem ist ethisch belangvoll", sagt LIPPITZ (1989, 267) in Anlehnung an LÉVINAS, der, wie bereits erwähnt (vgl. Kap. 1.2), Kritik am abendländischen Denken, an der westlich philosophischen Tradition übt, weil sie ihr Verhältnis zur Wirklichkeit als *Erkenntnisrelation* bestimmt, was bezogen auf die jetzt gestellte Frage nach der 'pädagogischen Verantwortung' bedeutet, daß diese nicht als 'genuin ethische Beziehung' verstanden wird, sondern als eine, die sich aus der Erkenntnis ergibt, daß das noch un-*vernünftige* Kind des Anderen, des Erziehers bedarf und dieser darum Verantwortung für es übernimmt bzw. übernehmen muß. Diese Sichtweise ist auch für die Schwerstbehindertenpädagogik bestimmend und scheint hier durch die besondere, meist lebenslange Abhängigkeit dieser Kinder, oder um es mit HAHN zu sagen, durch das „Mehr an sozialer Abhängigkeit" (vgl. 1981), verstärkt zu werden. Darum kann eine Sonderschullehrerin, die in einem Gespräch über ihren schwerstbehinderten Schüler berichtet, betonen: „Ich habe schließlich die Verantwortung. Ich glaube immer, für das Kind Partei ergreifen zu müssen". Sie ergreift Partei, weil sie glaubt, daß der Schüler ohne ihr Dazutun einer Welt ausgeliefert ist, die er wegen seiner Beeinträchtigungen nicht zu verstehen und zu bewältigen vermag; weil sie glaubt, daß er sie braucht.

„Aus *meiner* Erkenntnis ergibt sich", erläutern DANNER/LIPPITZ, „daß der Andere mich braucht; und darum übernehme *ich* Verantwortung für ihn. Nach LÉVINAS aber bin ich vom *Anderen* immer schon in die Verantwortung genommen, noch bevor ich mich ihm erkennend und wollend zuwende. Um diesen - ontologischen - Tatbestand zu verdeutlichen, gebraucht LÉVINAS das Bild der 'Geiselnahme': ungefragt und ungewollt bin ich vom Anderen schon in die Verantwortung genommen, so wie jemand als eine Geisel gefangen wird" (1984, Vorwort).

Diesen philosophischen Gedankengang will ich in seiner pädagogischen Relevanz nachfolgend mit MASSCHELEIN, HELLEMANS und LIPPITZ aufgreifen und auf die Schwerstbehindertenfragestellung zu übertragen versuchen.

Erziehung vollzieht sich durch Übernahme von Verantwortung für das schutzbefohlene Kind, um es zu 'Autonomie', 'Selbstbestimmung', zur 'Emanzipation' zu führen. LANGEVELD definiert in KANTscher Tradition

Erziehung „als die Hilfe, die von einem Erwachsenen an einem Nicht-Erwachsenen geleistet wird, um mitzuhelfen, den Nicht-Erwachsenen zur eigenverantwortlichen Selbstbestimmung zu befähigen“ (HELLEMANS 1984, 108). Der Erwachsene tritt damit an die Stelle des Kindes, handelt für es, wo es noch nicht imstande ist, selbst zu handeln. Er entscheidet damit aber zwangsläufig auch, wie ein Kind zukünftig zu handeln hat. So stellt MASSCHELEIN bezüglich des heutigen Erziehungsdenkens fest, daß es sich größtenteils als Reaktion auf eine pädagogische Denktradition profiliert, „deren Erziehungsmuster ein *Gewaltmodell* ist. Die beiden Grundsätze dieses Erziehungsmodells sind: die Handlungsunfähigkeit des jungen Menschen (die moralische Hilflosigkeit des Kindes) und die Verantwortung der Eltern oder, wenn diese fortwährend versagen, der Gesellschaft (die stellvertretende Verantwortung des Erziehers)“ (1992, 81).

Die Hilfe, die der Erwachsene in der Übernahme von Verantwortung und durch Erziehung dem Kind zuteil werden läßt, ist für LANGEVELD Ausüben von Autorität, die durch das Erziehungsziel gerechtfertigt wird, „nämlich durch die eigenverantwortliche Selbstbestimmung und den gegenwärtigen Zustand des Kindes im Hinblick auf dieses Ziel: durch die Nicht-Erwachsenheit, durch die Unfähigkeit zur Selbstbestimmung und Eigenverantwortlichkeit“ (nach HELLEMANS 1984, 108). Damit rückt Erziehung in die Nähe von Machtausübung. Maßstäbe, an denen das Kind gemessen wird, sind Imperative.

Inwieweit sich das Verständnis der in diesem Sinne verantworteten Erziehung aus Erkenntnisrelationen ergibt, wird deutlich, wenn man sich KANTs kurzen Abhandlungen zur Pädagogik zuwendet. Er bestimmt die Aufgabe des Erziehers in zweifacher Hinsicht: Zum einen muß der Erzieher verhindern, daß das Kind mit seinen Kräften Schaden anrichtet, und andererseits den natürlichen Anlagen des Kindes zur Entwicklung verhelfen. „Die erste Tätigkeit bezeichnet KANT als einen mechanischen Zwang, der passiven Gehorsam zur Folge hat. Die zweite Tätigkeit, die Erziehung im eigentlichen Sinne, nennt KANT einen sittlichen Zwang“ (HELLEMANS 1984, 109). Der letztere wird durch das Ziel der Erziehung gerechtfertigt, „der sittlichen Autonomie, der Fähigkeit, sich selbst unter die Forderungen der Vernunft zu stellen. Dies ist ja das Endziel der ‘natürlichen’ Entwicklung“ (ebd.). Der Erzieher übernimmt hierbei eine *stellvertretende* Funktion, indem er im kindlichen Leben die Zukunft repräsentiert, die sittliche Autonomie, die Forderung der Vernunft. In LANGEVELDs Worten: „Er handelt, wo das Kind noch nicht entscheiden kann. Der Erzieher tritt im Namen der Freiheit des Kindes auf, solange das Kind noch nicht frei ist. Er übernimmt für das junge Leben die Verantwortung, solange der junge Mensch noch nicht imstande ist, dies selbst zu tun. Er ist stellvertretend verantwortlich, solange das Kind unfrei ist“ (ebd.).

Die pädagogische Verantwortung im KANTschen Sinne richtet sich demzufolge auf Handlungen oder Taten, die der Erzieher an Stelle des Kindes vollzieht. Verantwortung steht in Bezug zu den Folgen der Handlungen. „Daß der

Erzieher verantwortlich ist, schließt mit ein, daß er der Urheber von Taten ist, welche die Zukunft des Kindes bestimmen. Pädagogisch verantwortlich sein, bedeutet, der Urheber *der Taten von jemand Anderem* zu sein" (ebd.).

Für HELLEMANS macht diese Formulierung deutlich, daß bei KANT Erziehung eine Form von Gewaltanwendung ist, die, aufklärerischem Denken entsprechend, der Freiheit des Menschen, als Möglichkeit, sich selbst zum Gesetz zu sein, entgegensteht. „Es handelt sich um das Ausüben von Zwang auf ein freies Individuum. Die Art und Weise, wie KANT dieser Schwierigkeit begegnet, macht deutlich, worin der letzte Grund des traditionellen Erziehungsmodelles besteht" (HELLEMANS ebd.). Sie ist, wie man dies bereits bei PLATON findet, die *Freiheit als Vernünftigkeit*, die Selbstbestimmung des Menschen gemäß den Forderungen der Vernunft. Aufgrund dieses Freiheitsbegriffes werde, wie HELLEMANS weiter ausführt, die Verantwortung des Erziehers als stellvertretendes Handeln definiert. „In Anbetracht dessen, daß die Forderungen der Vernunft allgemeingültig sind, ja daß die Vernünftigkeit das Wesen des Menschen ist, kann der Erzieher im Namen dieser Vernünftigkeit auftreten, solange das Kind Gefangener der Sinnwelt ist. Die Norm des Erziehers ist keine vereinzelte und private Norm, sondern eine universale, allgemeingültige Norm" (1984, 110).

„Jede vernünftige Erziehung", stellt LIPPITZ fest, folgt einem vom Erwachsenen entworfenen Plan von Erziehung, indem dieser - wenn auch nur vorübergehend - auf das Kind Zwang ausübt, wenn es mangels eigener Vernünftigkeit Gefahr läuft, sich zu schädigen. Der Erzieher vertritt stellvertretend die zukünftige Vernünftigkeit des Kindes für das Kind" (1989, 272). Die Gewalt des Erziehers wird für MASSCHELEIN von KANT „durch die der Existenz des Kindes (des Menschen) inhärente Bestimmung zur Autonomie und Mündigkeit gerechtfertigt" (1992, 82). Das Paradox, das diesem Machtverhältnis eigen wäre, bestünde darin, daß man Freiheit durch Unfreiheit ermögliche.

LIPPITZ kritisiert, daß Zwang und Autonomisierung eines individuellen ICH zum individuellen Repräsentanten einer allgemeinen Vernunft in diesem Konzept Hand in Hand gingen. „Konstituiert sich ethische Verbindlichkeit nur im Rahmen eines intellektuellen Horizontes, übersituativ, überindividuell und allgemeingültig, in dem die Andersheit des Anderen, die Heterogenität der Partner, die Aufrichtigkeit des Hilferufes verschwunden sind und damit das konkrete Ich" (1989, 272)?

Genau in diesem Punkt übt die aktuelle emanzipatorische und erfahrungsorientierte Pädagogik Kritik am traditionellen Modell, der Hilflosigkeit des Kindes und der stellvertretenden Verantwortung des Erziehers. Das Paradox, daß die Freiheit durch die Unfreiheit ermöglicht werden sollte, „war in der Pädagogik der 60er Jahre ein wichtiger Kristallisationspunkt. Zahlreiche alternative Modelle, etwa die Humanistische Psychologie im Sinne Rogers oder psychoanalytische und neomarxistische Ansätze haben sich durch dieses Paradox provozieren lassen und lehnten Gewalt radikal ab" (MASSCHELEIN

1992, 82). Sie wollten Autonomie durch Autonomie erreichen, indem sie das Erziehungsverhältnis als Beziehung zwischen Gleichberechtigten auffaßten. Vor diesem Hintergrund kritisiert die erfahrungsorientierte und emanzipatorische Pädagogik auch das bisherige definierte Ziel von Erziehung und verlagert die Selbständigkeit und Eigenverantwortung des Kindes nicht mehr in die Zukunft, sondern in die Gegenwart, um das Kind als gleichwertigen Partner am Erziehungsgeschehen[1] beteiligen zu können. Die Hilflosigkeit des Kindes wird in den neuen Denkrichtungen als vom Erwachsenen *geschaffen* aufgefaßt, indem dieser versucht, das Kind an bestehende Strukturen anzupassen. Im Gegensatz dazu hat Erziehung die Aufgabe, dem Kind die Möglichkeit zu schaffen, selbst Entscheidungen fällen zu können. In diesem Punkt gehen, wie HELLEMANS feststellt, die Wege der traditionellen und die der gegenwärtigen Alternativen auseinander. „Ja auch die Tradition betrachtet die Tätigkeit des Erziehers, seine stellvertretende Verantwortung, als ein Mittel, die Autonomie des Zöglings zu verwirklichen. Jedoch wird die Aktivität des Erziehers in anderer Weise gedacht, weil der Autonomiebegriff auf andere Weise gefüllt wird" (1984, 111).

An die Stelle des Begriffs der Autonomie tritt in der emanzipatorischen Pädagogik der der Freiheit. Erziehung wird als kommunikatives Handeln definiert, in dem sich der Mensch als Mensch verwirklicht. Vom Erzieher wird erwartet, daß er dem Kind die Chance zur Selbstbestimmmung gibt[2]. HELLEMANS unterstreicht, daß der Erzieher für die Autonomie des Zöglings verantwortlich bleibt (vgl. ebd. 112).

Hier wird nun eine Gemeinsamkeit von Allgemeiner und Sonderpädagogik deutlich, nämlich, daß das Interesse am Problemcharakter der Erziehung im Rahmen der pädagogischen Theoriebildung immer vom Standpunkt des Zöglings ausgeht (vgl. HELLEMANS 1984, 113). Der Erzieher ergreift im Hinblick auf den zu Erziehenden, ob er behindert ist oder nicht, die Initiative und verlegt damit das Problem auf die Seite des Kindes; ein Problem, das sich ergibt aus der Heteronomie, „welcher der Zögling unterworfen ist. Die Autonomie des Erziehers steht außer Diskussion" (ebd. 113). Die Initiative, die der Erzieher ergreift, wird aufgrund der Belange des Zöglings verantwortet.

Das emanzipatorische Erziehungskonzept habe, so meint HELLEMANS, diese Seite des Problems deutlicher gemacht. Dennoch bliebe auch in ihr, und das gilt ebenso für die Sonderpädagogik, das Paradox bestehen, das der Erziehung eigen ist, „daß nämlich die Autonomie eines Individuums von der Autonomie eines anderen Individuums abhängt. Das begleitende Problem,

[1] Ähnliches intendieren im Rahmen der Körperbehindertendidaktik SCHÖNBERGER und JETTER.

[2] Nichts anderes geschieht eigentlich in den gestaltpsychologischen Zugängen zu schwerstbehinderten Menschen, indem der Therapeut oder Lehrer sich verantwortlich für die Selbstbestimmung und -verwirklichung des Kindes fühlt, die Kommunikation und Interaktion allein diesem Ziel dient. Allerdings vollzieht sich dieses sicher nicht in "Freiheit" des schwerstbehinderten Kindes.

das hier deutlicher als in der Tradition zutage tritt, ist dies: Warum gewährt ein Individuum einem anderen diese Autonomie“ (ebd.)?

Mit dieser Frage verweist HELLEMANS auf eine umfassende Problematik, nämlich auf das Problem der Fundierung des ethischen Verhältnisses. Das Tun für den zu Erziehenden, die Stellvertretung, kennt innerhalb der Erziehung keine Gegenseitigkeit. „Was beseelt den Erzieher, das Kind zu seinesgleichen machen zu wollen? Die Chance, die ich dem Anderen gebe, kehrt nicht automatisch zu mir selbst zurück. Ist im Ich, in der Freiheit des Erziehers, ein ausreichender Beweggrund aufzufinden“ (ebd. 114)? HELLEMANS beweifelt also, daß die alternative Pädagogik dieses ethische Problem erkannt hat bzw. lösen kann.

Mit MASSCHELEIN soll der mangelnde Rückbezug der Pädagogik auf die ethische Beziehung der Verantwortung noch einmal zusammengefaßt werden: „In der Tradition hat man Erziehung in zunehmendem Maße als einen Prozeß der Menschwerdung gedacht, der sich in einer intersubjektiven Beziehung realisiert. Diese intersubjektive Beziehung hat man anfänglich aus der Perspektive eines der Partner entworfen: aus der Sicht des Erziehers, die auf die Verwirklichung des *Erziehungsziels* gerichtet ist. Der Status des anderen Partners wird als das zugehörige Korrelat charakterisiert: es ist der Zögling, der durch *Bildsamkeit* gekennzeichnet wird (und Unmündigkeit[3]). Immer ging man dazu über, diese intersubjektive Beziehung als eine Wechselwirkung mit dialogischen Strukturen aufzufassen. Man weist einen Erziehungsbegriff in der Terminologie des ‘Beeinflussens’, ‘Bewirkens’, ‘Behandelns’ zurück und betont immer stärker die zentrale Einsicht, die in der Kritik am technologischen Charakter der Pädagogik zum Ausdruck kommt, nämlich daß Erziehung Interaktion und Dialog sei. Es gelang jedoch nicht, dieser Intuition hinreichend Gestalt zu geben und die Kritik greifbar zu machen“ (1992, 84 f.).

MASSCHELEINs Kritik macht deutlich, daß es der Allgemeinen Pädagogik genauso wenig wie der Sonderpädagogik, in der wir ja vergleichbare Entwicklungen festgestellt haben, gelingt, die Theorie der Erziehung als eine ethische Beziehung der Verantwortung zu belegen. Darum ist weiter zu fragen, wodurch sich diese Verantwortung begründet? Fürs erste läßt sich diese Frage dadurch beantworten, daß der Erzieher diese Verantwortung für das Kind als reale Gegebenheit erlebt. Er fühlt sich verpflichtet, verpflichtet durch das Kind. Er hat weniger den Eindruck, die Verpflichtung zu übernehmen, als vielmehr sie vom Kind übertragen zu bekommen, und genau das macht das Ethische des Verhältnisses aus. Diese Aussagen sollen jetzt durch LIPPITZ mit LÉVINAS belegt werden.

„Die Differenz von Ich und Anderem ist“, wie eingangs schon betont, „ethisch belangvoll“ (LIPPITZ 1989, 267). LIPPITZ fragt in Anlehnung an LÉVINAS weiter: „Kann es zwischen mir und dem Anderen, der als Fremder -

[3] Und beim schwerstbehinderten Zögling ist das "zugehörige Korrelat" außerdem durch die extreme Abhängigkeit zu erweitern.

unvorhergesehen - auf mich zu kommt, eine ethische Beziehung geben? Und gäbe es eine Beziehung, was wäre das mich mit ihm verbindende Band, das uns gegenseitig Verpflichtende, das von mir ihm gegenüber zu Verantwortende" (ebd. 268)?

Die Antwort, die LÉVINAS auf diese Frage gäbe, paßte für LIPPITZ in kein geläufiges moralphilosophisches und -pädagogisches Konzept, weil es ihm vielmehr um die *vorphilosophische Erfahrung* des Ethischen ginge, also jener ethischen Erfahrung, die jeder philosophischen Reflexion vorausgeht. Ethik ereignet sich für LÉVINAS prinzipiell als Situation, die mich als Subjekt betrifft. „Darin stoße *ich* in nächster Nähe auf den Anderen, der mir absolut fremd ist und bleibt. Und dennoch werde *ich* für ihn verantwortlich, erfahre *ich* von ihm einen ethischen Anspruch, der sich ohne Rückbezug auf eine vorgegebene Verbindlichkeit artikuliert, z.B. auf ein uns übergreifendes und übersteigendes gemeinsames Wertsystem; auf eine durch uns hindurchgehende und deshalb verbindende soziokulturelle Lebensordnung oder Sprache; auf eine unsere jeweilige Individualität transzendierende universelle moralische Vernunft; auch auf ein Ich und Du umgreifendes und sie allererst in ihrer gleich ursprünglichen Bezogenheit stiftendes dialogisches Verhältnis" (ebd. 268). „Die Sozialität ist" für LÉVINAS, wie er selbst sagt, „eine Art des Heraustretens, die anders verläuft als über die Erkenntnis" (LÉVINAS in ENGELMANN 1992, 47). Die Beziehung zum *Anderen* zeigt für ihn Strukturen, die nicht auf die Intentionalität reduziert werden können.

Kennzeichnend für LÉVINAS' Ethik ist die *Heterogenität,* also nicht Einheit oder Reziprozität, sondern Trennung zwischen mir und dem Anderen, und insofern ist sie eine Philosophie der Subjektivität, „aber zugleich eine Philosophie der Transzendentalität des Anderen, der die Trennung der Subjektivität von innen her sprengt" (LIPPITZ 1989, 268). Für LÉVINAS ist die ethische Situation anarchisch, ein 'Zwischenfall', weil sie weder vorher noch nachher in ein Ordnungssystem integriert werden kann. Sie ist unvorhergesehen und ungeplant; sie ist vor-intentional. „Ihr gegenüber kommt das ethische Bewußtsein und Wissen prinzipiell zu spät: sie ist *anachronisch*" (ebd.).

Damit hat LÉVINAS' Ethik den Stellenwert einer ersten Philosophie als radikaler Kritikerin der herrschenden philosophischen Systeme. Auch der, von denen er herkommt, und die er braucht, um sich von ihnen kritisch absetzen zu können, von der Phänomenologie HEIDEGGERs und HUSSERLs (vgl. ebd.). Sie ist, so führt LIPPITZ erläuternd aus, auch Zeitkritik, Kritik an totalisierenden Machtverhältnissen, von denen LÉVINAS als Jude im Dritten Reich selbst betroffen war, „sei es des Totalitären in der Gestalt des Krieges, sei es des Terrors kollektiver Ideologien oder der sublimen, nichtsdestotrotz omnipräsenten Strukturen eines identifizierenden Denkens und Tuns, das in welcher einverleibenden Weise auch immer, jedes andere auf das Eigene, schon Vertraute und Bekannte zurückzuführen versucht" (ebd. 278).

Auch wenn in unserem Zusammenhang nicht auf LÉVINAS' Ideologienkritik und sein Philosophieverständnis eingegangen werden kann, auch nicht eingegangen werden soll, sind seine Thesen zur Begründung der Angewiesenheit auf den Anderen, trotz seiner unüberwindbaren Andersheit, wie sie von HELLEMANS und LIPPITZ bezogen auf die 'pädagogische Verantwortung' interpretiert werden, für die eigenen metatheoretischen Überlegungen bedeutungsvoll, weil sie die intentionalen Erziehungsprobleme mit Schwerstbehinderten als grundsätzlich menschliche Erziehungsprobleme erscheinen lassen und damit die Begrenztheit pädagogischer Stellvertreterschaft an sich verdeutlichen. Die Frage nach der Notwendigkeit und der Form der Übernahme von Verantwortung für die Schwerstbehinderten, die aufgrund ihrer psychophysischen Beeinträchtigungen Hilfe bei der Bewältigung ihres Lebens benötigen, ist im Zusammenhang mit einem erweiterten Erziehungsverständnis neu zu thematisieren.

Versuchen wir uns zunächst einige Grundgedanken der genannten Autoren anhand eines schulpraktischen Beispiels zu verdeutlichen.

Der Stundenplan der Klasse weist an diesem Morgen für die erste Stunde 'Förderung im Bereich Menge und Zahl' aus.
Während die Lehrerin individuelles Arbeitsmaterial, wie Mengentrainer, Lück-Programme und Arbeitsblätter, an die acht Mitschüler und -schülerinnen verteilt, läuft Anna wie gewohnt heftig schaukelnd durch den Raum. Nachdem alle Schüler ihre Arbeitsanweisungen erhalten haben, geht die Lehrerin auf Anna zu, faßt sie am Handgelenk, zieht sie an der Tischreihe vorbei hinter sich her, wobei sie einem Schüler noch einmal seine Aufgabe erklärt, setzt Anna schließlich auf ihren Stuhl, der in einer Ecke des Raumes steht. Der Tisch wird nun so vor Anna gestellt, daß sie nicht wieder entweichen und durch ihr Umherlaufen und Prusten die Mitschüler bei der Arbeit stören kann.
Die Lehrerin legt, wie jeden Morgen, Papier und Wachsmalstifte auf den Tisch und malt, Annas Hand führend, einige Striche auf das Blatt. Als sie sich den anderen Schülern erneut zuwendet, entgleitet Anna der Stift. Sie schaukelt mit dem Oberkörper leicht hin und her und lutscht an ihren Fingern.

Als die Lehrerin später zufällig an Annas Tisch vorbei geht, ergreift diese blitzschnell ihre Hand, schaut sie für kurze Augenblicke an, worauf die Lehrerin sie anlächelt, ein Tuch nimmt, ihr Mund und Hände abwischt und wieder mit ihr einige Kreise auf das Blatt malt. Im Verlauf dieser Stunde wiederholt sich diese Szene noch einmal; die Lehrerin säubert Anna liebevoll, spricht ihr gut zu und versucht, sie durch Demonstration zum Festhalten des Stiftes und zum Malen zu motivieren. Doch Anna zeigt kein Interesse an dieser Tätigkeit, beginnt gleich wieder mit ihrem Schaukeln, sobald sich die Lehrerin abwendet.
Am Ende der Stunde sitzt Anna mit farbverschmiertem Mund immer noch in ihrer Ecke vor einem völlig speicheldurchtränkten Papier. Die Lehrerin, die mit der Organisation des bevorstehenden Frühstücks beschäftigt ist, bittet eine Mitschülerin, Annas Tisch zu säubern und Anna wieder 'laufen zu lassen'.

Die Beschreibung einer authentischen Stunde in einer Schule für Geistigbehinderte ist charakteristisch für Unterricht und Erziehung Schwerstbehinderter in integrativen Klassen, die für den Lehrer bzw. die Lehrerin allein schon aus organisatorischen Gründen schwierig ist. Daß Erziehung immer mit Machtausübung oder Zwang verbunden ist, wie zuvor dargestellt, wird an dieser Szene deutlich. Damit Unterricht für die Mitschüler überhaupt möglich ist, bleibt der Lehrerin keine andere Wahl, als Anna zu begrenzen, sie zum Stillsitzen zu zwingen. Zwang entdecken wir aber auch in der direkten pädagogischen Zuwendung zu Anna. In dem eigenen Wunsch der Lehrerin, Anna zu 'sinnvoller' Tätigkeit zu führen, konfrontiert sie sie mit einem Lernziel und -inhalt, die keinerlei Relevanz für Anna haben. Als Maßstab ihres Handelns fungieren für die Lehrerin ihre eigenen anthropologischen und pädagogischen Werte, die von ihr als maximale Reduktion erlernter von ihr erwarteter erzieherischer Normen empfunden werden und daher keine weitere Vereinfachung bzw. Anpassung an die kindlichen Lerngegebenheiten zulassen. Das Nichtpassenwollen des Kindes in das Raster pädagogischer wie interaktionsbezogener Erwartungen, seine Andersheit führt schließlich dazu, daß die Behinderung für den intentional-methodischen, aber auch kommunikativen Konflikt verantwortlich gemacht wird. Das erzieherische Machtgefälle scheint hier besonders groß, weil schwerstbehinderte Schüler wie Anna aufgrund ihrer vermeintlich geringeren Möglichkeiten, sich der Lehrerin zu entziehen, ihrer Macht stärker ausgeliefert sind. Der Zwang ist also mehr als das Resultat organisatorischer Probleme. Er entsteht aus einem zutiefst ethischen Konflikt, der aber bei genauem Hinsehen *nicht* schwerstbehindertenspezifisch, sondern ein allgemeinmenschlicher ist. Unterschiedlich sind nicht die Fundierungen dieses Konfliktes, wohl aber die Modi oder Formen, in denen sie im pädagogischen Alltag zum Ausdruck kommen.

Die geschilderte Szene ist eine ethische und soziale, in der die Bedingungen der Konstruktion von Intersubjektivität deutlich werden. LÉVINAS geht in Abgrenzung zur Subjekt-Philosophie MARCELs oder der dialogischen Philosophie BUBERs oder ROSENZWEIGs der Erfahrung des Anderen nach, indem er diese nicht als „liebevolle Bezogenheit auf den Anderen, die den Anderen in seiner Einmaligkeit erscheinen läßt" (HELLEMANS 1984, 117) auffaßt, sondern, in der Tradition des Talmuds, indem er nach der Erfahrung der Verantwortung, der Gerechtigkeit, fragt. Gerecht ist in diesem Verständnis derjenige, der den Anderen höher als sich selbst achtet. Das Verständnis, in dem ich die Erfahrung mache, daß ich dem Anderen nicht gleich bin und daß der Andere höher als ich selbst steht, nennt LÉVINAS das ethische Verhältnis. In diesem Verhältnis erscheint der Andere als Anderer, drängt sich in seinem Anders-Sein auf. Der Andere erscheint mir nicht in einer Bedeutung, die auf meine Einstellung ihm gegenüber bezogen ist. „Er erscheint mir nicht in seinem Anders-Sein, weil *ich* ihm die Chance gebe, auf diese Weise zu erscheinen. Das 'Erscheinen des Anderen in seinem Anders-Sein' an meine Haltung ihm gegenüber zu binden, würde ja bedeuten, daß ich die Beziehung zum Anderen wiederum nach dem Modell der Erkenntnisrelation denke, in der jede zutage tretende Bedeutung mit einer Einstellung des Ichs korreliert" (ebd. 118).

Versuchen wir uns noch einmal die Szene vorzustellen, als im Vorbeigehen Annas speichelfeuchte Hand blitzschnell die Hand der Lehrerin ergreift, diese Anna zwar anlächelt, ihr aber mit dem Mundabwischen in einer Weise auf die Aufforderung antwortet, die Anna nicht erwartet zu haben scheint. Diese Sequenz, die von einer gewissen gegenseitigen Betroffenheit geprägt ist, läßt die Grundaussage LÉVINAS nachvollziehbar werden. Annas Andersheit, die in ihrem Antlitz, in ihrem Verhalten, ihrem Anblicken der Lehrerin, ihrem Festhalten oder auch im Sich-feucht-Anfühlen ihren Ausdruck findet, trifft die Lehrerin unmittelbar. Die Andersheit ist nicht eine nachträglich verliehene, aus der Reflexion der Lehrerin, aus ihrer Interpretation entstandene, sondern eine, die sich ihr auf seltsame Weise, vor-intentional aufdrängt. Dasselbe gilt für die Andersheit der Lehrerin in bezug auf Anna. In ihrem Abwenden und Ergreifen des Tuches, im Abwischen, als Geste des Ekels, im Ergreifen der Hand zum Malen, drängt sich ihre Andersheit dem Kind unverhofft auf.

Das beeinträchtigte erzieherische Verhältnis, die Beziehungsstörung (vgl. FORNEFELD 1989) zwischen Kind und Lehrerin, die in der geschilderten Situation so augenfällig ist und nach Überwindung drängt, ist bezüglich der ethischen Fundierung des Verhältnisses an sich ein nachgeordnetes Phänomen. Sie ist die Folge einer unzureichenden anthropologisch-pädagogischen Auseinandersetzung des Pädagogen, Ausdruck seiner Bemächtigung des behinderten Anderen durch Enteignung oder Aneignung. 'Elementare Beziehung', als leibhafter Dialog zwischen Schwerstbehindertem und Erzieher, darf nicht als gegenseitige Anpassung, als Gleichmacherei fehlinterpretiert werden, sondern sie ist als Möglichkeit der gegenseitigen Seins- und Selbstbestätigung unter Wahrung der Andersheit des jeweils Anderen zu verstehen. Sie läßt den Anderen als Fremden in der Nähe erkennen. Die weiteren Ausführungen belegen, daß wir von einer grundsätzlichen Beziehungsfähigkeit des Menschen ausgehen können, und zeigen die vor-intentionalen, ethischen Bedingungen dieser Fähigkeit auf.

Das Verhältnis von Anna und ihrer Lehrerin verdeutlicht, um es mit den Worten LIPPITZ' zu sagen, „die Fremdheit des Anderen, der mein Nächster - im indirekten und übertragenen Sinne des Wortes - inmitten einer mir vertrauten Welt ist; die Nicht-Identifizierbarkeit des Anderen, der aufgrund seiner Fremdheit sich meiner Versuche entzieht, ihn zu Meinesgleichen, zu jemandem, den ich schon kenne, zu machen" (1989, 271). Die Not des Fremden besteht bei LÉVINAS darin, daß er, da er keiner bestehenden Ordnung angehört, um Hilfe bittet; eine Bitte, die unmittelbar gestellt wird, die mich meint und keinen Dritten. Sie „trifft mich direkt bis ins Mark meiner Identität, meines Selbstbewußtseins, dezentriert mich und bürdet mir eine Last auf, die ich nicht gewollt, nicht vorhergesehen, nicht geplant habe[4]. Dieser Andere ist jedoch die große Chance für mich, mich aus der ständigen Sorge um mein eigenes Sein zu befreien, das auf mir lastet" (ebd.). In orientierender Abgrenzung zur transzendentalen Philosophie HUSSERLs kommt LÉVINAS zu der Einsicht, „daß das Ich, das sich im ethischen Verhältnis manifestiert, eine andere Struktur hat als das Ich der *Erkenntnisrelation*" (HELLEMANS 1984, 118).

Das Entscheidende am Verständnis LÉVINAS' ist, daß er nach einem Verhältnis von Mensch und Wirklichkeit fragt, daß jeder Erkenntnisrelation vorausgeht. „Er bleibt nicht nur wie BUBER bei der Unterscheidung von Ich-Du und Ich-Es-Beziehungen, die radikal verschieden sind, stehen. Vielmehr ist die 'schlichte Tatsache' seiner Philosophie die unveräußerliche Bedeutung des Anderen als Anderer, die nicht auf die eigene Subjektivität zurückgeführt werden kann" (ebd.).

Die Subjektivität, die LÉVINAS zu erfassen versucht, ist das Selbst, das dem Bewußtsein vorausgeht. „Wenn seine Einsicht richtig ist und im ethischen Verhältnis ein Sinn erscheint", so führt HELLEMANS weiter aus, „ - der andere Mensch in seinem Anders-Sein -, der der sinnstiftenden Aktivität des Bewußtseins vorausgeht, dann kann das Subjekt nicht mit dem Bewußtsein zusammenfallen. Wenn Subjekt und Bewußtsein zusammenfallen, das heißt, wenn man dem Subjekt ausschließlich die Bewußtseinsstruktur zuschreibt, dann existiert ja das Subjekt primär im Hinblick auf jedes Erscheinen von Sinn. Das Subjekt ist aber schon *vor* jedem Erscheinen von Sinn da" (ebd.). Wenn LÉVINAS nach der Konstitution der 'Subjektivität in Gestalt des Bewußtseins' fragt, sieht er dieses in einem 'Selbst' begründet, „das in der Be-

4 Die Bitte um Hilfe, die unmittelbar gestellt wird und die "mich direkt bis ins Mark meiner Identität trifft" (HELLEMANS) möchte ich an einem weiteren Beispiel aus dem Schwerstbehindertenbereich veranschaulichen: Im Rahmen der schulpraktischen Ausbildung betreute ich mit zwei Studentinnen und einem Studenten drei vier- bis sechsjährige schwerstbehinderte Kinder in einem Sonderkindergarten für Körperbehinderte. Am ersten Tag war folgende Szene zu beobachten: Yvonne lag, während sich die Erwachsenen mit den anderen Kindern der Gruppe beschäftigten, zum Ausruhen auf einer Matte. Sie hat eine schwere Cerebralparese mit Tetraplegie, ist blind und durch ein Hämangiom entstellt. Da sie sich selbst nicht beschäftigen kann, weinte sie, um auf sich aufmerksam zu machen, in einem wimmernd-klagenden Ton, der die zwei Studentinnen so ansprach, daß sie spontan auf sie zugingen, um sie zur Beruhigung zärtlich im Arm zu wiegen. Diese Szene wiederholte sich im Verlauf des Vormittags noch einmal, und diesmal war es der Student, der auf Yvonnes Signal spontan und in der gleichen Weise antwortete. Später kommentierte er sein Verhalten folgendermaßen: "Ich mußte Yvonne einfach in den Arm nehmen und wiegen. Ich habe gar nicht darüber nachgedacht. Ich hab's einfach getan und es war richtig, sonst hätte sie ja weitergeweint. Ihr wimmerndes Weinen war so anders, als anderes Weinen, es war so auffordernd. Ich mußte reagieren." Yvonne hat die Studenten in die Verantwortung genommen, indem ihr Hilferuf sie bis "ins Mark" traf, sie ihnen "eine Last aufbürdete, die sie nicht gewollt, nicht vorhergesehen, nicht geplant haben" (LIPPITZ). Das Antworten war spontan und erfolgte, wie die Äußerungen des Studenten zeigen, nicht aus der Reflexion heraus.

gegnung mit dem Anderen konstituiert wird, die mich auf mich selbst zurück wirft, noch ehe ich irgendeine Initiative habe ergreifen können" (ebd.): Das Selbst konstituiert sich also in der Verfolgung.

Im ethischen Verhältnis erscheint eine Nähe (proximité), die durch sich selbst Bedeutung ist. Der Andere erscheint hierdurch als sich-selbstbedeutend. „Sich des Anderen bewußt zu sein, ist nicht die Voraussetzung dafür, in ein Verhältnis zu ihm eintreten zu können. Das Subjekt in Gestalt des Bewußtseins entsteht nur auf dem Grund des Selbst, das im ethischen Verhältnis konstituiert wird und das die Struktur der Verantwortung hat" (ebd.).

Der Mensch ist für den Anderen verantwortlich und *diese Verantwortung oder Stellvertretung entsteht nicht durch Übernahme*, da sie nicht der Freiheit des Menschen entspringt, sondern ihr vorausgeht. „Das Ich kann erst durch das In-sich-Sein vom Anderen zurückgeworfen werden" (ebd.). *Die Verantwortung wartet nicht auf die Freiheit des Engagements für den Anderen, sie geht ihr voraus.*

Die ethische Situation ist demzufolge *asynchron*, wie LIPPITZ sagt: „Ich komme immer schon zu spät, oder anders gelesen: ich bleibe immer zurück, ethisch ausgedrückt: ich habe immer ein schlechtes Gewissen, weil ich gegenüber dem Appell, den der andere an mich richtet, prinzipiell ins Hintertreffen gerate. Seine Hilflosigkeit ist meine Hilflosigkeit, weil ich mich für die ethische Situation nicht rüsten kann" (1989, 273 f.).

Der Mensch sei dem Anruf unterworfen, d.h., „ich bin kein gleichrangiger Partner, sondern - wie es Levinas nennt - Geisel des Anderen, ihm ausgeliefert und unterworfen. Nicht horizontal, sondern vertikal ist die ethisch-soziale Grundsituation: der Andere kommt aus der Höhe. Daß ich ihn als Fremden dort erfahre, nicht aber als meinesgleichen, daß ich also aus dem Zirkel meines Selbstverständnisses, meiner Sorge um mich selbst ausbreche, zeigt, daß die ethische Situation mir mehr gibt, als ich selbst vermag. Der Andere macht es, daß ich mehr kann, als ich kann. So gesehen ist er mein Lehrmeister. Hier also, in der Passivität des Belehrten, in der Asymmetrie eröffnet sich unerwartet die *pädagogische Dimension der ethischen Beziehung* (Hervorh. B.F.)" (ebd. 274).

Der Mensch *ist* die Verantwortung. Dieses Ergebnis läßt sich mit LÉVINAS als *an-archisches Trauma* bezeichnen. „Es ist keine gewollte oder nichtgewollte Selbstverleugnung. Es besteht in einer Passivität: in einer Verantwortung für das, dessen Autor ich bin. Verantwortung nicht als moralischer Begriff, sondern als der Name für die Subjektivität bedeutet an-archische Passivität" (HELLEMANS 1984, 119 f.).

Kommen wir auf das Problem der Fundierung 'pädagogischer Verantwortung' zurück, können wir nun festhalten, daß Verantwortung kein Prinzip einer Moral ist, weil diese auf Absprachen beruht. LÉVINAS' Philosophie

„zielt auf die Bedingungen der Möglichkeiten dieser Absprachen" (ebd.), was bezogen auf das skizzierte Verantwortungs-Problem heißt, „daß der paradoxe Charakter des pädagogischen Verhältnisses an die Priorität des Subjekts gebunden ist, die sich gegenüber dem Anderen, der nicht es selbst ist, ergibt" (ebd.). In ihrer kritischen erziehungsphilosophischen Betrachtung zeigt HELLEMANS, daß das Paradox, das von KANT und in seiner Folge von der pädagogischen Tradition im stellvertretenden Charakter der Erziehung erkannt wird, nicht durch den existentialistisch-marxistischen Freiheitsbegriff, auf den sich die Emanzipations-Anhänger berufen, aufgehoben wurde. HELLEMANS hält den Begriff der 'Stellvertretung' weiterhin für eine angemessene Bestimmung der 'pädagogischen Verantwortung', sie nötige uns jedoch zu einer Besinnung auf den Begriff Freiheit und zu einer Besinnung auf die Seinsstrukturen des Menschen (vgl. ebd.).

In der *Erziehung als* einer *menschlichen Seinsweise* zeige sich das Subjekt als sub-ject-um, als Träger der Wirklichkeit. Das Wesen des Menschen sei es, beauftragt zu sein (vgl. ebd.). Dieses Grundverständnis LÉVINAS führt zu einer neuen Interpretation der 'Erziehung als Stellvertretung'. „Der Begriff der 'Stellvertretung' steht für eine elementare menschliche Seinsweise. Erziehung ist kein Phänomen, das auf andere Phänomene aufruht. Der Kern der Erziehung ist ein Appell, der nicht vom Kind ausgeht, sondern in der Ohnmacht des Kindes erkannt wird. In der Erziehung bestätigt der Mensch sein eigenes Wesen: Tragender des Anderen zu sein, der er nicht selbst ist" (ebd. 121).

LÉVINAS' radikaler Begründungsversuch einer 'Ethik als erster Philosophie' zeigt, um es abschließend mit den Worten LIPPITZ zu sagen, „daß meine Verantwortung aus einer Verpflichtung durch den Anderen entspringt, der mir gegenüber als 'Lehrmeister' auftritt. Er ermöglicht mir, was ich selbst nicht vermag: *mich* in meiner Verantwortung für den Anderen als ein *Ich* zu finden, aus dem Sog der eigenen selbstbezüglichen, ökonomischen Existenz herauszutreten" (1989, 227). Die Begründung der 'pädagogischen Verantwortung' ergibt sich aus der *inneren pädagogischen Dimension* (LIPPITZ) des ethischen Verhältnisses. „M.a.W. sind der Andere, der Fremde, *das Kind die Bedingung der Möglichkeit meines pädagogischen Wirkens* (Hervorh. B.F.), sie sind meine Auftraggeber im Rahmen eines Verhältnisses, das nicht durch Mechanismen der Selbstbehauptung und Fremdherrschaft gekennzeichnet ist" (ebd.).

Ohne hier auf die weiterführenden ethisch-theologischen Dimensionen im Denken LÉVINAS', in seiner Bestimmung der Andersheit des Anderen eingehen zu können - hierzu ist auf die gründliche Erarbeitung durch STINKES (1991, 142 - 212) zu verweisen - ist doch die Radikalität seiner Thesen für die Schwerstbehindertenproblematik deutlich geworden. Schwerstbehinderte Menschen bleiben aufgrund ihrer gravierenden psycho-physischen Beeinträchtigungen lebenslang auf Hilfe anderer angewiesen. Der Schwerstbehinderte gelangt durch Erziehung nie, so dürfen wir zurecht annehmen, zu eigenverantwortlicher Selbstbestimmung im Sinne KANTs oder LANGEVELDs; und dennoch ist er, wie die Gedanken LÉVINAS' zeigen, nicht dem Erzieher und seiner Erziehung ausgeliefert. In Überwindung unseres vernunftbestimmten Denkens werden wir mit seiner Philosophie auf das Verhältnis von Mensch und Wirklichkeit verwiesen, das vor jeder Erkenntnisrelation liegt und das ermöglicht, die Selbstgegebenheit des Menschen in ihrer Unverfügbarkeit, aber auch in ihrer Angewiesenheit auf den Anderen unabhängig von Behinderung zu erkennen. Das bestehende 'Mehr an sozialer Abhängigkeit' (HAHN) darf, in Verkennung der ethischen Dimension von Subjektivität und Intersubjektivität (vgl. LÉVINAS 1986), nicht zu einem 'Mehr an pädagogisch-mißverstandener Verantwortung oder Stellvertretung' führen; einer Verantwortung, die in der primären Fokussierung der Hilfsbedürftigkeit ihre eigene seinsgegebene Angewiesenheit auf den Schwerstbehinderten ignoriert und damit in Gefahr gerät, Macht auf den ihr ausgelieferten Behinderten auszuüben. Der pädagogisch Verantwortliche, der Erzieher bedarf existentiell des Schwerstbehinderten, für den er sich anschickt, verantwortlich zu sein, dessen müssen sich Schwerstbehindertenpädagogen bewußt werden, wenn sie ihr pädagogisches Handeln als *Erziehung* legitimieren wollen. Das bedeutet, sich über die Folgen der erziehungsphilosophischen Erkenntnisse für die Schwerstbehindertenpädagogik als Theorie der Erziehung bewußt zu werden.

3.3 Erziehungswissenschaftliche Ausblicke Resümierende Betrachtungen

Wenn wir uns jetzt abschließend der Frage nach den Konsequenzen der erziehungsphilosophischen Reflexionen für die schwerstbehindertenpädagogische Theoriebildung zuwenden, soll dies unter zwei Gesichtspunkten geschehen, die gleichzeitig die Zentralgedanken der Arbeit zusammenfassen.

Zum einen ist zu fragen, inwieweit das aufgezeigte Verständnis vom Menschen, das phänomenologische Menschenbild, zur geforderten *Paradigmarevision in der Schwerstbehindertenpädagogik* führt. In engem Zusammenhang hiermit steht die Frage nach den Folgen, die sich aus dem *Denken des schwerstbehinderten Anderen als einem ethischen Denken* für die Schwerstbehindertenpädagogik als Erziehungswissenschaft ergeben. Beginnen wir mit der ersten, der Frage nach der Paradigmarevision.

In der vorausgegangenen eher beispielhaften Analyse schwerstbehindertenpädagogischer Konzepte zeigte sich, daß ihre Theorien kaum pädagogischer, eher medizinischer und psychologischer, seltener soziologischer Natur sind. Mit der Übernahme nachbarwissenschaftlich-naturwissenschaftlich orientierter Deutungsmuster schleicht sich (meist unbemerkt) ein logizistisches, mechanistisch-dualistisches Menschenbild in die Schwerstbehindertenpädagogik ein. Es ist ein Verständnis vom Menschen, das abendländischer Denktradition entspringt und auf DESCARTES' *cogito ergo sum* zurückgeht; eine Lehrmeinung, die noch heute als Urheberin für das alles bestimmende *Paradigma des Bewußtseins bzw. das der Vernunft* gilt. BRAUN sieht in ihm ein empiristisches und „materialistisch überdehntes Erklärungsprinzip, das eben alles Menschliche und damit auch das In-der-Welt-Sein unter ... Bewußtseinsvorstellungen subsummiert" (1992, 81). Hierin erkennt er den Urgrund für alles, was in den empirischen Sozialwissenschaften der Gegenwart geschieht. Es ginge ihr ausschließlich um Qualifizierung (vgl. ebd. 82). Durch die Verdinglichung des Menschen, wie sie durch DESCARTES' *res extensa* und *res cogitans* geprägt wurde, käme, so kritisiert BRAUN weiter, das Aufeinander-Verwiesen-Sein von Mensch und Welt nicht in den Blick, wodurch das Verständnis vom Menschen zur *Zustandsbeschreibung* würde, bei der die Beziehungen, in denen der Mensch existiert, unberücksichtigt blieben. Der gegenwärtige Empirismus zielt deshalb für BRAUN zu weit und zu kurz zugleich. „Zu weit zielt er, als er das Prinzip der Qualifikation übertreibt und als einziges Aussageprinzip gelten läßt; zu kurz zielt er, als er das, was wirklich alles erfahrbar, d.h. empirisch ist, nicht sieht. Die ganze moderne Erziehungswissenschaft verharrt in Zustandsbeschreibungen, findet aber für den Menschen keine Beziehungen" (ebd. 83).

In der Übernahme erkenntnistheoretischer Vorbilder, wie das Paradigma des Bewußtseins als Grundposition, unterscheidet sich die Schwerstbehindertenpädagogik[1] nicht von der Allgemeinen Pädagogik, für deren aktuelle Hauptrichtungen BRAUN kritisch anmerkt, daß sie „immer noch im wesentlichen von den pädagogischen Ansätzen der Aufklärung und des 19. Jahrhunderts leben. Das, was neu hinzugekommen ist, sind nicht eigentlich pädagogische, sondern vielmehr psychologische und soziologische Aspekte, die zwar das ganze System verändern, aber nicht die Grundpositionen revidiert haben“ (1992, 188). Aufgrund dieser Entwicklung stellt sich für BRAUN die Frage, ob die Pädagogik überhaupt noch als autonome Wissenschaft Bestand hat oder ob sie durch ihre starke Orientierung an der Psychologie und Soziologie nicht eher ein Anhängsel beider wird[2]. Die Konsequenzen, die sich aus der Fremdbestimmung für die Pädagogik als Wissenschaft ergeben, verdeutlicht BRAUN, wenn er sagt: „Längst haben die beiden Wissenschaften die Pädagogik zu einer von ihnen abhängigen Variablen gemacht. Das ist so stark der Fall, daß die Pädagogik längst ihre Selbständigkeit verloren hat und zu einem Anhängsel dieser Wissenschaften (man könnte die Politologie noch dazu nennen) geworden ist. Dabei ist die Pädagogik nicht ‘judiziöser’ geworden, sondern sie ist im Gegenteil ein Spielball des individuellen und gesellschaftlichen Bewußtseins geworden. Die Erziehungswissenschaft, die sich in diesem Jahrhundert mit Hilfe dieser genannten Wissenschaften etabliert hat, ist nur die letzte Konsequenz der ‘Bewußtseinspädagogik’, in der die Komparation DILTHEYs zwischen Ich und der Gesellschaft in einer intersubjektiv überprüfbaren Weise als ‘normative Kraft des Faktischen’ an die Stelle einer wirklichen Erziehung gesetzt wird. An die Stelle der Erziehung tritt immer mehr die ‘Therapie’, die dann also das nachholen soll, was die fehlende Erziehung eben nicht geleistet hat, wobei ‘Therapie’ immer mehr im Sinne einer Nacherziehung (im Schwerstbehindertenbereich zudem als Erziehungsersatz, Anm. B.F.) zu verstehen ist, aber auch immer mehr den Charakter einer Anpassung erhält, die dem Menschen besonders unwürdig ist, weil sie ihn nicht in seiner Freiheit und Menschlichkeit sieht und ihm daher keinen Sinn zu geben vermag“ (1992, 77).

BRAUN beschreibt hier eine Entwicklung, die für die Allgemeine Pädagogik an sich schon bedenklich ist, die aber in der Schwerstbehindertenpädagogik vor dem Hintergrund eines sich wandelnden Gesellschaftssystems mit knapper werdenden finanziellen Ressourcen, die utilitaristischem Denken Vorschub leisten, gefährlich wird. Erscheint die Schwerstbehindertenpädagogik nur noch als unscheinbares und unbedeutendes Anhängsel verschiedener etablierter Wissenschaften, ist der Weg nicht mehr weit, sie in diesen aufgehen zu lassen und ganz auf Pädagogik bzw. Erziehung zu verzichten. Welche Konsequenzen das für schwerstbehinderte Kinder hat, braucht wohl nicht

[1] Wie in Kapitel 2 gezeigt wurde.

[2] Diese Frage stellt sich in der Schwerstbehindertenpädagogik, wenn man an ihre Affinität zu medizinischen und psychologischen Erklärungsmodellen denkt (vgl. Kap. 2.2 und 2.3), in besonderem Maße.

weiter dargestellt zu werden. Sie kämen zweifelsohne einem Rückfall in die Anfänge der Sonder- und Schwerstbehindertenpädagogik gleich.

Ein Überdenken der „Vor-Bilder" (LANGEVELD) heutiger Schwerstbehindertenpädagogik, eine Paradigmarevision in Form des Abgehens vom alles bestimmenden Paradigma der Venunft wird also notwendig; eine Revision, die die Schwerstbehindertenpädagogik aber nicht, wie BRAUN es für die Allgemeine Pädagogik fordert, zu einer autonomen, von den Nachbarwissenschaften unabhängigen Wissenschaft macht, sondern eine, die im Finden ihrer erziehungswissenschaftlichen Grundposition den *Wissenschaftsdialog* anstrebt. Ich votiere für eine *Kooperation unterschiedlicher Humanwissenschaften,* weil die Schwerstbehindertenpädagogik aufgrund der organischen wie psycho-sozialen Beeinträchtigungen ihrer Schülerschaft mehr als die Allgemeine Pädagogik auf medizinische und psychologische Erkenntnisse und Hilfen angewiesen bleibt. Wenn ich für eine Paradigmarevision plädiere, geschieht dies mit der vordringlichen Intention, die Schwerstbehindertenpädagogik auf eine breitere *pädagogische Argumentationsgrundlage* zu stellen, um ihr hierdurch mehr Anerkennung und Durchsetzungskraft im interdisziplinären Dialog zu verleihen. Diese wird sie brauchen, damit ihre Bedenken gegen das bislang unzureichende, weil ethisch fragwürdige Verständnis vom (schwerstbehinderten) Menschen gehört und ernst genommen werden, damit die gemeinsame, interdisziplinäre Suche nach einem die verschiedenen Ordnungen, Systeme und Theorien verbindenen Denkansatz verstärkt wird. Erste Anregungen für eine integrierende Denkform gibt DREHER, wenn er in Orientierung an V. VON WEIZSÄCKER, AUERSPERG oder TEILHARD DE CHARDIN ein integrales Bewußtsein fordert und dieses an einem helikalen Modell integrativer Pädagogik veranschaulicht. „Integrales Bewußtsein", so erläutert er, „wird mit neuen Denkformen und einer neuen Sprache auf Zusammenhänge hinweisen, in denen die verschiedenen 'Grundbereiche' und 'Existenzweisen' des Menschlichen ihre volle Gültigkeit und ihren Wert erhalten wissen werden" (1996, 153).

Ausgangspunkt der *pädagogischen* Argumentation im interdisziplinären Dialog könnte die Kritik an der Dominanz der Vernunft, am Paradigma des Bewußtseins sein, weil dieses den Menschen immer nur im Sinne von *'Zustandbeschreibungen'* (vgl. BRAUN 1989 und 1992) wiedergibt und damit nicht erkennt, daß der Mensch als Mensch nur aus seinen Bezügen, aus seinem *'In-der-Welt-Sein'*[3] bzw. *Zur-Welt-Sein* heraus begriffen werden kann. Was das Zur-Welt-Sein als das Wohn-Verhältnis von Mensch und Welt qua Leib, wie es MERLEAU-PONTY beschreibt, bedeutet, ist im Verlauf der Arbeit

[3] BRAUN spricht von In-der-Welt-Sein, um hierdurch die Reziprozität von Mensch und Welt sowie das gleichzeitige Gegenüberstehen des Menschen zur Welt verdeutlichen zu können, womit er sich von HUSSERL und seinen Schülern abzugrenzen glaubt (vgl. 1992, 87 f.). Bezugnehmend auf das zuvor skizzierte phänomenologische Menschenbild und in Abgrenzung zu BRAUN verwende ich den Begriff des Zur-Welt-Seins.

dargestellt worden und soll hier nicht noch einmal aufgenommen werden. Es verweist auf die zirkuläre Bezogenheit von Mensch und Welt und führt damit zur Überwindung seiner Erfassung im Sinne von *'Zustandsbeschreibungen'*. „Der Mensch, der in Bezügen steht und dadurch ein Verhältnis zur Welt hat, ist immer einer, der gefragt ist und der sich daher immer als einer betrachten muß, der in Gegenrede steht" (BRAUN 1989, 88). Als Mensch, der in Bezügen steht, ist der Schwerstbehinderte gefragt; er steht der Welt nicht polar gegenüber, ist ihr nicht ausgeliefert, sondern bewohnt sie qua Leib, gibt ihr also nach Maßgabe seiner Leiblichkeit Sinn, was die fortwährende Beteuerung seines 'Auch-Mensch-Seins' überflüssig macht. Der Mensch, ob behindert oder nicht, ist als „'offene Frage' oder als 'weltoffenes Wesen' zu betrachten", fordert BRAUN (ebd.) weiter, dem das Paradigma des Bewußtseins nicht zu entsprechen vermag und das den schwerstbehinderten Menschen in letzter Konsequenz doch immer als defizitär (vgl. Kap. 2.3 und 2.4) erscheinen läßt. Darum darf die Schwerstbehindertenpädagogik nicht länger an diesem Paradigma festhalten, sondern muß es durch das *des Zur-Welt-Seins* ersetzen. Wenn die Schwerstbehindertenpädagogik das *Zur-Welt-Sein zur pädagogischen Kategorie* erhebt, nimmt sie eine grundlegend ethische Betrachtungsweise ein, welche auf theoretischer Ebene zur erziehungsphilosophischen Fundierung und auf praktischer Ebene zu einer menschenwürdigeren Erziehung schwerstbehinderter Kinder führt.

Die wechselseitige Bezogenheit des Menschen mit der Welt, seine *'Weltoffenheit'* ist die *eine* zu berücksichtigende Dimension der Schwerstbehindertenpädagogik, die, wie eingangs erwähnt, wesensgemäß mit der *zweiten*, der des *Anders-Denken des Anderen* zusammenhängt. *Der Andere* spielt im Welt-Bezug von Schülern und Lehrern eine zentrale Rolle, die allein schon dadurch gekennzeichnet ist, daß das eigentlich Erzieherische eben das ethische Verhältnis von Schüler und Lehrer, das unmittelbare Gerichtetsein auf den Anderen meint (vgl. Kap. 2.5), und damit die personelle Begegnung der materiellen im Erziehungsprozeß vorgeordnet ist.

In den Erörterungen zur Fremdheit des schwerstbehinderten Kindes (vgl. Kap. 3.1) und zur pädagogischen Verantwortung (vgl. Kap. 3.2) wurde deutlich, daß wir dem Anderen, wie LÉVINAS sagt, immer nur auf der Spur sind. Sich den Anderen denkend oder verstehend zu eigen zu machen ist unmöglich und bedeutet für die Schwerstbehindertenpädagogik ein radikales Umdenken, weg von Aneignungs- und Enteignungsstrategien auf der Grundlage objektivistisch-logizistischer Theoreme der Psychologie, hin zu größerer Offenheit und Freiheit, allerdings, wie in Kapitel 1 mit PIETSCHMANN angedeutet, „auf Kosten der Sicherheit" (1990, 226).

Auf die Unsicherheit und Unbestimmbarkeit weist auch WIMMER im Zusammenhang mit der Entdeckung des Anderen hin, wenn er feststellt, daß das Umdenken „eine heikle theoretische Aufgabe" ist, „die epistemologisch in einer Rekonstruktion ihrer Geschlossenheit der Wissens- und Verstehensstrukturen bestehen kann. Durch Dekonstruktion ihrer Geschlossenheit ist es möglich, die in den Entdeckungen selbst bestehen bleibende Verschlossenheit gegenüber dem Anderen zu entziffern und die damit gewonnene Offenheit zu bewahren, indem die Spur des Anderen in der Sprache und im Denken selbst in ihrer Uneinholbarkeit nicht wieder einer Hermeneutik des Sinns unterstellt wird und man doch verstehen will, was am Anderen das Andere bleibt" (1992, 169). Die *Andersheit des Denkens des Anderen* ist für WIMMER ein von einer neuen Haltung getragenes Denken, das versucht, „der Abstraktion und Reduktion des Anderen zu entgehen" (ebd.) und erweist sich damit als ein *ethisches Denken*. Es ist eine Denkweise nicht „über den Kopf des Behinderten hinweg" (SAAL), sondern eine, die ihn wesensgemäß einschließt und die sich folgendermaßen beschreiben läßt: „Statt den Menschen zu annullieren, ist es umgekehrt sie, die im Denken Achtung und Verantwortung vor dem Anderen bewahrt, indem sie das am Menschen denkt, was an ihm in den Humanwissenschaften nicht gedacht werden kann, nicht, daß der andere Mensch als Anderer ein Gleicher ist, sondern daß der andere Mensch als Nächster *Anderer* bleibt in einer unaufhebbaren Trennung" (ebd.).

LÉVINAS gibt, wie in den vorausgegangenen Kapiteln dargestellt, der anthropologischen Frage einen anderen Stellenwert, „um die Freiheit des Ich und des Anderen zu begründen und die 'authentische' 'Seinsweise' - problematische Begriffe - des Anderen vor der ontologischen Struktur des Ich und der scheinbaren Symmetrie zwischen Ich und Anderem zu bewahren" (ebd.). Die soziale Beziehung zum Anderen kann jetzt nicht länger nach denselben Strukturen wie Erkenntnisbeziehungen gedacht werden, weil sie zu Aneignung und Fremdbestimmung, zur Gefahr der Gewaltausübung auf den Anderen führt (ebd. 168).

Diese Feststellung ist für die Pädagogik und mit ihr für die Schwerstbehindertenpädagogik bedeutungsvoll. Denn in ihr hat sich mit der Verkennung bzw. mit der Aufgabe des *eigentlich Pädagogischen* ein problematisches Denken des *Anderen* breitgemacht, in dem das Primat des Bewußtseins mit der Mißachtung der Weltoffenheit des Menschen korrespondiert. Um dem zu begegnen, muß die Pädagogik neben dem Zur-Welt-Sein des Menschen auch die Unbestimmbarkeit des Eigenen und des Anderen zum Thema machen.

Die Unerfaßbarkeit der Andersheit in ihrer pädagogischen Bedeutung zu erkennen fordert auch WIMMER, wenn er sagt: „Sowie für die jeweils nachwachsende Generation ihre Erfahrungen bei ihrer Ankunft, z.B. erzogen zu werden, lebensgeschichtlich entscheidend ist, so ist das Problem der Beziehung zum Anderen für die Pädagogik fundamental und läßt sich auf allen Ebenen der Thematisierung pädagogischer Theoriefelder wiederfinden. Die Verstellung des Anderen in seiner expliziten Thematisierung aufzuzeigen, sei es in den Entwicklungstheorien, in den Bildungsvorstellungen, in den Erziehungs- und Unterrichtstheorien, insbesondere der Didaktik, sei es in den handlungstheoretischen Reflexionen, ist eine etwas unhandliche, aber m.E. notwendige Aufgabe. Dekonstruktion bedeutet ja gerade, die Verkennungen und vermeintlichen Sicherheiten aufzulösen, um die Beziehung zum Anderen wieder zu ermöglichen, zunächst einmal im Denken" (ebd. 172).

Es wird also notwendig, die Vernunft in bezug auf das Unentscheidbare zu problematisieren, weil sich hierdurch das Problem *der Fremdheit* des Anderen und der *pädagogischen Verantwortung* ganz neu stellt. Wie sie sich stellt und wie sie zu beantworten ist, wurde im Rahmen der erziehungsphilosophischen Reflexionen gezeigt und soll hier nicht noch einmal vertieft werden[4]. Hingegen vertieft werden muß die Frage nach den Konsequenzen, die sich aus der „Dekonstruktionsarbeit" (WIMMER), aus dem *ethischen Denken des Anderen* für die Pädagogik und genauer, für die Neuorientierungen der Schwerstbehindertenpädagogik ergeben.

Um die Richtung der angestrebten Neureflexion pädagogischer Grundprobleme andeuten zu können, ist es sinnvoll, mit WIMMER von einer Charakterisierung gegenwärtiger Krisenerfahrung auszugehen: „Die Komplexitäts- und Kontingenzsteigerung haben die Ordnungsstrukturen so grundlegend transformiert, daß der Status des Subjekts - die Möglichkeit seiner Selbstbestimmung, sein Handlungsspielraum und seine Verantwortung - unsicher und fragwürdig geworden ist angesichts einer gesellschaftlichen Wirklichkeit, deren Wahrnehmung und Erklärung immer schwieriger wird. Die Unübersichtlichkeit und Unplanbarkeit des Gesellschaftsprozesses ..., das Versagen des Kausalitätsparadigmas als Erklärungsmodell .... und die Auflösung des Wirklichkeitsverständnisses im Zuge der Vermischung von Realität und Medienrealität untergraben die Position des autonomen Subjekts so grundsätzlich, daß alle Interaktions- und Kommunikationsverhältnisse mit betroffen sind. Da diese bisher entweder von der Subjektivität oder von einer intersubjektiv gültigen Ordnung aus gedacht werden, in der die Individuen Ich-Identität erlangen und folglich rational und selbstbestimmt handeln können, stellt sich zwangsläufig in diesem Denkmodell die Frage, ob der einzelne so an den Rand gedrängt wird, daß er bedeutungslos und auf von ihm selbst z.T. undurchschaute Funktionen reduziert wird. Die Suche nach verbliebenen Handlungsspielräumen und noch bestehenden Möglichkeiten eines selbstbestimmten Standpunkts lassen sich von daher als Rettungsversuche des intentionalen Subjekts durch therapeutisch gewordene Sozialwissenschaften verstehen" (ebd. 176 f.).

Die Alternativen heutiger Theorienbildung vom Menschen, die sich dadurch auszeichnen, daß das Subjekt entweder die Freiheit der Entscheidung hat oder es kein Subjekt ist, verstellen für WIMMER (vgl. ebd.) den Blick auf das eigentlich zu lösende Problem, das er in der Beziehung des Subjekts zum unvorhersehbaren Anderen sieht; eine Beziehung, „die als das Paradigma verstanden werden kann für das Verhältnis zur Kontingenz, zum Zufall, zur Unvorhersehbarkeit von Handlungsfolgen, zur Unplanbarkeit und letztlich

[4] Vgl. dazu WIMMER (1992, 172 - 176) und STINKES (1991).

zur Unentscheidbarkeit“ (ebd.). Dieses Problem, das es zu lösen gilt, betrifft in der Pädagogik fast alle Theoriebereiche: „Sozialisations-, Entwicklungs-, Erziehungs- und Bildungstheorien ebenso wie die Theorie der Didaktik und des Unterrichtes oder *die gesamte Sonderpädagogik* (Hervorh. B.F.)“ (ebd.).

WIMMER kritisiert, daß in den theoretischen Modellen und Ansätzen der Pädagogik, sofern sie die Intersubjektivitätsproblematik überhaupt thematisierten, Rollen- und Funktionsbestimmungen oder Ordnungs- und Vorstellungsmuster in der Relation zum Anderen ausgearbeitet werden; Erklärungsmuster, die gerade die Plan- und Kontrollierbarkeit durch Reduktion und Ausschluß der Unvorhersehbarkeiten und Störungen zu ermöglichen versuchen. „Die letzliche Unmöglichkeit, den Anderen einzuordnen, seine Bedeutung für das eigene Leben sowie das eigene Handeln in seiner Wirkung auf den Anderen zu berechnen, wird dann als Mangel oder gar Scheitern der Theorie interpretiert, als Theorie-Praxis-Dilemma oder als Technologiedefizit. Statt an der Vorstellung der völligen Planbarkeit festzuhalten und damit an der Zielvorstellung absoluter (Selbst-)Transzendenz, wobei der anders bleibende Andere nur negativ, als Störung, in Erscheinung tritt, eröffnete die Akzeptanz der Unvorhersehbarkeit Möglichkeiten einer produktiven Revision des pädagogischen Selbstverständnisses und einer ‘konstruktiven’ Theorieentwicklung“ (ebd.), die ja in der speziellen Sonderpädagogik mit ihrer fortwährenden Betonung der ‘extremen Störungen des schwerstbehinderten Anderen’ nicht länger aufgeschoben werden darf. Wie aber kann die *Unbestimmbarkeit des Anderen* und damit ja auch letztendlich die Unbestimmbarkeit seines Erziehungsanspruches bzw. -bedarfs in der praktischen wie theoretischen Erziehung Schwerstbehinderter berücksichtigt werden?

Mit WIMMER sind auf diese Frage drei perspektivische Antworten zu geben. Perspektivisch sind sie, weil sie als Aufriß erste Anregungen für die weiterführende und vertiefende Auseinandersetzung geben; eine erziehungswissenschaftliche Auseinandersetzung, die im Rahmen dieser Arbeit nicht mehr geleistet werden kann.

1. Im *Praxisfeld* entstehen durch die Berücksichtigung der Unvorhersehbarkeit Möglichkeiten einer veränderten Selbst- und Fremdwahrnehmung und damit auch eines „Interaktionsspielraumes, in dem z.B. Entwicklungs- und Lernprozesse auf der Basis der Differenz von Intention und Wirkung zu verstehen sind, anstatt die Differenz als Scheitern zu interpretieren“ (ebd. 178). Indem wir unsere Selbst- und Fremdwahrnehmung im pädagogischen Umgang mit schwerstbehinderten Kindern verändern, wir ihre Andersheit anerkennen und nicht mehr nur zu kompensieren versuchen, öffnet sich unser Blick für das Milieuhafte ihrer Weltgestaltung, in der wir, wie im Rahmen der phänomenologischen Reflexion dargestellt, gemeinsame Wesensbezüge von Schülern und Lehrern erkennen, die Erziehung ermöglicht ohne Differenzen zwischen ihnen zu leugnen. „Die ‘Blindheit des pädagogischen Blicks’ für das, was ihm von außen

ungeplant entgegenkommt, resultiert im wesentlichen aus dem Versuch, diese Differenz zum Verschwinden zu bringen", sagt WIMMER (ebd.). Planung, Intentionalität und Handlungsorientierung als Merkmale von Erziehung bleiben weiter bestehen, bedürfen aber unter Berücksichtigung der Differenz einer gründlichen Reflexion und setzen beim Lehrer eine größere Sensibilität und Bereitschaft zum Hinsehen und Hinhören voraus, die WIMMER kurz „eine pädagogisch belangvolle Beziehung zum Anderen" nennt, „deren ethische Dimension im antwortenden Geschehen unter Bedingungen der Unvorhersehbarkeit liegt" (ebd.).
Die jüngsten, vor allem gestaltpsychologisch orientierten Veröffentlichungen im Schwerstbehindertenbereich (vgl. Kap. 2.4) lassen erkennen, daß Pädagogen im Umgang mit schwerstbehinderten Menschen sensibler geworden sind, sie sich ihnen mehr als je zuvor hörend zuwenden. Daß ihr „pädagogischer Blick" (WIMMER) aber dennoch blind bleibt, liegt an den falschen Voraussetzungen, von denen sie bei der Interpretation des Gehörten und Gesehenen ausgehen. Der Blick bleibt blind, weil die Interpretation des Erfahrenen vor dem Hintergrund des Paradigmas des Bewußtsein zur Aneignung der Unbestimmbarkeit des Anderen wird und Differenzen als solche nicht erkannt und respektiert werden. Didaktisches Fragen, als zukünftige Aufgabe der Schwerstbehindertenpädagogik, muß aber gerade an dieser Unbestimmbarkeit bzw. an den Differenzen ansetzen, d.h., von hier aus sind Aussagen über Planung, Intention und Handlungsräume zu entwickeln.

2. In engem Zusammenhang zur praktischen Realisation von Erziehung steht auf *theoretische*r Ebene die Berücksichtigung der Unvorhersehbarkeit in der *Entwicklung neuer Modelle*, „die den Zufall stärker berücksichtigen und die Auswirkungen auch minimaler Veränderungen in den Randbedingungen beschreibbar machen" (ebd.), womit WIMMER meint, daß die Konzeptentwürfe von Erziehung den *Stellenwert des Singulären* erkennen und neu gewichten müssen. „Das Singuläre kann enorme Auswirkungen haben - wie nicht nur jeder Lehrer weiß -, so daß es keinesfalls länger als marginale, vernachlässigbare Größe behandelt werden kann. Eine Subjektivitäts- und Intersubjektivitätstheorie z.B., die a) die Komplexität der Interaktionsprozesse nicht reduziert, die b) das autonome Subjekt nicht ins Zentrum stellt und die c) es auch nicht gegen eine autonome Struktur der Interaktion austauscht, sondern Subjektivität und Heteronomie so zusammendenkt, daß Planen und Handeln unverzichtbare Bestandteile der Interaktion bleiben, aber unter Akzeptanz der Differenz von Intentionalität und Wirkung, von Imaginärem, Symbolischem und Realem, von Bewußtsein und Unbewußtsein, eine solche Intersubjektivitätstheorie wäre notwendig" (ebd. 178 f.).
Mit der Thematisierung der Singularität verweist WIMMER auf die erforderliche *Offenheit theoretischer Pädagogik*, die von den leiborientierten

Ansätzen der Schwerstbehindertenpädagogik (DREHER, FORNEFELD, KLEINBACH, PFEFFER, STINKES,) angestrebt und ansatzweise bereits realisiert ist. Aufgrund ihres erkenntnistheoretischen Horizontes ist die leiborientierte Pädagogik in besonderer Weise dazu geeignet, die Unbestimmbarkeit menschlichen Seins als ethische Gegebenheit zu erkennen und in einen Entwurf der Erziehung zu integrieren, was ihr aber erst noch unvollständig gelingt, da die Überführung ihrer Erkenntnisse in die didaktische Ebene schwierig bleibt, und gerade hierin besteht ihr zukünftiger Auftrag.

3. Die dritte und letzte zu berücksichtigende Ebene läßt sich als die *Stellung der Schwerstbehindertenpädagogik als Erziehungswissenschaft* in der Gesellschaft und ihr Verhältnis zur Zukunft oder allgemein zur Zeitlichkeit umschreiben. Pädagogisches Denken ist an der Zukunft orientiert und „steht deshalb in Gefahr, alte Omnipotenzphantasien wiederzubeleben (Identitätsbehauptung von Intention und Wirkung) und im Falle des Scheiterns (Differenz von Intention und Wirkung) sich selbst zu negieren" (ebd. 179). Daß die Schwerstbehindertenpädagogik z.Zt. dieser Gefahr in besonderem Maße ausgesetzt ist, noch bevor sie sich je als Erziehungswissenschaft behaupten konnte, wurde im Verlauf der Arbeit gezeigt.

   WIMMER sieht in der Akzeptanz der Unplanbarkeit und Unvorhersehbarkeit eine gute Chance für die Pädagogik, ihren beiden Übeln, der opportunistisch ausgenutzten Empirie und der blinden Utopie, zu entkommen. „Das Zugeständnis, daß es keine Prognostizierbarkeit gibt, weder in den (Natur-, Human-, Sozial-)Wissenschaften noch in ihren Phänomenen, böte die Möglichkeit der Entmystifizierung der Wissenschaft, insbesondere der Erziehungswissenschaft, die, in ihrer Leistungsfähigkeit relativiert, eine bescheidenere Rolle in der Gesellschaft einnehmen könnte, ohne immer zuviel versprechen zu müssen", stellt WIMMER in Orientierung an OELKERS fest (ebd). Die Behauptung der Stellung als Erziehungswissenschaft wird für die Schwerstbehindertenpädagogik davon abhängen, wie es ihr gelingt, sich im Dialog mit den Nachbarwissenschaften Medizin und Psychologie zu behaupten und sich im erforderlichen Maße von ihren Beeinflussungen zu distanzieren sowie den Gleichklang von Erziehung und Therapie zum Wohle des schwerstbehinderten Kindes zu realisieren. Und gerade hierin liegt ein weites und nicht einfaches Aufgabenfeld der zukünftigen Schwerstbehindertenpädagogik, die in der Unbestimmbarkeit und Offenheit gerade ihre Möglichkeit entdecken muß.

Das Eingeständnis der Unbestimmtheit (MERLEAU-PONTY), der Unvorhersehbarkeit oder der Unentscheidbarkeit (WIMMER) ist nicht, und das muß m.E. besonders unterstrichen werden, das Eingeständnis von Ohnmacht,

„sondern lediglich die Aufgabe eines ohnehin immer nur illusiorisch gewesenen Machtanspruches, der nur mit Zwangsmaßnahmen, auch theoretischer Art, aufrechterhalten werden konnte. Was dem notorischen pädagogischen Optimismus als nackter Pessimismus oder gar als affirmativer Nihilismus erscheint, ist jedoch lediglich die Überwindung des Spiegelstadiums in der Erkenntnis, daß das Bild nicht die Wirklichkeit ist" (ebd. 180).

Wenn wir Unbestimmtheit, Unvorhersehbarkeit und Unentscheidbarkeit als Wesensmerkmale praktischer wie theoretischer Erziehung erkannt und akzeptiert haben, wird es überflüssig, für schwerstbehinderte Kinder eine besondere Pädagogik, eine therapieähnliche Förderung zu verlangen. Eine ethisch begründete Pädagogik, zu der Fremdheit, Andersheit, Differenz wesensgemäß gehören, schließt nicht aus, sondern integriert, ohne Nichtintegrierbares zwanghaft vereinen zu wollen. Der Intention der Arbeit entsprechend sind hiermit erste Hinweise für ein neues und erweitertes, für ein ethisch begründetes Verständnis von Erziehung gegeben, das das schwerstbehinderte Kind ein- und nicht länger ausschließt.

LITERATURVERZEICHNIS

ADAM, H.: Curriculumskonstruktion für Geistigbehinderte, Oberbiel-Solms 1978

ANSTÖTZ, CH.: Wissenschaftstheoretische Probleme angesichts schwerster Behinderung, in: FRÖHLICH 1991, 139 - 151

ANTOR, G.: Lebenswelt - ein neuer Begriff und seine Bedeutung in der Sonderpädagogik, in: VHN, 58. Jg., 3/1989, 243 - 254

ANTOR, G.: Ethische Fragen in der pädagogischen Förderung schwerstbehinderter Menschen, in: FRÖHLICH 1991, 70 - 88

BACH, H.: Der Begriff der Behinderung unter dem Aspekt der Multidimensionalität, in: Zeitschrift für Heilpädagogik, 27. Jg., 7/1976, 396-404

BACH, H.: Zum Begriff „Schwerste Behinderung", in: FRÖHLICH 1991, 3 - 14

BEGEMANN, E.: Anthropologische Aspekte der Erziehung Schwerstbehinderter, in: FRÖHLICH/ TUCKERMANN (Hrsg.): Schwerstbehinderte, Rheinstetten 1977, 64 - 84

BEGEMANN, E.: Schwerstkörperbehinderte als Herausforderung, in: FRÖHLICH, A. (Hrsg.): Dokumentation zur Situation Schwerstbehinderter, Staufen/Breisgau 1978, 9 - 31

BEGEMANN, E.: „Sonder"-(schul)Pädagogik: Zur Notwendigkeit neuer Orientierungen, in: ZfH, 43. Jg., 4/1992, 217 - 267

BESEMS, TH./VUGT, G. VAN: Gestalttherapie mit geistig behinderten Menschen, in: Geistige Behinderung, 29. Jg., Teil I: 4/1988 Heftmitte, 1-24, Teil II: 1/1989, Heftmitte, 1-24

BITTNER, G./THALHAMMER, M. (Hrsg.): Das Ich ist vor allem ein körperliches..., Würzburg 1989

BLEIDICK, U. u.a.: Einführung in die Behindertenpädagogik, Stuttgart 1977

BÖHM, W.: Über die Unvereinbarkeit von Erziehung und Therapie, in: Vierteljahresschrift für wissenschaftliche Pädagogik, 68. Jg., 1/1992, 129 - 151

BÖNNECKE, D.: Die spezielle Förderung schwerstbehinderter Kinder im Rahmen der Schule für Körperbehinderter, in: VDS HAMBURG 1990, 120 - 130

BRAUN, W.: Wider die Psychologisierung der Pädagogik - Zum Verhältnis von Pädagogik und humanistischer Psychologie, in: Pädagogische Rundschau, 39. Jg., 1985, 579- 597

BRAUN, W.: Pädagogische Anthropologie im Widerstreit - Genese und Versuch einer Systematik, Bad Heilbrunn/ Obb. 1989

BRAUN, W.: Pädagogik - eine Wissenschaft!? - Aufstieg, Verfall, Neubegründung -, Weinheim 1992

BRECKOW, J.: Zum Verhältnis von Erziehung und Therapie in der Sonderpädagogik, in: ZfH, 41. Jg., 7/ 1990, 441 - 451

BREITINGER, M./FISCHER, D.: Intensivbehinderte lernen Leben, Würzburg 1981

BUCHKA, M.: Zum Burn-out-Syndrom bei professionellen Helfern in der Arbeit bei geistig behinderten Menschen, in: LEBENSHILFE NW (Hrsg.) 1992, 418 - 436

BÜHLER, CH./ALLEN, M.: Einführung in die Humanistische Psychologie, Stuttgart 1974

CHRISTOPH, F.: Tödlicher Zeitgeist, Köln 1990

DANK, S.: Individuelle Förderung Schwerstbehinderter, Dortmund 1987

DANK, S.: Schulische Arbeit mit schwer- und schwerstbehinderten Kindern und Jugendlichen, in: VDS - LANDESVERBAND NW: Mitteilungen, März 1991, 1 - 16

DANNER, H./LIPPITZ, W. (Hrsg.): Beschreiben, Verstehen, Handeln - Phänomenologische Forschungen in der Pädagogik, München 1984

DEUTSCHER BILDUNGSRAT: Empfehlungen der Bildungskommission: Zur pädagogischen Förderung behinderter und von Behinderung bedrohter Kinder und Jugendlicher, Bonn 1973

DIENELT, K.: Humanistische Psychologie - Überwindung der Psychoanalyse, in: ders.: Von der Metatheorie der Erziehung zur „sinn"-orientierten Pädagogik, Frankfurt/M. 1984, 147 - 151

DIENELT, K.: Das neue Denken in der Erziehungswissenschaft - Beitrag zur konstruktiven Analyse der Trends erziehungswissenschaftlicher Forschung der Gegenwart, Wien 1989

DITTMANN, W. (Hrsg.): Zum Problem der pädagogischen Förderung schwerstbehinderter Kinder und Jugendlicher, Rheinstetten 1979

DITTMANN, W./KLÖPFER, S.: Daten zur Beschulung Schwerstbehinderter in Baden-Württemberg, in: DITTMANN 1979, 56 - 68

DREHER, W.: Überlegungen im Vorfeld einer sonderpädagogischen Theoriebildung der Erziehung schwer geistigbehinderter Menschen, in: HOFMANN 1979, 198 - 212

DREHER, W: Selbstverwirklichung in sozialer Integration - Idee und Wirklichkeit einer neuen Lebensperspektive für Menschen mit sogenannter geistiger Behinderung, unveröff. Manuskript, Köln 1982

DREHER, W.: Modelle zur Förderung schwer geistigbehinderter Schüler, Abschlußbericht des Forschungsprojektes, Köln 1985

DREHER, W. (Hrsg.): Geistigbehindertenpädagogik vom Menschen aus, Gütersloh 1990

DREHER, W.: Anthropologische Fragen angesichts schwerster Behinderung, in: FRÖHLICH 1991, 60 - 69

DREHER, W.: Integrative Grundschule, in: BECHER, H.R./ BENNACK, J. (Hrsg.): Taschenbuch Grundschule, Hohengehren 1993, 407 - 428

DREHER, W.: Denkspuren - Bildung von Menschen mit geistiger Behinderung, Aachen 1996

DROSDOWSKI, G./GREBE, P.: DUDEN-Etymologie, Duden Bd. 7, Mannheim/ Wien/ Zürich 1963

DUPIUS, G./KERKHOFF, W. (Hrsg.): Enzyklopädie der Sonderpädagogik, der Heilpädagogik und ihrer Nachbargebiete, Berlin 1992

EHLERS, A./HOFFMANN-BECHTOLD, H.: Integrative Beschulung schwerstbehinderter Kinder in der Schule für Geistigbehinderte (SfG) und der Schule für Körperbehinderte (SfK) in Schleswig-Holstein, in: VDS HAMBURG 1990, 113 - 119

ENGELMANN, P. (Hrsg.): Emmanuel Lévinas - Ethik und Unendlichkeit, Wien 1992[2]

EPSTEIN, S.: Entwurf einer integrativen Persönlichkeitstheorie, in: FILIPP 1984

FEUSER, G.: Körperbehinderte Geistigbehinderte, in: ZfH, 27. Jg., 12/1976

FEUSER, G.: Thesen zum Problemkreis schwerst geistigbehinderter Kinder und Jugendlicher, in: FEUSER/ OSKAMP/ RUMPLER 1982, 19 - 28

FEUSER, G.: Integrative Erziehung und Unterricht schwerstbehinderter Kinder - Eine Frage der Didaktik, in: VDS HAMBURG 1990a, 52 - 68

FEUSER, G.: Perspektiven einer Behindertenpädagogik im Wandel - Aspekte der Tätigkeit von ErzieherInnen und SozialpädagogInnen, in: Behindertenpädagogik, 29. Jg., 4/1990b, 354 - 377

FEUSER, G.: Entwicklungspsychologische Grundlagen und Abweichungen in der Entwicklung, in: ZfH, 42. Jg., 7/1991, 425 - 441

FEUSER, G./OSKAMP, U./RUMPLER, F. (Hrsg.): Förderung und schulische Erziehung schwerstbehinderter Kinder und Jugendlicher - Symposion 1982 in Würzburg -, Stuttgart 1982

FIKAR, H./FIKAR, S.: Körperarbeit bei Menschen mit schwerer geistiger Behinderung, in: FIKAR/FIKAR/THUMM 1991, 179 - 210

FIKAR, H.: Körperorientierte Förderansätze im Unterricht bei Menschen mit schwerer geistiger Behinderung, in: Geistige Behinderung, 26. Jg., 4/1987 Heftmitte, 1 - 19

FIKAR, H./FIKAR S./THUMM, K. E. (Hrsg.): Körperarbeit mit Behinderten, Stuttgart 1991

FILIPP, S.-H. (Hrsg.): Selbstkonzept-Forschung, Stuttgart 1984

FORNEFELD, B.: 'Elementare Beziehung' und Selbstverwirklichung geistig Schwerstbehinderter in sozialer Integration - Reflexionen im Vorfeld einer leiborientierten Pädagogik, Aachen 1989 (Aachen 1997[4])

FORNEFELD, B.: Humanes Annehmen (schwerst-)geistigbehinderter Menschen - Anthropologisch-pädagogische Fragmente, in: DREHER 1990, 110 - 123

FORNEFELD, B.: Selbstverwirklichung von Menschen mit schwersten Behinderungen - ein Leitmotiv in der Schule für geistig Behinderte, in: LEBENSHILFE FÜR GEISTIG BEHINDERTE 1992, 102 - 117

FORSCHUNGSGEMEINSCHAFT 'DAS KÖRPERBEHINDERTE KIND' (Hrsg.): Entwicklung und Förderung Körperbehinderter, Heidelberg 1986

FRAGNER, J.: Sonderpädagogische Intentionen der Förderung von Menschen mit schwerster Behinderung, in: FRÖHLICH 1991, 39 - 59

FRÖHLICH, A.: Der somatische Dialog, in: Behinderte, 5. Jg., 4/1982, 15 - 20

FRÖHLICH, A.: Ganzheitliche Entwicklungsförderung für schwerstbehinderte Kinder, in: BUNDESVERBAND FÜR SPASTISCH GELÄHMTE UND ANDERE KÖRPERBEHINDERTE (Hrsg.): Pädagogische Förderung schwerstbehinderter Kinder und Jugendlicher, Düsseldorf 1987, 5 - 13

FRÖHLICH, A.: Grundzüge der Förderung von Kindern mit schwersten Behinderungen - eine Einführung, in: ders. (Hrsg.): Lernmöglichkeiten - Aktivierende Förderung für schwer mehrfachbehinderte Menschen, Heidelberg 1989², 7 - 15

FRÖHLICH, A.: Ganzheitliche Entwicklungsförderung, in: ders. 1991, 155 - 168

FRÖHLICH, A. (Hrsg.): Pädagogik bei schwerster Behinderung, Handbuch der Sonderpädagogik, Band 12, Berlin 1991

FRÖHLICH, A.: Perspektiven der Förderung von Menschen mit sehr schweren Behinderungen aus pädagogischer Sicht, in: LEBENSHILFE FÜR GEISTIG BEHINDERTE 1992, 27- 36

GRÖSCHKE, D.: Praxiskonzepte der Heilpädagogik, München/ Basel 1989

GÜNZBURG, C./GÜNZBURG, A.: Probleme der Selbständigkeitsentwicklung und Umweltgestaltung für den behinderten Menschen, in: DITTMANN, W./ KLÖPFER, S./RUOFF, E.: Zum Problem der pädagogischen Förderung schwerstbehinderter Kinder und Jugendlicher, Rheinstetten 1979, 79 - 98

HAHN, M.: Zur Problematik der Definition des Begriffs 'schwerstbehindert', in: Zur Fortbildung, 1 - 2/1976, 7 - 15

X HAHN, M.: Behinderung als soziale Abhängigkeit, München 1981

HAHN, M.: Zum Ausbrennen (Burn-out-Syndrom) im Zusammenhang mit schwerstbehinderten Menschen, in: VHN, 54. Jg. 2/1985, 142-159

HARTMANN, N./PASSON, B.: Pädagogik der Schwerstbehinderten, in: HARTMANN, N. (Hrsg.): Beiträge zur Pädagogik der Schwerstbehinderten, Heidelberg 1983, 9 - 16

HAUPT, U.: Veränderungen der Schülerschaft in Körperbehindertenschulen - Notwendigkeit der Entwicklung von neuen Konzepten, in: Sonderpädagogik, 12. Jg., 3/1982, 97-102 und 4/1982, 174-180

HAUPT, U.: Entwicklung und Lernmöglichkeiten bei Kindern und Jugendlichen mit schwerster Behinderung, in: FRÖHLICH 1991, 15 - 38

HAUPT, U./FRÖHLICH, A.: Entwicklungsförderung schwerstbehinderter Kinder, Bericht über einen Schulversuch, Mainz 1982

HAUPT, U./JANSEN, G.W. (Hrsg.): Pädagogik der Körperbehinderten, Handbuch der Sonderpädagogik, Band 8, Berlin 1983

HEDDERICH, I.: Gegenwärtige schulische Situation und Stand kommunikativer Förderung von Kindern und Jugendlichen mit schwersten cerebralen Bewegungsstörungen bei gleichzeitiger schwerer Dys- oder Anarthrie, Diss. Köln 1990, (Berlin 1991)

HEITGER, M.: Die Abrichtung des Menschen - Von der Gefahr gegenwärtiger Pädagogik, ihr Subjekt zu verlieren, in: Vierteljahresschrift für wissenschaftliche Pädagogik, 62. Jg., 1986, 41 - 51

HELLEMANS, M.: Pädagogische Verantwortung, in: DANNER/LIPPITZ 1984, 107 - 121

HINZ, H./STÖPPLER, TH.: Entwicklungsförderung eine neue Aufgabenstellung im Förderbereich der Schule für Lernbehinderte, in: ZfH, 40. Jg., 4/1989, 234 - 242

HOFFMANN, U.: „Ergotherapeutisches Funktionstraining“ in der Pflege Schwerstmehrfachbehinderter, in: FRÖHLICH 1991, 447 - 455

HOFMANN, TH.: Humanes Annehmen geistigbehinderter Kinder, in: ders. 1979, 20 - 28

HOFMANN, TH. (Hrsg.): Beiträge zur Geistigbehindertenpädagogik, Rheinstetten 1979

JANSEN, G. W./KUNERT, S./SEVENING, H.: Aspekte der Persönlichkeitserziehung bei körperbehinderten Kindern, in: HAUPT, U./JANSEN, G.W. (Hrsg.): Handbuch der Sonderpädagogik, Bd.8: Pädagogik der Körperbehinderten, Berlin 1983

KANE, J.F./KANE, G.: Geistig schwer Behinderte lernen lebenspraktische Fertigkeiten, Bern, Stuttgart, Wien 1976

KERN, H./KLOSTERMANN, B.: Zugangswege zu Menschen - Ein Konzept zur therapeutischen Arbeit mit mehrfachbehinderten Kindern und Erwachsenen, in: Geistige Behinderung, 27. Jg., 3 /1988, 159 - 169

KERN, H./KLOSTERMANN, B.: Zugangswege zu Menschen - Aspekte humanistischer Arbeit mit Behinderten, Würzburg 1989

KERNER, CH.: Der Griff nach der Wurzel des Übels - Epilepsie, in: GEO-Wissen, 4/ 1991, 138 - 149

KERPA, U.: Körperbehinderte Jugendliche - Wie sehen sie sich selbst? Zum Selbstkonzept körperbehinderter Schüler/innen als Unterrichtsgegenstand, unveröff. Manuskript, Reutlingen 1991

KLEIN, F.: Erstellung von Förderprogrammen für schwer geistig behinderte und mehrfachbehinderte Kinder und Jugendliche - Modellversuch der Lebenshilfe für geistig Behinderte e.V., Kreisvereinigung Neunkirchen, Neunkirchen 1990

KLEINBACH, K.: Zur ethischen Begründung einer Praxis der Geistigbehindertenpädagogik, Bad Heilbrunn 1994

KOBI, E.E.: Vom Grenznutzen des Utilitarismus und den Nutzungsgrenzen des Inutilen, in: MÜRNER, CH. (Hrsg.): Ethik, Genetik, Behinderung, Luzern 1991, 51 - 73

KULTUSMINISTER NW: Aufnahme Schwerstbehinderter in Sonderschulen, RdErl. d. Kultusministers v. 12.7.1978 (GABL.NW. S. 503)

KULTUSMINISTER NW: Richtlinien für die Förderung schwerstbehinderter Schüler in Sonderschulen und Hinweise für den Unterricht, Düsseldorf 1985

KUNERT, S.: Körperbehindertenschule - Rückblick auf eine 25jährige Entwicklung, in: FORSCHUNGSGEMEINSCHAFT 1986a, 15 - 30
KUNERT, S.: Verlaufsdiagnostik als Bestandteil der Förderung Schwerstkörperbehinderter - auch unter schulpolitischen Aspekten, in: FORSCHUNGSGEMEINSCHAFT 1986b, 169 - 174
KUNTZ, ST.: Psychomotorische Förderung bei schwerster Behinderung, in: FRÖHLICH 1991, 207 - 218
KUNZMANN, P./BURKARD, F.P./WIEDMANN, F.: dtv-Atlas zur Philosophie, München 1992[2]
LACHWITZ, K.: Die sozialrechtliche Stellung von Menschen mit schwersten Behinderungen, in: FRÖHLICH 1991, 308 - 340
LAMERS, W.: Anmerkungen zum Spiel (schwerst)geistigbehinderter Kinder, in: DREHER 1990, 267 - 284
LAMERS, W.: Snoezelen - Ein Erlebnis für Schwerstbehinderte? - schauen - staunen - genießen - entspannen, in: VDS-HAMBURG 1990a, 192 - 203
LANGEVELD, M. J.: Gelebte und Gebotene Welt - Eine pädagogische Meditation, in: LIPPITZ/ MEYER-DRAWE 1986, 78 - 83
LANGEVELD, M. J.: Grundsätzliches - bezogen auf Piagets Kinderpsychologie, in: LIPPITZ/ MEYER-DRAWE 1987, 149 - 158
LEBENSHILFE FÜR GEISTIG BEHINDERTE (Hrsg.): Annehmen und Verstehen - Förderung von Menschen mit sehr schweren Behinderungen, Hürth 1992
LÉVINAS, E.: Über die Intersubjektivität, in: MÉTREAUX/ WALDENFELS 1986, 48 - 55
LEYENDECKER, CH.: Körpererfahrung und Behinderung. Ein Diskurs zur Frage der Identitätsfindung Körperbehinderter, in: Sonderpädagogik, Vierteljahresschrift über aktuelle Probleme der Behinderten in Schule und Gesellschaft, 15. Jg., 1985
LICHTENBERG, A.: Aus der Arbeit eines Kunsttherapeuten, in: ZfH, 30. Jg., 1979, 413 f.
LIPPE, R. ZUR: Am eigenen Leibe - Zur Ökonomie des Lebens, Frankfurt/M. 1978
LIPPE, R. ZUR: Wiederbegegnung der Industriegesellschaft mit dem Körper, in: KÜKELHAUS, H./ LIPPE, R. ZUR: Entfaltung der Sinne, Frankfurt/M. 1987, 25 - 41
LIPPITZ, W.: Möglichkeiten eines lebensweltlichen Erfahrungsbegriffs im pädagogisch-anthropologischen Denken - dargestellt an Langevelds Pädagogik, in: Pädagogische Rundschau, 34. Jg., 1980, 695 - 721
LIPPITZ, W.: Überlegungen zu einer phänomenologisch-hermeneutisch begründeten Pädagogik, in: DANNER/ LIPPITZ 1984, 81 - 90
LIPPITZ, W.: Von Angesicht zu Angesicht - Überlegungen zum Verständnis von Pädagogik und Ethik im Anschluß an Lévinas, in: Vierteljahresschrift für wissenschaftliche Pädagogik, 65. Jg., 3/1989, 266 - 281
LIPPITZ, W./ MEYER-DRAWE, K. (Hrsg.).: Lernen und seine Horizonte, Frankfurt/M. 1986

LIPPITZ, W./ MEYER-DRAWE, K. (Hrsg.): Kind und Welt - Phänomenologische Studien zur Pädagogik, Frankfurt/M. 1987

MALL, W.: Basale Kommunikation - ein Weg zum anderen, in: Geistige Behinderung, 23. Jg., 1/1984, Heftmitte

MALL, W.: Kommunikation mit schwer geistig behinderten Menschen - Ein Werkheft, Heidelberg 1990

MALL, W.: Heilpädagogische Partnerschaft mit schwerstbehinderten Menschen, in: LEBENSHILFE FÜR GEISTIG BEHINDERTE 1992, 63 - 72

MANEN, M. VON : Phänomenologische Pädagogik, in: LIPPITZ/MEYER-DRAWE 1987, 131 - 148

MASSCHELEIN, J.: Pädagogisches Handeln und Verantwortung. Erziehung als Antwort, in: MEYER-DRAWE/ PEUKERT/ RUHLOFF 1992, 81 - 103

MEINBERG, E.: Das Menschenbild der modernen Erziehungswissenschaft, Darmstadt 1988

MERKENS. L.: Einführung in die historische Entwicklung der Behindertenpädagogik in Deutschland unter integrativen Aspekten, München 1988

MERLEAU-PONTY, M.: Phänomenologie der Wahrnehmung, Berlin 1966

MERLEAU-PONTY, M.: Das Auge und der Geist, Hamburg 1984

MÉTREAUX, A./ WALDENFELS, B. (Hrsg.): Leibhafte Vernunft - Spuren von Merleau-Ponty, München 1986

MEYER-DRAWE, K.: Zähmung eines wilden Denkens? - Piaget und Merleau-Ponty zur Entwicklung von Rationalität, in: MÉTRAUX/WALDENFELS 1986a, 258 - 275

MEYER-DRAWE, K.: Lernen als Umlernen, in: LIPPITZ/MEYER-DRAWE 1986b, 19 - 45

MEYER-DRAWE, K.: Leiblichkeit und Sozialität, München 1987[2]

MEYER-DRAWE, K.: Unerwartete Antworten. Leibphänomenologische Anmerkungen zur Rationalität kindlicher Lebensformen, in: Acta Paedopsychiatrica, 51. Jg., 1988, 245 - 251

MEYER-DRAWE, K./PEUKERT, H./RUHLOFF, J. (Hrsg.): Pädagogik und Ethik - Beiträge zu einer zweiten Reflexion, Weinheim 1992

MEYER-DRAWE, K./WALDENFELS, B.: Das Kind als Fremder, in: Vierteljahresschrift für wissenschaftliche Pädagogik, 64. Jg., 3 /1988, 271 - 287

MEYERS-LEXIKONREDAKTION: Meyers großes Taschenlexikon in 24 Bänden, Mannheim/ Wien/ Zürich 1990

MÖCKEL, A.: Geschichte der Heilpädagogik, Stuttgart 1987

MÜHL, H.: Zur geschichtlichen Entwicklung der Förderung schwerstbehinderter Menschen, in: FRÖHLICH 1991, 126 - 136

MUSOLFF, H.-U.: Der Begriff des Pädagogischen und die Moderne, in: Pädagogische Rundschau, 46. Jg., 1992, 3 - 18

NEUGEBAUER, W.F.: Selbstkonzept und Identität im Kindes- und Jugendalter, München 1976

OEVESTE, H. ZUR: Kognitive Entwicklung im Vor- und Grundschulalter, Göttingen 1987

OSKAMP, U.: Schwerstbehinderte als Herausforderung der Sonderpädagogik, in: FEUSER/OSKAMP/RUMPLER 1982, 9 - 17
OSKAMP, U.: Zum gegenwärtigen Stand der Förderung Schwerstbehinderter in Sonderschulen, in: FORSCHUNGSGEMEINSCHAFT 1986, 175 - 189
PAWEL, B. VON: Körperbehindertenpädagogik, in: BLEIDICK, U. (Hrsg.): Einführung in die Behindertenpädagogik, Bd. 2, Stuttgart 1977, 74 - 92
PAWEL, B. VON: Körperbehindertenpädagogik, Stuttgart 1984
PFEFFER, W.: Die pädagogische Dimension des Begriffs 'schwerste geistige Behinderung', in: Behindertenpädagogik, 21. Jg., 2/1982, 122 - 135
PFEFFER, W.: Zur Entwicklung des Erziehers in der Erziehung bei schwerer geistiger Behinderung, in: ADAM/HUSSLEIN/PFEFFER (Hrsg.): Erziehen als Beruf, Würzburg 1987, 257 - 268
PFEFFER, W.: Förderung schwer Geistigbehinderter. Eine Grundlegung, Würzburg 1988
PFLÜGER, L.: Schwerstbehinderte Kinder, in: DUPIUS, G./KERKHOFF, W. 1992, 568-569
PIAGET, J./INHELDER, B.: Die Entwicklung des inneren Bildes beim Kind, Frankfurt/M. 1990
PIAGET, J.: Probleme der Entwicklungspsychologie, Frankfurt/ M. 1976
PIAGET, J.: Das Weltbild des Kindes, München 1988
PIAGET, J.: Biologie und Erkenntnis, Frankfurt/ M. 1992
PIAGET, J.: Einführung in die genetische Erkenntnistheorie, Frankfurt/M. 1988[4]
PIETSCHMANN, H.: Die Wahrheit liegt in der Mitte, Stuttgart/ Wien 1990
PRASCHAK, W.: Sensumotorische Kooperation mit Schwerstbehinderten als Herausforderung für eine allgemeine Pädagogik, Hannover 1990
PRASCHAK, W.: Kooperative Pädagogik Schwerstbehinderter - Sensumotorische Kooperation im Alltag, in: FRÖHLICH 1991, 230 - 240
PRASCHAK, W.: Schwerstbehinderung als sensumotorische Handlungsveränderung, in: VHN, 61. Jg., 1/1992a, 25 - 40
PRASCHAK, W.: Sensumotorische Kooperation mit Schwerstbehinderten, in: Behinderte, 15. Jg. 2/1992b, 13 - 22
RICHTER, I.: Schwer mehrfach Behinderte lernen Selbständigkeit, Bern/ Stuttgart/ Wien 1980
ROHMANN, U./ELBING, U.: Festhaltetherapie und Körpertherapie, Dortmund 1990
RUMPF, H.: Die übergangene Sinnlichkeit, Weinheim/ München 1988[2]
RUMPF, H.: Erlebnis und Begriff - Verschiedene Weltzugänge im Umkreis von Piaget, Freud und Wagenschein, in: Zeitschrift für Pädagogik, 37. Jg., 3/1991, 329 - 346
RUOFF, E.: Schwerstbehinderte - eine weitere Behindertengruppe?, in: DITTMANN 1979, 43 - 55

SAAL, F.: Eingriffe - Angriffe oder Wer meine Behinderung nicht will - wer kann dann den Menschen an sich wollen?, in: Behinderte, 13. Jg., 3/1990, 5 - 9

SCHIRMACHER, A.: Phänomenologisches Denken in der Sonderpädagogik, in: SASSE, O./STOLLGER, N. (Hrsg.): Offene Sonderpädagogik - Innovationen in sonderpädagogischer Theorie und Praxis, Frankfurt/ M. 1989, 287 - 295

SCHLEGEL, K.F. (Hrsg.): Der Körperbehinderte in Mythologie und Kunst, Stuttgart 1983

SCHMEICHEL, M.: Geschichtliche Determinanten für heutige Ansätze, in: HAUPT/JANSEN 1983, 3 - 13

SCHMITZ, E.: Elternprogramme für behinderte Kinder, München 1976

SCHÖNBERGER, F.: Befreiung durch Handeln. Ein Versuch, den psychoanalytischen und den handlungstheoretischen Denkansatz in der Pädagogik der Körperbehinderten zu vereinigen, in: JETTER, K./SCHÖNBERGER, F. (Hrsg.): Verhaltensstörungen als Handlungsveränderung, Bern/Stuttgart 1979

SCHÖNBERGER, F.: „Menschenbild und Methode“- Ein Plädoyer für den bedachtsamen Griff in den Warenkorb pädagogischer und therapeutischer Methoden, in: Behinderte, 14. Jg., 4/1991, 5 - 21

SCHRÖDER, S.: Anmerkungen zum Phänomen Schwerst- und Mehrfachbehinderung, in: HOFMANN 1979a, 222 - 229

SCHRÖDER, S.: Schwerst- und mehrfachgeschädigte Geistigbehinderte als pädagogische, soziale und menschliche Herausforderung, in: DITTMANN 1979b, 9 - 20

SCHRÖDER, S.: Vier historische Skizzen zum Schicksal Behinderter, in: Behinderte, 5. Jg., 3/1982, 7 f.

SCHRÖDER, S.: Schüler, die uns immer wieder in Frage stellen, in: Behinderte, 12. Jg., 6/1989, 11 - 27

SOLAROVA, S.: Therapie und Erziehung im Aufgabenfeld des Sonderpädagogen, in: VHN, 40.Jg., 1/1971, 49 - 58

SPECK, O.: Kinder mit Intensivformen geistiger Behinderung - Tendenzen zu ihrer Förderung im internationalen Überblick, in: VHN, 47. Jg., 1/1978, 6 - 14

SPECK, O: System Heilpädagogik - Eine ökologisch reflexive Grundlegung, München 1987

SPIESS, W.: Die ‘neuen’ Körpertherapien in der heilpädagogischen Lehre: Kompetenzerweiterung für Fachleute in der Praxis oder Verbreitung von Scharlatanerie?, in: VHN, 60. Jg., 1991, 481 - 494

STEINER, G.: Genetische Erkenntnistheorie und Strukturalismus, in: Psychologie des 20. Jahrhunderts, Zürich 1978, 3 - 7

STINKES, U.: Spuren eines Fremden in der Nähe. Das ‘geistig behinderte’ Kind aus phänomenologischer Sicht, Diss. Köln 1991, (Würzburg 1993)

STRASSMEIER, W.: Frühe Förderung schwerstbehinderter Kleinkinder, in: FRÖHLICH 1991, 261 - 269

STRASSMEIER, W./SPECK, O./HOMANN, G.: Förderung von Kindern mit schwerer geistiger Behinderung in der Schule, Projektbericht zum LOGESCH-Projekt, München 1990

THEUNISSEN, G.: Förderung erwachsener schwerstbehinderter Menschen, in: FRÖHLICH 1991, 296 - 307

THEUNISSEN, G.: Neuere Ansätze zur Förderung schwerstbehinderter Menschen und Perspektiven für die heilpädagogische Arbeit, in: ZfH, 43. Jg., 1/1992, 16 - 27

THIMM, W. (Hrsg): Ethische Aspekte der Hilfen für Behinderte, Marburg 1989

THOMAE, H.: Das Individuum und seine Welt, Göttingen 1988[2]

VARELA, F.J./THOMPSON, E.: Der Mittlere Weg der Erkenntnis, Bern/ München/ Wien 1992

VDS - HAMBURG (Hrsg): Entwicklungsförderung schwerstbehinderter Kinder und Jugendlicher, Tagungsbericht zur Fachtagung vom 9. - 10.9.1988, Hamburg 1990

VOGEL, B.: Hör-Räume, Musiktherapeutische Förderung Schwerst- und Mehrfachbehinderter, in: FRÖHLICH 1991, 199-206

VUGT, G. VAN /BESEMS, TH.: Gestalttherapie mit Behinderten, in: FIKAR/ FIKAR/THUMM 1991, 128 - 145

VUGT, G. VAN /BESEMS, TH.: Gestalttherapie mit Menschen mit schwersten und mehrfachen Behinderungen, in: LEBENSHILFE FÜR GEISTIG BEHINDERTE 1992, 292 - 301

WALDENFELS, B. (Hrsg.): Erkenntnis- und Wissenschaftstheorie, Phänomenologie und Marxismus Bd. 4, Frankfurt/M. 1979

WALDENFELS, B.: Der Spielraum des Verhaltens, Frankfurt/M. 1980

WALDENFELS, B.: Der Stachel des Fremden, Frankfurt/M. 1990

WEMBER, F.B.: Ein argumentativer Versuch über Möglichkeiten und Grenzen des einfühlenden Verstehens als Methode sonderpädagogischer Forschung und Praxis, in: Heilpädagogische Forschung, 17. Jg., 1991a, 61 - 73

WEMBER, F.B.: Forschungsprobleme im Bereich der Förderung schwerstbehinderter Menschen, in: FRÖHLICH 1991b, 89 - 110

WIMMER K.-M.: Von der Identität als Norm zur Ethik der Differenz. Das Verhältnis zum Anderen als zentrales Problem einer pädagogischen Ethik, in: MEYER-DRAWE/ PEUKERT/ RUHLOFF 1992, 151 - 180

ZEIL-FAHLBUSCH, E.: Perspektivität und Dezentrierung - Philosophische Überlegungen zur genetischen Erkenntnistheorie Jean Piagets, Würzburg 1983

ZIELKE, G.: Zum Wandel des Behindertenbegriffs, in: Behindertenpädagogik, 31. Jg., 3/1992, 314 - 324

Husserl / Heidegger
Levinas